이명화 유고집 1

진한시대 여성사 연구

이명화 유고집 1

진한시대 여성사 연구

이명화 지음

일조각

기이한 인연이다. 이 책 후반부의 주인공인 한대의 역사가이자 교육자 반소를 가리켜 "지난 2천여 년간 중국여성을 지옥으로 떨어뜨린 주범"이라며 '반적班賊'이라 매도한 청말의 여성 아나키스트 허전何震이야말로 글쓴이를 중국여성사 연구로 이끈 장본인이었으니 말이다. 이후 글쓴이는 정치, 경제, 문화 모든 면에서 과거 중국여성의 불행과 열악한 지위를 드러내고 '분노'와 '동정심'을 유발함으로써 여성의 지위 향상에 기여해야 한다는 강박증에서 벗어나지 못하였다. 그런데 공부를 하면 할수록 근대인의 시선으로 고대여성을 함부로 재단하는 것이 남성의 여성에 대한 폭력 못지않은 교만이라는 생각이 들었다. 이명화 선생과 작별하기 전 몇 년간 한성대학교의 윤혜영 교수와 경희대학교의 육정임 교수 그리고 글쓴이, 이렇게 전공하는 시대가 다른 넷이서 틈틈이 만나 '중국여성'을 공통분모로 삼아 공부하며 수다에 가까운 토론을 주고받았는데, 이 모임을 통해 그러한 성찰을 심화할 수 있었다.

춘추전국시대에서 진한시대까지, 한국의 중국고대사 연구에 큰 자취를 남긴 이명화 선생은 "이제부터는 위인지학爲人之學이 아니라 위기지학爲己之學을 할 것"이라며 지난 십여 년간 진한시대 중국여성의 다양한 이야기들을 밝혀내고 정리하였다. '위기지학'은 선생에게 즐거움을 주는 학문, 나아가 자신을 투영할 수 있는 학문이었다. 그래서 이 책에는 선생의 열정과 기쁨 또 거기에서 비롯된 고통이 함께 담겨 있다. 이 책을 읽노라면 근대인의 시선으로 고대여성을 보는 것이 교만임을 깨닫게 된다. 이 책의 곳곳에 포진해 있듯이, 여성은 늘 유교로 대표되는 남성적 가치의 피해자였던 것만은 아니며 그 억압의 틈새에서도 생존전략을 모색하고 주체적 삶을 살았다. 농사와 길쌈은 물론 다양한 형태의 직업에 종사하였고 심지어 전쟁에도 동원되었다. 애정을 표현하는 데도 적극적이었고, 개가를 원하는 부모에 저항해 자신의 신체 일부를 절단했던 여성의 사례처럼 사랑하는 이에 대한 내면의 신의로 수절을 선택한 여성도 있고, 억울하게 살해된 아버지의 원수를 갚기 위해 모든 것을 포기한 여성도 있다. 어떻게 그녀들을 "'효'와 '정절이데올로기'의 피해자"라고 단정할 수 있겠는가.

이 책이 갖는 최고의 강점은 첫째, 생명력 넘치는 고대여성들의 모습을 복원해 낸 것이다. 저자가 책머리에서 언급한 것처럼 이 책에는 폐쇄와 개방, 억압과 자유가 병존하였던 진한시대 다양한 계층의 여성들의 모습이 파노라마처럼 펼쳐지고 있다. 소설이 아니라 사료에 근거한 것이기에 독자는 그녀들의 숨결을 더욱 생생하게 느낄 수 있을 것이다.

둘째, 이러한 생명력 넘치는 여성들을 소환할 수 있었던 방대한 사료의 발굴과 활용이다. 과거 고대 중국여성 연구는 문헌자료, 특히 정사와 경서, 제자백가서 등에 주로 의존하였다. 꼼꼼한 독자라면 바로 알 수 있겠지만, 이 책은 여성의 흔적을 찾기도 어렵고 또 남성적 가치에 의해 왜곡되어 있는 문헌자료만이 아니라 간독과 묘지명, 재판기록, 기타 다양한 실물자료를 종횡으로 활용하여 여성에게 요구된 법과 예교, 제도 등 이상과 관습 사이에서 다양한 책략을 구사하기도 하고 또 그 속에서 좌절하기도 하였던 여성들의 행동을 보여 준다. 엘리트여성뿐만 아니라 이름 없는 서민여성까지 다양한 계층, 다양한 연령의 여성들을 망라하고 있다.

셋째, 역사가로서의 엄정하고 객관적인 자세이다. 글쓴이도 그렇지만 이명화 선생 또한 처음부터 여성사를 전공한 것은 아니었다. 한대의 철학자 왕충王充 연구에서 시작된 선생의 중국고대사 연구는 삼십여 년간 이어지며 국내의 중국고대사 연구에 큰 기여를 하였다. 이러한 연구의 바탕 위에서 지난 십여 년간 중국의 여성 연구에 몰입하였던 것이다. 하지만 '여성주의역사학'을 표방하는 글쓴이와 달리 선생은 고증을 앞서는 이론이나 대중 친화적 글쓰기와 절대 타협하지 않았다. 이 책이 다소 어렵거나 딱딱하게 느껴진다면 선생의 역사학자로서의 꼿꼿함 때문임을 이해해 주기 바란다.

넷째, 바로 이 역사가로서의 소명 덕분에 이 책은 진정한 의미에서 '젠더사'를 구성할 수 있었다. 저명한 여성 몇 명의 이야기로 역사 속 여성의 빈자리를 채워 넣거나 억압받는 여성의 실태를 폭로하는 데 그치는 것이 아니라, 진한 고대제국이 통치를 위해 성역할 및 남성적 가치와 여성적 가치를 어떻게 규정하고 주입하였는지 차분히 규명해 냈다.

이명화 선생을 처음 만난 것은 1980년대 후반 이화여자대학교 사학과

박사과정 수업에서였다. 전공하는 시대는 달랐지만 함께 서강대학교와 서울대학교를 오가며 수업을 들었는데, 선생은 석사과정 후의 공백을 메우려는 듯 후배들보다 훨씬 더 열정적으로 수업에 임하였다. 여린 외모와 달리 강인한 정신의 소유자였던 선생은 아내로서 며느리로서 어머니로서도 한 치 소홀함이 없었다. 효성스런 딸과 며느리, 지혜롭고 훌륭한 내조자, 어진 어머니이면서 자기세계를 포기하지 않았던 강인한 여성, 어쩌면 '21세기판 반소'가 아닌가 싶다.

조금만 더 시간이 주어졌더라면 지금보다 더 훌륭한 책으로 완성될 수 있었을 테지만, 지난 십여 년의 노고가 고스란히 담긴 이 책이 모양을 갖춰 나올 수 있게 된 것은 선생의 가족과 이성규 교수님을 비롯해 선생을 사랑하는 여러분의 열망 덕분이었다. 흩어진 고리들을 찾아 책으로 엮어내고 교정을 맡아 준 후학 송진 교수에게도 감사드린다.

2017년 11월 천성림千聖林
(한국과학기술원 인문사회학부 대우교수, 중국근대사)

감사의 글

사랑하는 아내 이명화가 세상을 떠난 지도 벌써 일 년이 넘었습니다. 삼십여 년의 결혼 생활에도 불구하고 아내의 빈자리를 통해 오히려 아내에 대해 더 많은 것을 알게 되는 것 같습니다. 사업 때문에 장기간 해외에 체류하는 일이 많았던 남편 몫까지 맡으며 두 아이를 키워 낸 엄마로서의 저력, 사 남매의 늦둥이 막내로 태어나 사 남매를 이끄는 맏며느리로서의 소임을 맡게 되며 느꼈던 부담과 책임감, 뒤늦게 공부를 다시 시작하며 한결같은 배움에 대한 열망으로 마지막까지도 책을 손에서 놓지 않았던 의지. 이 모든 것이 긴 투병생활 중에 아내가 보여 주었던 쾌활함, 꿋꿋함과 하나 되어 새삼 여성의 강인함을 느끼게 합니다.

그런 아내가 한 사람의 학자로서 걸어온 길을 이제 이렇게 두 권의 책으로 정리해 세상에 내놓습니다. 기존에 발표했던 여러 논문과 함께, 아쉽게도 끝내 마무리 짓지 못하였던 미완의 원고도 아내를 아끼고 사랑하는 많은 분의 성원으로 잘 갈무리하여 함께 실을 수 있었습니다. 먼저, 학자로서의 기본자세를 잡아 주시고 끝없이 학문의 길에 정진할 수 있도록 격려해 주셨던 이성규 선생님이 아니었다면 이 책은 이 세상에 존재할 수 없었을 것입니다. 아내가 남긴 원고를 어떤 식으로든 세상 빛을 보게 하고 싶었지만, 이성규 선생님의 조언과 도움이 없었더라면 지금과 같은 결과물이 나오지 못하였을 것입니다. 추천사를 써 주신 천성림 선생님께도 마찬가지로 감사의 말씀을 올립니다. 선생님의 추천사 덕분에 아내의 책이 더 빛나게 되었습니다.

또한 흩어져 있던 많은 논문을 일일이 수집하고 미완의 원고를 정리해 주신 송진 선생님께도 깊은 감사의 말씀을 올립니다. 너무나도 부담스러 웠을 일을 흔쾌히 맡아 바쁜 중에도 자기 일처럼 최선을 다해 주신 은혜, 결코 잊지 못할 것입니다. 갑작스럽게 세상을 떠나는 바람에 무엇이 최종 본인지 알기 어려운 상황에서 가까이에서 아내의 연구에 관심을 갖고 지 켜봐 온 육정임, 천성림 선생님의 도움은 정말 결정적이었습니다. 이 자리 를 빌려 다시 한 번 깊이 감사드립니다. 아울러 책의 출판을 맡아 주신 일 조각 김시연 대표님 및 관계자 여러분께도 진심으로 감사드립니다. 아내 도 생전에 이미 두 권의 책으로 인연이 있던, 무엇보다도 믿고 의지하던 후배가 운영하는 출판사를 통해 자신의 마지막 원고가 출판된다는 것을 알면 필시 기뻐하고 고마워할 것입니다.

이 유고집을 통해서 아내 이명화를 영원히 간직하고 기념할 수 있게 되 어 아내를 떠나 보낸 아쉬움을 그나마 달랠 수 있을 것 같습니다. 애써 주신 모든 분께 다시 한 번 깊은 감사의 말씀을 올립니다.

가족 대표 정혁진

제1부 진한 여성사고

일러두기

- 본문 중 한자는 한글 병기를 하거나 번역문을 싣는 것을 원칙으로 하였으나, 본서의 특성상 저자가 본문에 인용한 한문 사료는 정리자가 번역하지 않고 원문 그대로 실었다. 인용문과 각주의 한자는 한글 병기를 하지 않았으며, 출토 자료에 포함된 글자 중 한자음을 알 수 없는 경우 해당 글자만을 제시하였다.
- 각주 표기법은 저자가 저술 및 학술 논문을 작성할 때 사용한 형식을 그대로 따랐다.
- 출토 자료를 인용한 경우 괄호 안의 숫자는 간독의 정리 번호이며, '□'은 판독이 불가능한 글자, '☑'은 단간斷簡을 의미한다. 그리고 석문釋文 중 ( ) 안의 글자는 가차자이다.
- 제1부는 저자가 생전에 출간을 위해 저술한 미완의 원고를 편집하여 정리한 글이다.
- 제2부에 실린 글 중 제1장과 제3장은 이미 학술지에 계재된 논문으로, 그 출처는 아래와 같다.
  제1장 「秦漢 女性 刑罰의 減刑과 勞役」, 『中國古中世史研究』 25, 중국고중세사학회, 2011
  제3장 「「李建與精張諍田自相和從書」를 통해 본 後漢 長沙地域社會의 一面」, 『木簡과 文字』 제4호, 한국목간학회, 2009

진한 여성사고

진한시대의 여성

　진한秦漢 사회는 중국 전통사회에서 전환점이 되는 시대였다. 춘추전국 시대에 점차적으로 실시된 개혁과 정치 변법은 중국 사회가 씨족사회에서 황제를 정점으로 하는 제민지배齊民支配 체제로 전환되는 서막이었으며, 이후 진시황秦始皇의 통일과 한의 황제지배 체제, 특히 한 무제武帝에 의해 시행된 정치·경제적 조치들은 황제지배 체제를 사회 전반에 침투시켰다. 진한은 중앙 집권적 제민지배 과정이 완성되는 역사시기였으나 한편으로는 중앙 집권적 지배질서가 자리 잡기 시작하는 단계였다. 따라서 상고시대에서 멀지 않아 세간에는 씨족 전통이 아직 많이 보존되어 있었으며, 이는 사람들의 행동에 영향을 주었다. 이러한 씨족 전통은 중앙 집권적 통치를 방해했으며, 통치자들은 이를 소멸시키려 하였다. 이에 맞추어 사상적으로도 인간관계와 가족관계를 정립하는 이론들이 세워졌다.

그러나 전한 전기까지는 예법제도가 아직 완비되지 않았다. 전한 중후기와 후한기가 되면서 예법제도가 이론상으로 완비되었으나, 그렇다고 해서 곧바로 사회 실천과 발맞추어 실행되지는 못하였다. 전통과 풍속이 여전히 진한시기의 사회적 도덕규범이었으며 사람들의 관념과 태도를 지배하고 결정하였다. 진한시기 여성이 처한 사회환경 및 그들의 행위규범은 후세 여성들과 천양지차였다고 말할 수 있다. 그녀들은 정치에 참여하고 종군하고 수렵하고 관상을 보고 의술을 행하고 상품을 판매하는 등 남성에 속하는 많은 영역에서 자신의 능력을 펼칠 수 있었다. 부분적으로 자신의 혼인과 미래를 결정하기도 하였다. 그녀들은 개방적이고 자유로웠으며, 활발하고 쾌활하였다. 진한시대의 통치계급은 기본적으로 부유하고 생기 있으며 활기 있는 신흥계급이어서, 전통에 대해 심지어 자신과 다른 것들에 대해 비교적 관용적이었다. 일반적으로 진한시기 여성은 폐쇄와 개방이 병존하고 억압과 자유가 동시에 존재하는 다중적인 성격을 지니고 있었다.[1]

이에 동중서董仲舒는 삼강오륜三綱五倫의 사상을 바탕으로 황제를 정점으로 하는 지배질서에 적합한 사회 윤리관을 내놓았다. 유가의 예교윤리는 엄격한 계급차등과 종법제적 통치의 건립을 목적으로, 군신, 부자, 부부의 등급관계를 가장 중요한 지위에 놓았다. 여기에서도 남녀, 부부 사이

---

1 崔銳, 「秦漢時期的女性觀」, 西北大學博士學位論文, 2003, pp. 22-23.

의 종속관계를 모든 사회권력 지배관계의 기초로 삼았다.[2]

삼강설三綱說은 선진시대 제자諸子들에 의해 이미 세워졌다. 호북湖北 형문荆門에서 발견된『곽점초간郭店楚簡』「성지문지成之聞之」편에 "天登大常, 以理人倫, 制爲君臣之義, 作爲父子之親, 分爲夫婦之辨."이라고 하였으며,[3] 전국 말 법가의 대표적 인물인 한비자韓非子는 "신하가 군주를 섬기고, 자식이 부모를 섬기고, 처가 남편을 섬기는 것, 이 세 가지가 순順하면 천하가 다스려지며, 세 가지를 거스르면 천하가 어지러우니, 이는 천하의 상도常道이다."라고 하였다.[4] 전국시대 제자들은 부부, 부자, 군신 간의 삼대윤리三大倫理를 긴밀하게 관련지어, 부부간 존비의 관계를 군신관계 강화의 기초로 삼는 이론을 내놓았다.

동중서는 바로 이러한 선진시대 유가의 삼대윤리를 발전시켜, 삼강오륜의 윤리도덕과 양존음비陽尊陰卑의 관념을 통해 남녀의 존비등급을 절대화하여 후세에 지대한 영향을 미쳤다.[5] 선진시대 유가사상은 가정이 안정되어야 사회질서가 바로잡힐 수 있다고 하여 가정윤리와 사회정치를 결합하였으며, 이 가운데 혈연을 기초로 하는 자연 인륜인 부부관계를 "인륜의 시작이며, 제왕정치의 기초"로 삼았다. 동중서는 이를 계승하여 군신관계와 부자, 부부의 가정윤리 관계를 유기적으로 결합시켜, "군위신강君爲臣綱, 부위자강父爲子綱, 부위처강夫爲妻綱"의 삼강의 윤리를 정립하여 부부의 인륜관계를 군신, 부자 관계와 같은 지배와 피지배의 관계가 되게 하였다.

---

2 『周易』「說卦」에서는, "有男女然後有夫婦, 有夫婦然後有父子, 有父子然後有君臣, 有君臣然後有上下, 有上下然後禮義所錯."라고 하였다.
3 李零,『郭店楚簡讀記』, 北京大學出版社, 2002, p. 91.
4 『韓非子』「忠孝」, "臣事君, 子事父, 妻事夫, 三者順則天下治, 三者逆則天下亂, 此天下之常道也."
5 彭華,『儒家女性觀硏究』, 中國社會科學出版社, 2010, pp. 56-57.

특히 '부위처강夫爲妻綱'이라고 하여 여성의 지위를 떨어뜨렸다. '강綱'은 그물의 대승大繩으로, 그물을 구성하는 여러 관계 중 핵심이다. 즉, '부위처강夫爲妻綱'은 처의 지위가 남편의 주도적 지위와 역할하에 놓여 있음을 의미한다.

동중서는 '천인감응天人感應'설에[6] 근거해 부부관계, 남녀관계와 천도자연天道自然을 연관시켜 '남존여비'의 절대성, 항상성恒常性을 논증하여, 처의 남편에 대한 비천한 지위는 세속사회 가운데 존재할 뿐만 아니라, 만물을 움직이는 '천도天道'로부터 결정된 것이라고 하였다. 왕도王道의 삼강三綱은 '천天'에 근원한다.[7] 인간의 군신, 부자, 부부 관계는 마치 천지天地, 음양陰陽, 사시四時의 관계와 같다. 군신, 부자, 부부의 의義는 모두 음양의 도에서 나오는데, 군君은 양陽이며 신하는 음陰이다. 부父는 양이며, 자식은 음이다. 남편은 양이며, 처는 음이다. 음도는 홀로 행할 수 없다.[8] 양陽(君, 父, 夫)은 총체적으로 존귀하며, 음陰(臣, 子, 妻)은 총체적으로 비천하다. 또 음陰은 양陽을 떠나서 단독으로 활동할 수 없다. 이러한 양존음비의 관점에서 군존신비君尊臣卑, 부존자비父尊子卑, 부존부비夫尊婦卑의 존비등급 질서는 천天에 의해 정해진 질서이다. 신하와 자식과 처가 군과 부와 남편에게 굴종해야 하는 것은 영구한 보편적 질서이다. 따라서 남편이 비록 천하여도 모두 양이 되며, 처는 귀하다 해도 모두 음이 된다. 윗자리에 있는 자는 모두 아랫자리에 있는 이에 대해 양이 되며, 아랫자리에 있

---

6 天과 사람은 상통하여 사람은 형체에서 성정까지 모두 '象天', '類天', 즉 天을 본떠 天과 같은 類를 이룬다.

7 『春秋繁露』「其義」, "王道之三綱, 可求于天."

8 『春秋繁露』「其義」, "君臣父子夫婦之義, 皆取諸陰陽之道. 君爲陽, 臣爲陰, 父爲陽, 子爲陰, 夫爲陽, 婦爲陰. 陰陽無所獨行."

는 이는 윗자리에 있는 이에게는 음이 된다.[9] 땅이 하늘을 떠받들고 있는 것은 처가 남편을 섬기고 신하가 군주를 섬기는 것과 같다.[10] 따라서 인격화된 천天의 의지와 '부위처강夫爲妻綱'은 긴밀하게 연결된다. 일월성신에서 인간 세상의 만사만물에 이르기까지 이 세 종류의 윤리는 미치지 않는 곳이 없다. 남편의 처에 대한, 남성의 여성에 대한 통치와 처의 남편에 대한, 여성의 남성에 대한 충성과 복종은 절대적이다.[11] 동중서는 가정윤리 가운데 삼강의 상륜常倫관계를, 음양오행을 기초로 삼아 자신 이론의 윤리의 합리성과 항상성을 증험하였다. 동중서가 고취한 남존여비는 초자연적이며 항구불변의 규율로 한대 통치자에게 받아들여졌으며, 후대에 지대한 영향을 주었다.

이후 유향劉向은 고대에서 전한에 이르는 여성 105명의 고사를 모아 『열녀전列女傳』을 편집하였는데, 이는 중국 최초의 여성사라고 할 수 있다. 『열녀전』은 '모의母儀', '현명賢明', '인지仁智', '정순貞順', '절의節義', '변통辨通'의 여성의 덕목에 '얼폐孽嬖'의 난행亂行을 더해 일곱 권으로, 역대 중국 여성의 사례를 분류하여 전범과 교훈으로 삼았다. 『열녀전』은 유향이 신봉한 유학사상에 근거하여 부덕婦德을 선전한 여성 도덕서라고 할 수 있으며, 이를 통해 당시 한대 유가들이 이상으로 삼은 여성관을 엿볼 수 있다.[12]

유향은 본래 단순히 여성의 전기를 소개하는 것을 목적으로 편집하지

---

9 『春秋繁露』「陽尊陰卑」, "丈夫雖賤皆爲陽, 婦人雖貴皆爲陰. 諸在上者皆爲其下陽, 諸在下者皆爲其上陰."
10 『白虎通』「五行」, "地之承天, 猶妻之事夫, 臣之事君也."
11 『春秋繁露』「觀德」, "天地者, 萬物之本, 先祖所出也 …… 天出至明, 衆知類也, 其伏無不炤也. 地出至晦, 星日爲明不敢闇. 君臣父子夫婦之道取之, 此大禮之終也."
12 彭華, 『儒家女性觀硏究』, p. 62.

않았다. 유향 자신의 현실 사회에 대한 문제의식을 인물 전기라는 이야기 형식으로 서술한 작품이다.[13]

「초장번희楚莊樊姬」의 전거는 『한시외전韓詩外傳』 권2에 있다. 이 이야기는 장왕莊王을 모신 번희樊姬가 현능자를 가리는 왕의 인식이 적절하지 못한 것을 지적하자 장왕이 이를 받아들여 다시 현자를 구해 손숙오孫叔敖를 얻어 패자가 될 수 있었다는 내용이다. 『한시외전』의 내용과 거의 같으나, 앞에 "번희는 장왕의 부인이다. 장왕은 즉위하여 사냥을 즐겼다. 번희가 그만둘 것을 간청하였으나 그만두지 않았다. 그러자 번희는 짐승 고기를 먹지 않았다. 그러자 왕은 잘못을 바로잡아 정사에 힘썼다."라는 사족과도 같은 설화를 더함으로써 번희가 장왕의 패업에 영향을 준 인물임이 더욱 강조되었다.

장왕 즉위 초의 타락을 간하는 설화로는 신하를 소재로 한 것이 여럿 전해진다. 예를 들어 이와 유사한 설화는 『사기史記』 「초세가楚世家」(오자서伍子胥), 『여씨춘추呂氏春秋』 「중언重言」편, 『한비자韓非子』 「유로喻老」편, 『신서新序』 「잡사雜事」편 등에 보이지만 왕은 듣지 않고 '호은好隱'하였으며, 이를 간한 이들은 성공가成公賈, 우사마右司馬, 사경士慶 등이었다. 그런데 이러한 설화의 인물을 번희로 바꾸었다. 또 『한시외전』에서는 번희가 양나라, 정나라에서 미녀를 구해 임금께 바쳐 왕의 사랑을 독차지하지 않았다고 했으나, 『열녀전』에서는 현인賢人을 구해 왕에게 천거했다고 하였다. 이는 유향이 『열녀전』에서 여성의 존재와 의식을 확고히 하고 확장시키고자 하는 의도를 확인할 수 있다. 즉 여성을 가정 내의 존재로 국한시키지 않고, 여성의 의식과 활동의 장을 사회적, 정치적인 장으로 확대하였다.

---

13 下見隆雄, 『劉向『列女傳』の研究』, 東海大學出版會, 1989, p. 66.

이는 사회적, 정치적 장에서 여성의 존재를 인정한 것이다.

그리고 조曹 희부기僖負羈의 처가 진의 공자公子 중이重耳가 망명하여 조나라를 지나갈 때 이를 보고 장래 제후의 패자覇者가 될 만한 인물이라 여겨 남편에게 이 일행을 정중하게 대접할 것을 조언하였다는 이야기는, 『국어國語』「진어晉語」4, 『좌전左傳』 희공僖公 23년, 『사기』「진세가晉世家」 등에 전거가 되는 이야기가 실려 있다. 『열녀전』은 주로 『국어』에 근거한 듯한데, 『열녀전』에는 처가 말한 내용이 보다 자세하다. 『사기』「진세가」 에는 처의 말이 생략되고 희부기가 공공共公에게 조언한 말로 바뀌어 있을 뿐이다.

「추맹가모鄒孟軻母」 중 맹자의 처가 예를 어긴 행위를 비난하고 맹자의 언동이 부당하다는 것을 지적한 부분이 있다. 이 이야기는 『한시외전』에도 실려 있는데 약간의 차이가 있지만, 이 가운데서도 가장 현저하게 다른 것은 『한시외전』에서는 맹자가 어머니께 처를 내쫓자고 호소하였으나, 『열녀전』에서는 며느리가 노해 스스로 시어머니께 친정으로 돌아가겠다고 청해, 처의 주체적 입장을 선명하게 드러냈다.

그리고 「정순貞順」편의 각 전에서 유향은 당시 유가들이 정립하려 했던 혼례의 엄숙한 절차와 의의, 그리고 '일부종사一夫終死'의 수절 관념을 선양하고자 하였다. 「소남신녀召南申女」의 일화는 『시경詩經』 소남召南에서 행로行露의 주제에 따라 하나의 전을 구성했는데, 『한시외전』의 일화에 의거하였다. 신申나라 여자는 혼례 절차가 갖추어지지 않았다는 이유로 절의를 고수하여 죽음을 무릅쓰면서 혼사에 응하지 않았다.[14] 여기에서 유향은 『한시외전』의 일화에 자신의 혼인 예법에 관한 설을 덧붙였다.

---

14 劉向, 『列女傳』 卷4 「貞順」 召南申女, "見一物不具, 一禮不備, 守節貞理, 守死不往."

"부부가 되는 것은 인륜의 시작이니 정확하지 않을 수 없습니다. 『傳』에 이르기를 '근본이 발라야 만물이 다스려지고, 아주 조금만 어긋나도 그 차이는 천리가 된다'고 하였습니다. 그러므로 근본이 바로 서야 도가 생기고, 근원이 깨끗해야 흐름이 맑은 것입니다. 혼인이란 가통을 이어 줄 적자를 낳아 선조를 계승하는 것으로, 종묘를 위해서 중요한 일입니다. 이렇게 중요한 예를 가벼이 여기고 제도를 어기는 그 집으로 저는 시집을 갈 수 없습니다."

그런데 「정순」편의 대부분의 일화는 남편이 병이 있거나 뜻이 맞지 않거나 간에 시집간 사람의 도리로 부부는 한번 연을 맺었으면 평생 고칠 수 없다는 '종일終一'을 정순의 규범으로 삼았다. 대부분의 일화가 남편이 죽은 후 수절守節한 예화이며, 마지막 일화에서 한 문제 시기 진陳 땅의 과부는 개가시키려는 친정 부모의 뜻을 거스르고 남편이 죽은 후 시어머니를 28년간 모셔 문제가 황금 40근의 상과 효부란 칭호를 내려 기렸다.[15]

유향은 「정순」편을 통해 여성의 수절을 군자의 의義라는 의미로 칭하였다. 따라서 정절을 지키는 부인의 행위는 충신과도 같으며, 여성은 수절을 통해 이利를 좇는 소인이 아닌 신의를 지키는 훌륭한 군자가 된다고 설파하였다. 초楚 소왕昭王의 부인 정강貞姜은 "정녀貞女의 의義는 약속을 어기지 않는다. 용기 있는 자는 죽음을 두려워하지 않으며 오로지 절개를 지킬 뿐이라."며 정녀의 의를 엄격히 따르며 죽음에 이르렀다. 이를 평자는 시詩를 인용하여 숙인군자淑人君子라고 칭하였다.[16] 초楚 백승공白公勝이 죽

15 劉向, 『列女傳』 卷4 「貞順」 陳寡孝婦.
16 劉向, 『列女傳』 卷4 「貞順」 楚昭貞姜, "君子謂, 貞姜有婦節. 『詩』云 淑人君子, 其儀不忒, 此之

은 후 오왕吳王이 빙폐聘幣를 보내오자 백승공의 아내 정희貞姬는 "충신은 남에게 힘으로 의지하지 않고, 정녀는 남에게 색으로 의지하지 않는다." 고 들었다며 오왕의 초빙을 사양하며 따르지 않았다.[17]

이처럼 역사 일화를 통해 소개된 정순 행위에 군자의 의라는 옷을 입힌 유향의 정순론貞順論은, 유학의 이상을 실천하고 군자의 도에 근접하기 어려웠던 당시 여성들이 남성과 동등하게 남성 유학자들의 삶의 목표였던 군자의 대열에 동참할 수 있게 하였다. 유향은 사士를 지지하는 도덕이념으로 정녀貞女를 포장함으로써 새로운 여성상을 구축하였다.[18] 이는 유학을 접한 상층 여성들에게 상당히 호소력이 있었던 듯하다. 후한대에 점차 나타나기 시작하는 수절녀들은 『후한서後漢書』 「열녀전」에 의하면 집안에서 유학을 접한 여성들이다.[19] 유장경劉長卿의 처는 유장경이 죽은 후 하나뿐인 아들마저 15세에 요절하자 개가를 면하기 어렵다고 여겨 자신의 귀를 잘라 스스로 맹세하였다. 그녀가 자신이 유종儒宗의 후예임을 자부하며 "남자는 충신으로 영달하며, 여자는 정순으로 칭송된다."라고 한 것이 그 한 예이다.[20]

유향은 종래 유교의 군신관계[忠]가 부자관계[孝]와 대치되었듯이 남녀관계를 군신관계에 비견하였다. 『열녀전』에서 유향은 유교 사회가 정면으로 논하는 것을 잊어 온 여성의 존재 의의에 관해 고찰하였다. 유향은 여성

謂也."

17 劉向, 『列女傳』 卷4 「貞順」 楚白貞姬, "忠臣不借人以力, 貞女不假人以色."
18 下見隆雄, 『劉向「列女傳」の硏究』, p. 74.
19 후한의 大儒 荀爽의 딸 荀采가 그러하였으며, 皇甫規의 처도 "책을 잘 알았으며 글을 잘 짓고 草書에 능해 당시 사람들이 '規荅書記'라고 여겼으며 많은 사람이 그의 工을 괴이하게 여겼다."
20 『後漢書』 卷84 「列女傳·沛劉長卿妻傳」, p. 2797.

들 속에서 새로운 가능성을 발견하고 사회정치의 영역에서 여성의 역할을 인식해야 한다는 점을 처음으로 드러냈다. 여성은 남성과의 관계에 있어서 독자적인 역할을 갖는 존재인데, 때로 남성인 군주에게 정치적 주체로 확립된 역할을 하기도 한다. 종합적으로 볼 때, 유향은 여성을 군신관계 속에 명확하게 자리매김함으로써, 사회적으로 여성을 논할 수 있는 장을 형성하였다. 신하가 군주의 사회적 공업을 보좌하는 것과 같이 여성은 남성을 원조해야 한다. 이런 의미에서 여성의 사회적 역할은 사실 협력자, 조력자의 위치에 지나지 않는다. 그러나 『열녀전』에서는 때로 남성의 식견과 능력을 넘어서는 여성을 등장시켜 남성에 대치시킨다. 「정순」편에서는 부인의 순종의 입장을 시종 역설하지만, 「절의」편에서는 남성 못지않은 충의를 실천하고 있으며, 이러한 가능성이 사회적 식견으로 발휘되는 경우가 「변통」편에 소개되어 있다. 남성은 여성의 식견과 가능성을 받아들여 자신을 질적으로 변화시켜 사회적 활동의 에너지로 발휘할 수 있어야 한다.

여성의 사회적 역할은 남성의 사회적 자각과 책임을 견지시키는 존재로서 정해져 있다. 『열녀전』에서는 여성이 남성을 보좌하는 입장에 세워졌다. 「절의」편에서 남성 못지않은 여성의 충의를 소개하고 있지만, 거기에는 신하인 남성에게 보다 더욱 엄격한 충의의 실천을 요구하는 의도가 내포되어 있다. 물론 유향은 「변통」편에서 보듯이 여성에 대해 신하인 남성과 전적으로 동등한 사회적 활동이 허락될 수 있는 존재라고는 생각하지 않았다. 그러나 여성이 남성으로 하여금 사회적 존재로서 자각하고 신하로서의 책임을 다하게 하는 역할과 능력을 가졌다고 인정한다면, 여성도 군주에 대해 남성과 다른 특수한 의미에서의 신하였다고 말할 수 있다.

이러한 관점에서 여성도 남성과 함께 군주에게 종사하는 신하로서의 위치를 얻는다.

여성에게도 남성에 필적하는 사회적 식견과 능력이 존재함을 인정한 것은 『열녀전』에 있어서 주목할 만한 특질이다. 여기에서 때로는 남성을 능가하는 정도의 가능성이 인식되기도 하고 남성에게 사회적 긴장감을 유지시키는 여성의 사회적 역할이 명확해지기도 한다. 이를 주목하지 않으면 『열녀전』의 성립 의의와 여성관의 진전을 밝힐 수 없다. 여성의 사회적 역할이 적극적으로 구체화되지 않았는데도 여성의 사회적 의의를 어떤 의미에서 남성과 대등하다고 보는 견해를 확립시킨 유향의 태도는 다시 볼 필요가 있다. 그러나 유향의 견해가 그렇다 하더라도, 그가 여성의 실질적 지위를 특별하게 진전시킨 것은 아니다. 오히려 이후 여성들이 사회적으로 한정되고 생활방식이 엄격히 제약된 틀 속으로 진입하는 지반을 만들었다. 『열녀전』은 여성을 사회적 관점으로 잡아 이를 통해 유교 사회를 논하는 새로운 시도를 한 책일 뿐이다.

유향은 여성을 사회적 관점에서 조명하여, 이를 통해 유교 사회의 논리를 정리하고자 하였다. 남성과의 관계를 군신관계로 정립하되, 나아가 군주와의 관계를 남성과 마찬가지로 군주에 종사하는 신하로 포괄하였다.[21] 반소班昭가 『열녀전』에 주석注釋을 한 이후 마융馬融도 주注를 냈으며, 채옹蔡邕은 『여훈女訓』(『문선文選』이나 『어람御覽』 등에서는 『여계女誡』라고도 한다)을 지었고, 각 시대마다 여성 전기와 여성을 대상으로 하는 교훈서들이 이어졌다. 범엽范曄이 『후한서』에 「열녀전」을 편성한 이후 여성 전기는 기록의 면에서 남성 전기에 비견되는 자격을 얻었다. 이후 『명사明史』에 이

---

21 下見隆雄, 『劉向「列女傳」の硏究』, pp. 94-97.

르기까지 대부분의 정사正史에 여성 전기가 편성되었다.

동중서의 '천인삼책天人三策' 이후 유학은 점점 중국 사회의 중심사상이 되었으며 보통 사람들의 의식과 생활에 침투하여 지난 이천 년 동안 중국 국가의식의 기초가 되었지만, 여전히 강조해야 할 점은 이 과정은 아주 느리고 천천히 이루어졌다는 사실이다. 한 무제의 정책은 공자의 지위를 한 단계 올렸다는 것일 뿐, 국가의 유학에 대한 숭봉崇奉이 완성되었음을 의미하지는 않는다. 한 선제宣帝는 "법리法吏가 법가학설로 통치를 한다."라고 표명하였고("漢家自有制度, 本以王, 覇道雜之, 奈何純任德敎, 用周政乎!"), 유가학설은 문화 사회적 범주에까지 인식되지 못하였다. 유가학설은 후한 광무제光武帝, 명제明帝, 장제章帝 시기가 되어서야, 다시 말해 동중서 이후 거의 200여 년이 흐른 후에야 그 성질과 향로向路의 근본적 변화를 완성하였다. 후한 안제安帝 시기 반소가 저술한 『여계女誡』의 경우 '비약卑弱', '부부夫婦', '경신敬愼', '부행婦行', '전심專心', '곡종曲從', '화숙매和叔妹' 등의 내용인데, 부부관계부터 여성의 가정에서의 역할, 지위, 그리고 여성의 품성, 행동과 자태를 모두 규정하고 있다. 바로 동중서가 말한 '부위처강夫爲妻綱'의 이론에서 진일보하여 보다 구체화한 것이다. 이 때문에 반소는 전통사회에서 '여교성인女敎聖人'으로 추앙받았다.[22]

전통사회에서 여성에 대한 억압기제로 가장 중요하게 작용한 것은 여성에 대한 정절의 요구였다. 청말에 이르러서는 심지어 혼약한 신랑이 죽었을 경우에도 수절을 강요당하였다. 여성 정절에 대한 국가적 요구는 진시황에 의해 시작되었다. 진시황 37년(기원전 210년) 새로이 개척한 월越지역을 순수巡狩하면서 이 지역의 음란한 풍속을 금지하는 비문을 남겼다.

---

22 崔銳, 「秦漢時期的女性觀」, p. 15.

곧, "飾省宣義, 有子而嫁, 倍死不貞. 防隔內外, 禁止淫佚, 男女洁誠. 夫爲寄 猳, 殺之無罪, 男秉義程. 妻爲逃嫁, 子不得母, 咸化廉淸."[23]라 했는데, 이 비문에는 남녀의 음란, 통간을 금지하여 자식이 있는 과부의 재가를 허락하지 않는다고 명시되어 있다. 음란한 남녀에 대해서는 간부奸夫를 살해해도 무죄이며, 자식이 있는데 재가한 자는 자식이 어머니로 인정할 수 없도록 하였다. 이뿐만 아니라 진시황은 수절 과부인 여성을 특별 대우하고 표창하였다. 파巴지역 과부 청淸에게 "먼저 단혈丹穴을 취득하여 수세에 걸쳐 그 이익을 마음대로 할 수 있게 하였으며 가족들에게도 자貲를 부과하지 않았다. 청은 과부인데 산업을 지킬 수 있었으며 재물을 써서 스스로를 보호하여 침범당하지 않았다. 진시황은 정부貞婦로 여겨 객客으로 대우하였으며 그녀를 기리는 여회청대女懷淸臺를 지었다."[24] 한대에 들어와서는 여러 차례 정부貞婦를 포상하였다. 전한 시기 선제는 영천穎川 태수 황패黃覇의 치적을 포상하면서 지역 주민 가운데 정부정녀貞婦順女에게 비단을 내렸으며,[25] 평제平帝가 즉위하면서 각 향鄕마다 정부貞婦 1인의 부역을 면제해 주었다.[26] 안제는 세 차례 민에게 작爵을 내리면서 정부貞婦에게 비단을 내리거나 곡식을 내리면서 함께 이문里門에 기와를 올리고 깃발을 세워 표창하였다.[27] 순제順帝와 환제桓帝 때에도 각각 한 차례씩 정부貞婦

---

23 『史記』卷6「秦始皇本紀」.
24 『史記』卷129「貨殖列傳」.
25 『漢書』卷8「宣帝紀」神爵 4年, "夏四月, 穎川太守黃霸以治行尤異秩中二千石, 賜爵關內侯, 黃金百斤. 及穎川吏民有行義者爵, 人二級, 力田一級, 貞婦順女帛."
26 『漢書』卷12「元帝紀」元始 元年, "天下女徒已論, 歸家, 顧山錢月三百. 復貞婦, 鄕一人."
27 『後漢書』卷5「安帝紀」元初 元年, "賜民爵, 人二級, 孝悌·力田人三級, 爵過公乘, 得移與子若同産·同産子, 民脫無名數及流民欲占者人一級;鰥·寡·孤·獨·篤·〔貧〕不能自存者穀, 人三斛, 貞婦帛, 人一匹.": 元初 6年, "貞婦有節義十斛, 甄表門閭, 旌顯厥行."; 延光 元年, "貞婦帛, 人二匹."

에게 비단 세 필을 내렸다.[28] 동가준董家遵은 청대『고금도서집성古今圖書集成』「규원전閨媛典」의 통계에 근거해, 진 통일 이후 수절자는 한 명뿐이나 한대에는 41명에 달해, 한대에 여성의 정절 관념이 비교적 증가했다고 하였다.[29]

그러나 실제 진한시대 황실 귀족 여성에서 일반 평민 여성에 이르기까지 여성들은 자유 개방 분위기 속에서 대담하게 자신의 행복과 쾌락을 추구하였으며, 이는 확실히 후세 여성들이 바라기 어려운 것이었다. 진국 역사상 41년에 걸쳐 정국을 좌지우지한 선태후宣太后는 공개적으로 융왕戎王 의거군義渠君과 동거하며 아들 둘을 낳았다. 죽을 때에는 그가 총애한 위축부魏丑夫를 순장시켜 달라고 유언을 남기기도 하였다. 무제의 고모 관도공주館陶公主 두태주竇太主는 15년간 과부로 지내면서, 가까이서 모시는 동언董偃을 총애하였다. 동언은 외출할 때는 말을 몰았고 집에 들어와서는 안에서 시중들었다. 동언은 성품이 온유하고 사람을 좋아하였으며, 주인과의 관계 덕분에 제공諸公과 접하게 되어 그 이름이 유명해지고 동군董君이라 불리었다. 동군은 30세에 죽었는데, 그 몇 년 후 두태주가 죽자 동군을 두태주와 함께 패릉霸陵에 합장하였다.[30]

사실 여성의 남성에 대한 종속성이 진한시기에 출현한 것은 우연이 아니다. 진한시대의 황제를 정점으로 하는 중앙 집권적 제민지배 체제는 여성의 남성에 대한 종속적인 윤리를 강화하였다. 그러나 실상 진한시대 여

28『後漢書』卷6「順帝紀」永建 元年, "貞婦帛, 人三匹.";『後漢書』卷7「桓帝紀」建和 元年, "貞婦帛. 人三匹."

29 董家遵,「歷代節烈婦女的統計」,『守節, 再嫁, 纏足及其他—中國古代婦女生活面面觀』, 陝西人民出版社, 1990.

30『漢書』卷126「東方朔列傳」, pp. 2853-2856.

성은 송원宋元 이후의 여성과 비교할 때 비교적 자유롭고 개방적이며 활달하였다. 진한시대 여성의 교제는 개방적이고 자유로웠다. '男女授受不親'과 같은 예교가 지배한 송원 이후 사회에서는 기녀를 제외하고 대다수 여성에게 사교라고 할 만한 게 없었으며 더욱이 남녀교유는 말할 나위 없었다. 반면 진한시대 남녀교유는 비록 자유롭지는 않았으나 일상적이었다. 무제시대에 회남왕淮南王 유안劉安은 반란 모의를 하면서, 사전에 딸을 경사京師에 파견하여 첩보활동을 하게 하였다.[31] 이때 그녀가 조정의 왕공대신들과 교유하였음은 능히 짐작할 수 있다.

진한 여성의 사회활동은 풍부하고 광범하였다. 그러나 여성을 남성에게 종속시키기 위해 유학 예교는 남녀의 활동공간을 분명하게 구분하였다. 『예기禮記』「내칙內則」에서는 "禮, 始于謹夫婦, 爲宮室, 辨內外, 男子居外, 女子居內, …… 男不入, 女不出."이라 하였는데, 송대 사마광司馬光은 『가범家範』에서 "男治外事, 女治內事.", "婦人無故, 不窺中門."이라 하여 활동공간을 명확하게 규정하였다. 이로 인해 집안에서 가사와 방적을 하는 외에 여성들은 일반적으로 기타 사회활동에 종사할 기회가 없었다. 그렇지만 총체적으로 볼 때 진한 여성들은 송원 이후에 비해 사회적 활동 범위가 넓었다.

진한 여성은 당시의 정치영역, 경제영역, 더 나아가 군사영역, 문화영역에서도 한 역할을 하였다. 가령 진秦에서는 여성도 군대에 참가하였다. 『상군서商君書』「병수兵守」편에, "壯男爲一君, 壯女爲一君, 男女之老弱者爲一軍, 此爲之三軍也."라고 하였다. 『묵자墨子』「호령號令」에도 "남녀가 성

---

31 『史記』 卷118 「淮南衡山列傳」, "淮南王有女陵, 慧, 有口辯. 王愛陵, 常多予金錢, 爲中詗長安, 約結上左右."

위에서 지킬 때에는, 열 가운데 여섯은 노弩, 넷은 병兵을 들게 하고, 정녀
丁女, 노인老人, 소인小人은 1모矛를 …… 여자가 대군大軍에 행군할 때 남자
는 왼쪽에서 여자는 오른쪽에서 행군하여 함께 행군하지 않는다. 모두
이를 지켜 명령을 따르지 않는 자는 참斬한다."[32]라고 하여 전쟁 중 여성
의 역할을 분명하게 제시하였다.

초한전쟁 기간에 남자들만으로는 군대 인원이 부족해지자 여자도 종군
하는 현상이 나타났다. 여자들은 건초더미를 운반한다든지 하는 후방임
무를 맡았지만, 때론 직접 전투에 참가하기도 하였다. 영양滎陽에서 한군
漢軍이 포위당하였을 때 여자 2천여 명을 밤에 갑옷을 입혀 동문으로 내
보내 유방을 엄호해 포위를 뚫었다는 기사는[33] 그 좋은 예이다.

진한 여성들은 비록 교육과 문화 면에서 제한이 있었지만 당시 학문과
문학에서 뛰어난 업적을 남긴 여성들도 있다. 적지 않은 여성이 시부詩賦
를 창작하였다. 진한 여성의 시부가 20여 편 남아 있는데, 이 가운데 성
제成帝의 후궁 반첩여班婕妤의 「원시怨詩」, 반소의 「동정부東征賦」, 서숙徐淑
의 「답부진가시答夫秦嘉詩」, 채문희蔡文姬의 「비분시悲憤詩」, 「호가십팔박胡
笳十八拍」 등이 뛰어나다. 『화양국지華陽國志』 「광한사녀廣漢士女」에 의하면,
요백廖伯의 아내 기배紀配는 남편이 일찍 죽자 "慮人求己, 作詩三章自誓心."
하였다. 『한서漢書』 「예문지藝文志」에는 "李夫人及幸貴人歌詩三篇"의 편목
篇目이 있는데, 이는 이연년李延年의 누이이자 무제의 애비愛妃인 이부인李夫
人의 시가 작품이다. 한대에는 아직 많은 여성이 시가를 좋아하고 연마하
였다. 관비인 조요曹曜의 딸 조궁曹宮은 "爲學事史, 通詩"하여 황후가 되

---

32 『墨子』 「號令」.
33 『史記』 卷8 「高祖本紀」.

었다(趙飛燕).[34] 명제의 마황후馬皇后는 『초사楚辭』를 송독하는 것을 매우 좋아하였다고 한다. 순제의 양황후梁皇后는 "九歲能通論語, 治韓詩."[35] 하였다.

부賦는 한대 주요 문학형식인데, 한부漢賦 작자 중 여성이 적지 않게 확인된다. 성제의 후궁 반첩여는 조비연趙非燕의 투기를 받게 되자 '作賦自傷'하였고, 마융의 딸 마예馬藝는 "少喪親, 長而追感, 乃作申情賦云."[36] 하였다. 안제의 모친 좌희左姬 역시 "善史書 喜辭賦."[37] 하였다.

후한의 일부 태후들은 교육에 대한 조치를 취하였다. 명제의 마황후는 "數授諸小王, 論議經書." 했고, 등태후 수綏는 "詔中宮及近臣于東觀, 受讀經傳, 以教授宮人." 하며, 동시에 화제和帝의 형제, 제북濟北, 하간왕河間王의 자식들과 등씨 근친들에게 "幷爲開底第, 教學經書, 躬自監試."[38] 하였다.

많은 교양 있는 여성이 자녀들의 가정교육을 맡았는데, 최식崔寔의 어머니는 "有母儀淑德, 博覽書傳. 初, 寔在五原, 常訓以臨民之政, 寔之善政, 母有助焉."[39]이라 하였다. 등창鄧閶의 처 경씨耿氏는 아들 충忠이 일찍 죽자 하남윤河南尹 표豹의 아들을 후계자로 삼고는 서학을 가르쳐 끝내 그로 하여금 통박通博으로 칭함을 받게 하였다.[40]

진한시대 여성이 할 수 있었던 사회활동 가운데 하나가 의술이었다. 『한서』「혹리전酷吏傳」에 의하면, 의종義縱의 여동생 의후義姁가 의술로 무

---

34 『漢書』卷97 「外戚傳」.
35 『後漢書』卷10 「皇后紀」.
36 『後漢書』卷84 「列女傳」.
37 『後漢書』卷55 「章帝八王傳」.
38 『後漢書』卷10 「皇后紀」.
39 『後漢書』卷52 「崔駰列傳」.
40 『後漢書』卷16 「鄧禹列傳」.

제의 모친인 왕태후王太后에게 총애를 받았는데, 이로 인해 군도群盜였던 의종이 중랑中郎에 발탁되었다.[41] 여의女醫 순우연淳于衍은 곽광霍光의 부인에게 총애를 받아 궁에 들어가 황후의 질병을 돌보면서, 허황후許皇后를 모해하는 궁정 투쟁에 참여기도 하였다.[42]

한편 한대에는 무풍이 성행하였다.[43] 『사기』「조후주발세가條侯周勃世家」에 따르면, 조후아부條侯亞夫가 하내河內 태수일 적에 허부許負가 그를 도왔다. 「외척전外戚傳」에 의하면, 온씨媼이 허부에게서 관상을 보았는데, 박희薄姬의 상相을 보고는 천자天子를 낳는다고 하였다. 진식陳直의 고증에 의하면, 허부는 진한시대에 크게 활약한 여성이다.[44] 『사기』「일자열전日者列傳」 저褚선생에 의하면, 당시 복서卜筮로 천리에 명성을 날리는 경우도 있었는데, 한 가지 재주로도 입신할 수 있었다. 예를 들면, 황직黃直은 대부大夫인데, 그 부인 진군부陳君夫는 상마相馬로 천하에 이름을 날렸다.[45] 후한 화제시대 이남李南은 바람의 방향, 강약, 소리로 길흉을 점치는 풍각風角에 밝았는데, 이남의 딸 역시 가술家術을 이어받았다.[46]

어떤 면에서 진한 여성의 성격은 적극적이고 대담하였다. 후한시대 황윤黃允은 세력가에 장가들려고 처와 이혼하였다. 황윤의 처 하후씨夏侯氏는 이혼을 당하면서 손님 300여 명을 불러 모아 가운데 앉아서는 황윤의 숨겨진 추악한 일들을 조목조목 나열하고는 마차에 올라 떠나갔다.[47] 한

---

41 『漢書』 卷90 「酷吏傳」, p. 3653.
42 『漢書』 卷97上 「外戚傳」, p. 3966.
43 『三國志』 卷6 「董卓傳」, p.183, "獻帝起居注曰, 催性喜鬼神左道之術, 常有道人及女巫歌謳擊鼓下神".
44 陳直, 『史記新證』, 天津人民出版社, 1979, p. 105.
45 『史記』 卷127 「日者列傳」, p. 3221.
46 『後漢書』 卷82上 「方術列傳」, p. 2717.
47 『後漢書』 卷68 「郭符許列傳」.

漢 악부시樂府詩 가운데 「상사上邪」는 애정에 대한 여성의 적극적이고 강렬한 갈망을 드러낸 대표적인 애정시이다.

> 하늘이시여!
>
> 저는 내 임과 서로 사랑하오니
>
> 변치 않고 영원하게 해 주세요.
>
> 산에 봉우리가 닳아 없어지면
>
> 강에 물이 다 말라 버리면
>
> 겨울에 우레가 진동하고 여름에 눈이 오면
>
> 하늘과 땅이 하나로 붙어 버리면
>
> 비로소 내 임과 헤어지겠나이다.[48]

진한 여성들은 가정생활에서도 평등을 구하였다. 후한 여자 하시何侍는 허원許遠의 처인데, 남편이 친정아버지에게 발길질하자 자신도 시어머니 귀를 움켜쥐고 잡아당겼다.[49] 이는 예교에 얽매이지 않은 행동이라고 할 수 있다.

진한시대 여성은 육체적으로도 건장하고 힘도 셌던 듯하다. 군대에서 행군과 전투, 성을 공격하고 점령하는 데도 참가하여 자신의 신체능력을 발휘하였다. 한대에 성행한 복수의 풍속에서도 여성의 활약이 드러난다. 예컨대 방아龐娥라는 여성은 광화光和 2년(179년) 화창한 대낮에 (부친을 살

---

48 『上邪』, "上邪, 我欲與君相知, 長命無絶衰, 山無陵, 江水爲竭, 冬雷震震夏雨雪, 天地合, 乃敢與君絶."(郭茂倩, 강필임 역, 『樂府詩集』, 지식을 만드는 지식, 2011, p. 50)
49 『全上古三代秦漢三國六朝文·全后漢文』卷38.

해한 원수) 이수李壽와 마주치자, 곧장 수레에서 내려 壽의 말을 잡아당기고 큰 소리로 꾸짖었다. 수가 경악하여 말머리를 돌려 도망가려 하자 아娥는 친히 칼을 치켜들고 내리찍어 말에 상처를 입혔다. 말이 놀라 요동치는 바람에 수는 길가 구덩이 속으로 떨어졌다. 아는 직접 수를 찾아 그를 땅에 내리쳤고, 수가 나뭇가지와 골풀을 잡으니 아는 칼로 그것을 부러뜨렸다. 수가 칼에 찔리고도 죽지 않자 아는 친히 좀 전에 빼앗은 수가 찼던 칼로 그를 내리쳤다. 수는 눈을 크게 부릅뜨고 포효하며 벌떡 일어나려고 하였고, 이에 아는 수를 제압하여 넘어뜨린 후 칼을 빼어 수의 머리를 끊었다. 아가 부친의 복수를 한 후 스스로 관부에 찾아가니, 향인들이 이를 듣고 경성분왕傾城奔往 보는 사람이 담을 이루었는데, 슬퍼하면서도 기뻐하고 의분에 복받쳐 슬퍼하고 한탄하여 탄식하지 않을 수 없었다.[50] 다른 예로 여영呂榮의 남편 허승許升은 "본주本州의 명을 받고 수춘壽春에 이르렀는데, 길에서 도적에게 해침을 받았다. 자사刺史 윤요尹耀가 도둑을 붙잡아 체포하였다. 영榮은 길에서 관棺을 맞이하고는 주州를 방문하여 복수하여 마음을 달래기를 청하였다. 자사 요耀는 그녀의 간청을 들어주었다. 이에 영은 자기 손으로 도둑의 머리를 잘라 남편 승升의 영혼에 제사하였다."[51] 이처럼 진한 여성은 강건하고 힘이 있었으며 생명력이 있었다.

진한 여성이 후대 전통시대 여성보다 우월한 지위를 향유한 근본적인 원인은, 이들이 완전히 가정에 속박되지 않고 여전히 사회성을 가지고 있었으며, 정치 참여, 농업 생산, 수공업 작방, 상품 판매, 행의상면行醫相面, 무술 연마, 종군從軍, 학문 등 여러 사회생활에 참여하였기 때문이다. 물

---

50 『三國志』 卷18 「龐淯傳」.
51 『後漢書』 卷84 「列女傳」, p. 2795.

론 시대적 국한성과 계급적 국한성이 있어 모든 여성이 마음대로 생산활동에 참가할 수 있었던 것은 아니다. 문사편집文史編集에 종사한 여성은 대부분 유학세가, 명문망족名門望族이었으며, 농업 생산, 수공업 편직에 종사한 여성은 보통 민중이었다. 여성 지위의 근저는 사회, 경제 구조 가운데 여성이 처한 지위, 종사하는 주요 사회실천에 의해 결정된다. 따라서 진한 사회의 특징을 새로이 분석하지 않으면 안 된다.

문제는 진한시기 여러 계층의 다른 인물이 모두 자기의 여성관, 혼인관을 발표하고 여성에 대해 엄격한 제한을 하고 여성의 언행에 대해 엄격한 규범을 만들었으나, 실제 생활 속의 상황과 이들이 이상으로 한 상황은 거리가 매우 컸다는 점이다. 이들의 관념사상은 당시 여성의 사회생활과 가정생활의 실상을 묘사한 것이 아니었다. 그러나 또한 분명한 것은 이들의 사상은 강한 예견을 담고 있었다. 이들의 설계는 당대 이후 근 천 년의 역사과정 가운데 점차 현실이 되었다. 진한시대의 여성관은 이러한 초전적超前的 사상의식 관념에 속한다.

법제와 여성

1. 진한 율령과 여성: 「주얼서奏讞書」 두현杜縣 여자 갑甲의 판례 분석을 중심으로

진秦의 율령은 법가에 의해 입안되었으며 법가정신에 근본을 두고 있다. 그런데 진의 법률을 가혹하다고 비판한 한漢도 진秦의 법률을 그대로 계승하여 지배하였음이 밝혀졌다. 한초漢初 여후呂后 2년경까지 사용된 『이년율령二年律令』은 진대 사용된 『수호지진묘죽간睡虎地秦墓竹簡』의 율령 내용과 일치한다. 그리고 이들 법령집에 의해 주목하게 된 또 다른 사실은, 진나라는 법령에 의해 종족주의를 해체하고 종족주의를 유지하고자 하는 가부장권을 부정하려 하였다는 기존의 시각에 새로운 자각을 일으켰다는 점이다. 이들 진한 법령집에 의하면, 진한 율령은 가부장권을 극도로 지지하고 보장하였음이 밝혀졌다.

「주얼서奏讞書」 두현杜縣 여자 갑甲의 판례는 중앙의 정위廷尉에게 상소된 한초의 재판기록이다. 한漢 고조高祖는 군현에서 판결을 내리기 어려운 재판을 중앙의 정위에게 상소하게 하였다. 두현 여자 갑 간통사건도 정위에게 상소 된 사건인 만큼 법률적 해석과 판결에는 여러 관점이 개입되어 있다. 정위 등이 이 간통사건을 불효에 버금가는 '차불효次不孝'로 판결한 것에 정사廷史가 이의를 제기하고 판결을 파기하는 논란의 과정은 무척 흥미로울 뿐만 아니라, 진한 율령이 지지하는 가부장권의 성격과 가족 내 여성의 지위를 이해할 수 있는 흥미로운 실마리를 제공한다.

율령은 관습이나 풍속과 밀접한 관계를 갖고 이를 반영하지만, 가장에게 가족 성원에 대한 생사여탈권을 보장한 진한 율령의 가부장권은 국가지배를 관철하기 위한 의지와 목적이 담겨 있다. 특히 진한 율령상의 불효죄는 진한 국가가 가부장권을 통해 관철하고자 하는 가족지배 질서의 특성을 드러낸다.

1) 「주얼서」 두현 여자 갑의 판례문

옛 율律에서 이르길, "남편이 죽으면 아들이 후자가 된다. 아들이 없으면 부모가 이으며, 부모가 없으면 처가 이으며, 처가 없으면 딸이 후자가 된다."라고 하였다. 율에 "관리가 현관縣官에 종사할 때, 부모나 처가 죽은 경우에는 휴가歸

寧] 30일이고, 조부모와 형제는 15일이다. 오한죄敖悍罪는 완위성단용完爲城旦舂으로 그 다리를 鐵纇하고 파현巴縣 염관鹽官에 보낸다. 사람을 불효하게 가르치면 차불효次不孝의 율에 해당한다. 불효자는 기시棄市한다. 기시 다음은 경위성단용黥爲城旦舂이다. 공사公士와 공사公士의 처妻 이상이 경형黥刑에 당하면 완형完刑에 처한다. 간음자는 내위예신첩耐爲隷臣妾에 처한다. 간음자를 체포할 경우는 반드시 현장에서 체포해야 한다."라고 하였다.

지금 두현杜縣 노리瀘里의 여자 갑甲은 남편이 병으로 죽어 장례를 치르는데, 관槨이 당堂 위에 있어 아직 장사를 지내지 않아, 시어머니 소素와 함께 밤새 상제 노릇을 하며 관을 돌며 곡을 하였다. 갑은 남자 병丙과 함께 관 뒤 내실로 가 거기서 화간和奸을 하였다. 다음 날 아침 소는 갑을 관리에게 고발하여, 관리는 갑을 체포하여 갑의 죄를 심리하였다.

정위廷尉 곡, 정正 시始, 감監 홍弘, 정사廷史 무武 등 30인은 의논하여 판결하여 모두 (다음과 같이) 말하였다. "율에 죽은 후 상속자後者를 두는 순서는, 처는 부모 다음이다. 처가 죽으면 장사 지내러 휴가를 얻는 날 수가 부모와 같은 법이 적용된다. 율에서 정한 후자를 두는 순서로 인사人事를 계산한다며, 남편은 처보다 특별 존귀하다. 처는 남편을 섬기며 장사를 지내 상복을 입을 때에는 부모에 버금가는 율을 취하여 지낸다. 처가 상속자가 되는 것은 시부모 다음 순서이다. 시부모가 죽어 아직 장사 지내지 않았는데 관 옆에서 간통을 하면 불효죄에 해당하며 불효죄는 기시에 처한다. 불효 다음은 경위성단용에 해당한다. 오한敖悍은 완형完刑에 처한다. 이러한 법률을 적용해 본다면, 처는 남편을 존대하는 데 차부모次父母에 해당하는데, 갑은 남편이 죽자 슬퍼하지 않고 남자와 관 옆에서 간통하여 차불효次不孝, 오한율敖悍律 2장章에 해당한다. 그런데 체포한 자가 현장에서 잡은 것이 아니기 때문에 갑은 완위용完爲舂에 해당한다고 갑에 대한 판결을 두현杜縣에 통고한다."

• 지금 정사廷史 신申이 요사徭使 이후 돌아와 정위廷尉의 법률 적용이 잘못되었다고 따져 말하기를, "죄목 적용이 잘못되었다. 율에 말하기를, '불효는 기시형에 처한다.'라고 하였다. 그런데 산 아버지에게 3일 밥을 드리지 않았을 때 관리는 무슨 죄목으로 자식을 판결하겠는가?" 정위 곡 등이 말하기를, "기시棄市에 해당한다."

　(정사 신이) 또 말하기를, "죽은 아버지가 있는데 그 집에서 3일 동안 제사 지내지 않으면 자식은 무슨 죄목에 해당하는가?" 정위 곡 등이 말하기를, "논죄하지 않는다." (신申이) 또 말하기를, "아들이 산 아버지의 가르침을 듣지 않는 것과 죽은 아버지의 가르침을 듣지 않는 것이 누구 죄가 더 중한가?" 곡 등이 말하기를, "죽은 아버지의 가르침을 듣지 않는 것은 무죄이다." (신이) 또 말하기를, "남편이 살아 있는데 스스로 시집가면 이를 맞아들인 이도 모두 경위성단용이다. 남편이 죽어 처妻가 스스로 시집을 가거나 이 여자를 맞아들이는 것은 모두 무죄이다." (신이) 또 말하기를, "살아 있는 남편을 속인 것과 죽은 남편을 속인 것은 누가 더 중한가?" 곡 등이 말하기를, "죽은 남편을 속인 것은 무죄이다." (신이) 또 말하기를, "남편이 관리[吏]여서 관官에 거주하고 처는 집에 거주하는데, 어느 날 다른 남자와 간통을 하여 관리가 체포했지만, 간통하는 현장[校上]에서 체포하지 못했다면 어떻게 판결하겠는가?" 곡 등이 말하기를, "논죄에 해당하지 않는다."

　(정사 신이) 말하기를, "정위·사史가 평의하길 모두 죽은 아버지를 속인 죄는 살아 있는 아버지를 속인 죄보다 가볍고, 살아 있는 남편을 능멸한 죄는 죽은 남편을 능멸하고 속인 죄보다 무겁다고 하였다. □□□□□□가 남자와 상중喪中에 관 옆에서 간통을 했고 체포한 자가 현장을 보지 못했는데도, 오직 완위

용完爲春이라고 판결하였으니 어찌 (그 죄가) 무겁지 않은가?" 곡 등이 말하기를, "진실로 잘못되었다."(『奏讞書』안례 21[1])

2) 가부장권과 불효죄

가부장의 권위나 효는 관습에 의한 가족윤리이다. 진한 율령상의 가부장권은 부자간의 효孝라는 가족 간의 윤리 덕목을 넘어서서, 가족성원에 대한 생사여탈권을 갖는 독특한 면모를 보인다. 그런데 두현 여자 갑甲의 화간사건에 대해 정위廷尉는 '차불효次不孝'의 죄목으로, '완위성단용'이라는 중형으로 판결하였다. 남편의 장례 중에 화간한 사건이 어떻게 '불효'죄의 범주에 적용될 수 있었는가. 그리고 불효에 버금가는 범죄에 대해 어찌 남자 형도의 경우 평생 성을 쌓고 여자 형도의 경우 평생 방아를 찧는 고된 노역에 종사하는 중형인 '완위성단용'형에 처하였는가. 또 진한은 어떻게 불효와 같은 가족윤리에 관해 국가가 개입하여 엄벌하였는가.

진한 율령에 의하면, 간통죄는 완위성단용에 처한다.[2] 그런데 정위를 비롯한 재판관들은 남편의 장례기간 동안 간통한 두현 여자 갑에 대해 간통죄가 아닌 '차불효次不孝'와 오한죄로 완위성단용의 판결을 내렸다. 불효죄는 기시에 처하고, '차불효次不孝'는 이보다 한 단계 가벼운 형벌인, 얼굴에 묵墨을 하고 평생 성단용의 노역을 하는 경위성단용에 처한다. 그런데 이 사건은 '차불효次不孝'로 판결하면서 '차불효次不孝'죄의 경위성단용이 아닌 이보다 가벼운 완위성단용으로 처벌하였다. 그리고 또 여기

1 『張家山漢墓竹簡二四七號墓(釋文修訂本)』(張家山二四七號漢墓竹簡整理小組, 文物出版社, 2006)「奏讞書」 案例 21.
2 『二年律令』(張家山二四七號漢墓竹簡整理小組, 『張家山漢墓竹簡』, 文物出版社, 2006)「雜律」 192簡, "諸與人妻和奸, 及其所與皆完爲城旦春."

서 주목되는 점은 '불효不孝'와 같은 가족윤리에 국가가 개입하여 기시와 같은 극형으로 처벌하였다는 것이다.

우선 정위 등은 왜 여자 갑에게 간통죄에 해당하는 형벌인 완위성단용으로 판결하면서, 그 죄목은 '차불효次不孝'와 오한죄로 처리하였을까. 정위 등은 이 사건이 남편의 상중에 일어난 간통이라는 점에서 간통에 앞서 상례를 해치는 문란의 문제를 주시한 것처럼 보인다. 즉 여자 갑의 사건을 심리한 정위를 비롯한 30인의 재판관은 우선 부부간 상중 의례 관계에 기초하여 이 사건을 의논하였던 것이다. 이에 따르면, 처는 남편의 상을 부모에 버금가는 예의로 치른다. 시부모의 장례기간 동안 간통을 하면 '불효죄'에 해당하는데, 여자 갑은 남편의 관 옆에서 간통했으므로 불효에 버금가는 '차불효次不孝'나 오한죄에 해당한다는 것이다. 불효죄는 기시에 처하므로 '차불효次不孝'는 기시의 다음가는 형벌인 경위성단용(얼굴에 묵을 하고 방아를 찧는 영구 노역형)에 처하며, 오한죄는 신체에 대한 훼손이 없는 성단용에 처하게 된다.

그러나 정위 등이 여자 갑의 사건을 단순한 간통죄가 아닌 상례 풍기 문란으로 처벌한 데에는 또 다른 사정이 있었다. 정위는 여자 갑의 화간 사건이 간통죄가 성립하기 어려웠음을 주시한 듯하다. 일단 이 사건은 사건 다음 날 아침 시어머니의 고발에 의해 심리하였기 때문에 현장을 증명할 수 없었다. 진한 율령상 간통죄가 성립하기 위해서는 사실관계를 증명할 수 있는 현장범이어야 하였다. 그러나 여자 갑의 경우 시어머니 소素가 사건 다음 날 아침에 관에 고발했기 때문에, 체포는 하였으나 현장을 입증할 수 없었다. 따라서 간통죄로 처벌할 수 없었으며, 대신 남편에 대한 상례를 어긴 '차불효次不孝'와 오한죄로 처벌하였다.

여기에서 주목되는 것은 '불효'를 법령으로 최고형인 기시棄市에 처하였다는 것이다. 진한 율령은 부모가 자식을 불효죄로 관에 고발하면 고발된 자식을 기시에 처하였다. 그리고 다른 사람을 불효하도록 사주하더라도 얼굴에 묵을 하고 평생 노역하는 죄수의 신분인 경위성단용의 중형에 처하기까지 했으며,[3] 불효죄는 고발하면 반드시 수리해야 하는 중죄이기도 하였다.[4] 실제 자식이 '불효'하여 죽여 달라고 관에 고발한 사례가 있으며,[5] 또 다른 사례는 아들의 발목을 잘라 변방 촉蜀지방으로 천사遷徙시켜 종신토록 떠나지 못하게 해 달라고 관에 고발하기도 하였다.[6]

그런데 진한 국가는 가족 내 윤리인 불효를 왜 이토록 중시하여 엄중하게 처벌하였을까. 이러한 의문을 이해하기 위해서는 '불효죄'가 적용된 가족 내부의 사정을 들여다볼 필요가 있다. '불효죄'는 부모 자식 간뿐만 아니라 주인과 노비 사이에도 적용되었다. 『장가산한간張家山漢簡』 「주얼서奏讞書」 안례 6에 의하면, 공대부公大夫 창昌이라는 사람이 노비 상여相女를 때려 죽게 하였다. 창은 상여가 '불효'했다고 관에 고하여 죄를 면하려

---

3 『二年律令』「賊律」35-37簡, "子牧殺父母, 毆詈泰父母·父母·叚(假)大母·主母·後母, 及父母告子不孝, 皆棄市 …… 教人不孝, 黥爲城旦舂." 『二年律令』은 1983년에 湖北 江陵縣에서 발굴된 漢初 呂后 2년에 매장된 한묘에 부장된 漢初 법령집이다. 秦律은 잘 알려진 바와 같이 법가정신을 바탕으로 만들어졌으며, 漢律은 이를 계승하였다고 한다. 『睡虎地秦墓竹簡』과 張家山漢墓에서 발견된 한초 呂后時期의 『二年律令』은 진한 율령의 계승관계를 증명한다.

4 免老한 노인(60세 이상)이 불효로 고발하여 사형에 처해 달라고 하였을 경우, 세 번 반환하여 관용해야 하는가 아닌가? 관용해서는 안 되며 곧바로 체포하여 도주하지 않도록 한다고도 하였다(『睡虎地秦墓竹簡』「法律答問」, "免老告人以爲不孝, 謁殺, 當三環之不? 不當環, 亟執勿失.").

5 『睡虎地秦墓竹簡』「封診式」, "告子 爰書: 某里士五(伍)甲告曰 某親子同里士五(伍)丙不孝, 謁殺, 敢告. 卽令令史己往執. 令史己爰書: 與牢隸臣某執丙, 得某室. 丞某訊丙, 辭曰 甲親子, 誠不孝甲所, 毋(無)它坐罪."

6 『睡虎地秦墓竹簡』「封診式」, "䰚(遷)子 爰書: 某里士五(伍)甲告曰 謁鋈親子同里士五(伍)丙足, 䰚(遷)蜀邊縣, 令終身毋得去䰚(遷)所, 敢告."

했으나, 미리 관에 고발하는 절차를 밟지 않았으므로 정위는 이를 인정하지 않고 치죄하였다.[7] 창의 노비 치사 사건에서 불효죄가 주인과 노예 사이에도 성립되었다는 점이 주목된다. 진한의 가족의 범주에는 노예도 포함하였으며 가장은 노비를 포함한 이들 가족 성원에 대해 생사여탈권을 가졌다.[8]

즉 부모가 자식이나 노비를 때려서 자식이나 노비가 죽게 되면 벌금형인 속사형贖死刑에 처하였다.[9] 이는 과실치사에 해당하는 가벼운 처벌이다. 일반적으로 싸우다가 살인을 하면 기시에 처하였다. 또 아버지나 주인이 자식이나 노비를 마음대로 죽이고[10] 형벌을 주고 머리를 깎이는 것을 '비공실고非公室告'라고 하여 관에서 관여하지 않았다. 뿐만 아니라 자식이나 노비가 부모 혹은 주인을 고발하는 것 역시 '비공실고'에 해당하여 들어주지 않았을 뿐만 아니라 고발한 자를 처벌하였다.[11] 여기에서 주목되는 점은 진한 율령상 부모와 자식의 관계가 주인과 노예의 관계와 같다는 점이다. 즉 자식은 노예와 마찬가지로 부모에게 절대적으로 종속되어 있었다.

진대 호적인 『이야진간里耶秦簡』 호적간戶籍簡은 국가가 가족을 편제한 의도와 이에 따른 가족 내 질서를 좀 더 명확하게 드러낸다. 일반적으로 진은 종족제도를 파괴하고 일부일처와 미성년 자녀로 이루어진 소가정을

---

7 『張家山漢墓竹簡』「奏讞書」案例 6.
8 吳榮曾,「對春秋戰國時期家長制奴隸制殘餘的考察」,『北京大學學報』1987-2.
9 『二年律令』「賊律」39簡, "父母毆笞子及奴婢, 子及奴婢以毆笞辜死, 令贖死."
10 『張家山漢墓竹簡』「奏讞書」案例 6에 의하면, 자식이나 노예를 죽이는 것은 사실상 관에 일정한 보고절차를 밟게 하여 가부장권을 국가의 통제하에 두었다.
11 『睡虎地秦墓竹簡』「法律答問」, "子告父母, 臣妾告主, 非公室告, 勿聽. 可(何)謂非公室告? 主擅殺·刑·髡其子·臣妾, 是謂非公室告, 勿聽. 而行告, 告者罪. 告【者】罪已行, 它人有(又) 襲其告之, 亦不當聽."

단위로 하는 가족제도를 만들어 냈다고 하나, 『이야진간』 호적간에 의하면 결혼한 부부가 부모 혹은 결혼한 형제와 함께 동거하는 가족 형태가 여전히 이어지고 있었다.

제1란: 南陽戶人荊不更絲 + 言喜	제1란: 南陽戶人荊不更蠻强
子不更衍	제2란: 妻曰嗛
제2란: 妻大女子女 + 甚	제3란: 子小上造口
隷大女子華	제4란: 子小女子駝
제3란: 子小上造章	제5란: 臣曰聚
子小上造	伍長　　　　(K27)
제4란: 子小女子趙	
子小女子見　　　(K4)	

『이야진간』 K4 호적간에서 각 난을 보면 제1란은 성인 남자인 호주와 그 아들, 제2란은 호주의 처와 여자 성인 노예, 제3란은 미성년 아들, 제4란은 미성년 딸로 구분하여 기록하고 있다. 여기서 흥미로운 점은 처와 여자 노예가 같은 난에 구분되었다는 것이다. 『이야진간』 호적간에 의하면, 제1란에는 호주를 비롯하여 성인 동생, 아들과 같은 성인 남성, 제2란에는 호주의 처, 첩, 어머니 혹은 동생의 처, 여자 노예와 같은 성인 여성을 기록하였다. 즉, 국가는 성인 남성, 성인 여성, 미성년 남성, 미성년 여성 등 노동력을 기준으로 호적을 편제하였음을 알 수 있다. 그럼에도 불구하고 성인 남성 노동력의 남자 노예는 제1란에 호주와 함께 기록하지 않았다. 남자 노예를 포함하고 있는 K27에 의하면, 남자 노예는 따로 제5

란에 기록하였다.[12] 호주인 남성 가부장은 국가에 대해서는 가족을 대표
하며, 가족 내에서는 절대 우위의 지위로 편제하였음을 알 수 있다. 약간
의 노예도 포함하는 가족은 공동생활 단위이면서 경제 단위이기도 하였
다. 즉, 국가는 호주를 통해 가족 단위의 기초사회를 통제하고 노동력을
운영하였다.

　다시 여자 갑의 판례로 돌아가 진한 율령이 지지하는 가부장권의 성격
을 분석해 보자. 정위의 판결은 출장에서 돌아온 정사의 반론에 의해 번
복되었다. 이때 여자 갑에 대한 '차불효次不孝' 논죄가 부당함을 추론하
는 논거는 매우 흥미로울 뿐만 아니라, 당시 '불효'의 죄목을 통해 국가가
가족질서에 개입하며 요구하는 것이 무엇이었는가를 엿볼 수 있다. 정사
의 물음에 대해 정위는, "살아 있는 아버지를 3일 동안 식사 봉양하지 않
으면 기시에 해당하지만, 죽은 아버지에게 삼일 동안 제사하지 않는다면
자식은 처벌할 수 없다. 죽은 아버지의 가르침을 듣지 않는 것은 무죄이
다. 남편이 살아 있는데 다른 남자에게 시집을 가거나 그런 여자를 아내
로 삼은 경우 경위성단용에 해당한다. 그러나 남편이 죽은 후 처가 시집
을 가거나 그런 여자를 아내로 삼은 경우는 무죄이다. 죽은 남편을 속이
는 것은 처벌하지 않는다. 남편이 관부에 종사하고 있을 때, 처가 집에 있
으면서 매일 다른 남자와 간통을 해도 관리가 현장에서 붙잡지 못하면
처벌할 수 없다."라고 답변한다.

　즉 여자 갑에 대한 판례에서 이미 내렸던 판결을 번복하는 데 합치하
는 논거는, 부모와 남편을 섬기는 데 생전과 사후가 다르며, 법률적으로
'불효不孝', '기망欺罔', '불청不聽'이 적용되는 범위는 오직 살아 있는 부모,

---

12 湖南省文物考古研究所, 『里耶發掘報告』, 岳麓書社, 2006, pp. 203-205.

남편에 한정된다. 여자 갑에 대한 판결 결과에 서로 다른 의견을 갖고 있었던 정사와 정위는, "자식이 살아 있는 아버지의 가르침을 듣지 않는 것과 죽은 아버지의 가르침을 듣지 않는 것 중 어떤 죄가 더 무거운가?"라는 물음에, "죽은 아버지의 가르침을 듣지 않는 것은 무죄"라는 데 모두 동의한다. 국가가 필요로 하는 효는 죽은 자에 대한 산 자의 공경이 아니라 통치의 안정에 기여할 수 있는 살아 있는 자 간의 현실적인 공순恭順관계일 뿐이라는 것을 단적으로 말해 주는 것이다.[13] 이는 한대에 유교 최고의 경전으로 격상된 『효경孝經』에서 말하는 "효자가 어버이를 섬김에는 죽은 부모 섬기기를 살아 계신 부모 섬기듯이 하고, 이미 장사 지내 계시지 않는 부모 섬기기를 장사 지내기 전 시신이 계실 때 섬기듯이 한다."라는[14] '효孝'의 의미와는 분명 다르다. 인간적인 자각에 기초해서 부모를 섬기는 가족의 자율적 질서와는 거리가 멀 뿐만 아니라, '효孝는 백행百行의 근본(本)'이라는 공동체 질서 가운데 공순恭順과 국가의 충忠으로 이어지는 효제孝悌의 윤리와 같은[15] 이념적 지향이 아니었다. 「주얼서」 여자 갑의 판례의 '불효不孝'가 갖는 사회적 기반은 예교적 질서에 있지 않았다.

여자 갑의 판례에 의하면 '남편이 처보다 특별히 존귀한' 존재가 되는 근거로 남편이 호주戶主 계승에 있어서 가장 앞서는 지위라는 점을 들고 있다. 즉 호주이기 때문이다. 따라서 여자 갑의 판례는, 남편이 현재 호주의 지위에 있을 경우에 한해 부부간의 관계가 부모 자식 간의 관계에 버

---

13 李成珪, 「漢代 『孝經』의 普及과 그 理念」, 『韓國思想史學』 제10집, 1998, p. 201.
14 『孝經』 傳14章, "孝子之事親也 事死如事生 事亡如事存."
15 宇都宮淸吉은 민의 세계를 구성하는 근본은 가족이며, 가족집단을 지배하는 내적인 규율은 長幼有序인 孝悌와 같은 인간관계를 규율하는 자율적 윤리이다. 따라서 황제권은 父老라는 중개자를 통해 民의 세계에 개입하는 것이 가능하였다고 한다(宇都宮淸吉, 『中國古代中世史硏究』, 創文社, 1977, pp. 11-12).

금간다는 것을 밝힌다.

진대의 판례인 「주얼서」의 두현 여자 갑에 관한 '불효' 판례는,[16] 국가가 '효자순손孝子順孫', '정녀의부貞女義婦'를 표창함으로써 공순한 복종 윤리의 연장에서 효를 요구하려 한 예교질서의 이념적 포장과는[17] 조금 다른 사회적 이념과 배경이 있는 듯하다. 여자 갑의 판례의 '효'는 종족宗族이 해체됨에 따라 생긴 소농가족을 기초로 하는 '효'로서, 한비자의 후계자들에 의해 이루어진 「충효편忠孝篇」에서 지지하는 '효'의 개념이며,[18] 종족을 배경으로 하는 '효'와 명칭은 같아도 내용이 다르다.[19] 진한 율령은 효를 기초로 한 직계 존속친의 우월한 지위와 그들의 비속친에 대한 처벌권을 용인함으로써 가부장권을 보호하였다.[20] 진한의 지배는 개별 인신 지배가 아닌 호주로 대표되는 호를 대상으로 시행되었다. 따라서 국가는 호주의 가내지배권을 확고히 함으로써 사회 기초 단위의 안정을 꾀하였다. 진에서 가장이 최고의 권위를 갖게 된 것은 국가가 이들 가장의 권위를 통해 사회의 질서와 안정을 유지하려 한 데에 있었다.

---

16 彭浩, 「「奏讞書」中秦代和東周時期的案例」, 『文物』 1995-3.
17 後漢 禮敎秩序의 이념을 완성한 白虎觀 회의에서 지향하는 국가는 王者의 德에 의한 봉건 지배 체제에 기초하고 있으며, 황제는 그 德이 天地와 짝하는 존재로서 禮敎的 天子이다. 白虎通 국가는 천자로부터 서인에 이르기까지 孝가 모든 행위의 本이었으며, 왕 자신도 三老五更을 존경하여 효도와 공경의 덕을 펼쳐 천하에 보이고자 하였다. 후한 왕조는 '孝子順孫'과 함께 '貞女義婦'를 표창하여 예교질서에 의한 통치의 안정을 꾀했으며 漢帝國은 孝悌에 대한 복종의 윤리를 국가가 직접 독려함으로써 충성으로 이어지도록 하였다(李成珪, 「漢代 『孝經』의 普及과 그 理念」, p. 195).
18 板野長八, 『中國古代における人間觀の展開』, 岩波書店, 1972, p. 333.
19 好立隆司, 『秦漢帝國史硏究』, 未來社, 1978, pp. 25-26.
20 李成珪, 『中國古代帝國成立史硏究—秦國齊民支配體制의 形成』, 一潮閣, 1984, pp. 84-85.

3) 부부간의 법적 지위

전통사회에서 유가적 예교윤리는 가족윤리 규범의 중심에서 여성 불평등의 근원이 된다는 혐의를 받아 왔다. 흔히 유가의 예교가 여성을 남성의 종속자로 묶어 두었다고 하며, 부부관계에서 아내를 비하하고 남편에 대한 아내의 종속을 등식화한 이념의 근원을 『예기禮記』와 같은 유가 경전에서 찾는다.[21] 여자를 출생에서 사망에 이르기까지 남성에게 종속된 삶으로 규정한 '삼종지도三從之道'라든가 부인을 일컬어 물 뿌리고 비로 쓰는 일 정도나 할 수 있다고 하는 표현은, 『의례儀禮』와 『예기』에[22] 나오는 것으로 미루어 선진시기에 이미 형성되었다.[23] 또 『예기』는 남자의 일을 양사陽事로, 여자의 일을 음사陰事로 규정하고[24] 이러한 남녀관계의 구별이 바른 부부관계의 기초라고 하여,[25] 부부, 남녀의 역할 구분과 여성의 종속적 이념은 이미 전국시대에 형성되었다.

전국시대 남녀의 지위와 역할의 구분을 규정하는 이론의 등장은 종족제의 해체에 의해 새로이 생겨난 소가족의 가족 윤리, 질서에 대한 새로운 요구를 반영한다. 즉 전국戰國 각국의 변법에 의해 보편화된 부부 중심의 소가족 내에서는 아내, 어머니의 역할이 이전보다 상대적으로 커졌으리라 짐작되는데, 이와 더불어 가족 내에서 여성의 권한이 강화될 수 있

---

21 이숙인, 『동아시아 고대의 여성사상』, 여이연, 2005, p. 421, p. 432.
22 "婦人有三從之義, 無專用之道. 故未家從父, 旣家從夫, 夫死從子."(『儀禮』喪服; 『禮記』效特牲)
23 趙鳳喈, 『中國婦女之法律上之地位』, 食貨出版社, 1973, p. 91.
24 『禮記』「昏義」, "男敎不修, 陽事不得. 適見於天, 日爲之食. 婦順不修, 陰事不得, 適見於天, 月爲之食."
25 『禮記』「昏義」, "男女有別, 以后夫婦有義, 夫婦有義, 以后父子有親, 父子有親, 以后君臣有正. 故曰, 昏禮者, 禮之本也."

는 환경이 조성되었을 수 있다.[26] 그렇다면 소가족을 사회 기초 단위로 하는 진한 사회에서 여성의 권한은 어떻게 반영되어 있을까. 남편의 상중에 일어난 부인의 화간사건에 부부간의 법적 지위는 어떻게 반영되었을까.

현장범이 아니었기에 간통죄가 성립하기 어려웠던 이 사건에, 정위는 간통죄와 같은 형량을 주기 위한 방편이었을까, 상례喪禮 예법상 가족 내 부부의 지위로 이 사건을 접근하였다. 부부간의 복상服喪에 관한 『의례』에 의하면, 남편이 죽으면 부친상과 마찬가지로 참최斬衰 3년이지만, 부인이 죽으면 장기杖朞 2년을 지낸다. 이러한 복상례에 근거한다면, 가정 내에서 남편의 지위는 부모에 버금간다고 할 수 있다. 그러나 진한 율령상 남편의 지위는 우월한 지위이기는 하지만 결코 '차부모次父母'와 같은 절대적인 지위는 아니었다. 뿐만 아니라 한漢의 국가적 신분질서에서 부인은 남편의 작爵과 같다고 하며, 여자가 범법을 하였을 경우 남편의 작위에 준해서 처벌된다는 점에서,[27] 부부는 국가적 신분질서에서 동등한 지위를 가졌다.

『이년율령二年律令』「적률賊律」 중 처가 남편을 때리는 경우는 내위예첩耐爲隷妾으로 처벌하지만, 며느리가 시부모, 시조부모를 때렸을 경우에는 기시에 처하였다. 처를 놓고 볼 때, 진한 율령은 부부간의 법적 관계를 부모 자식 간의 관계와 같은 위치에 두지는 않았지만, 법적으로 부부간에 존비관계를 설정하여 부권夫權을 보장하였음은 분명하다.

---

26 Bret Hinsch, *Woman in Early Imperial China*, Rowman & Littlefield, 2002, p. 48.
27 『二年律令』「具律」 82簡, "上造, 上造妻以上, 及內公孫, 外公孫, 內公耳玄孫有罪, 其當刑及當爲城旦舂者, 耐以爲鬼薪白粲."

처의 성질이 사나워 남편이 처를 구타하여, 처의 귀를 찢거나 또는 사지, 손가락을 부러뜨리거나 탈구시켰을 경우, 남편을 어떻게 논죄하는가? 耐刑에 처한다. 율문에 의하면, 싸우다가 타인의 귀를 찢었을 경우, 耐刑에 처한다.[28]

처가 사나워서 남편이 때렸는데, 무기나 칼을 갖고 하지 않았으면, 상처를 입혔더라도 무죄이다.[29]

처가 남편을 때리면 耐爲隸妾에 처한다.[30]

진한 율령은 남편이 처를 구타하여 상처를 입혔을 경우 일반적인 상해죄와 같은 내耐에 처한다고 하였으나, 무기를 갖고 때리지 않았다면 상처를 입혔더라도 무죄였다. 남편의 처에 대한 폭력을 법적으로 용인하는 전제로 처가 사나울 경우라고 하여, 가정 내 여성의 득세를 억제하고 여성을 가부장에게 종속시킬 수 있는 법적 지지를 마련하였다. 반면, 처가 남편을 때리면 아무런 상해를 입히지 않아도 내위예첩에 처하여, 일반적으로 아무런 무기를 갖지 않고 싸우다 상해를 입혔을 경우에 처하는 '내耐'보다[31] 더 무겁게 처벌하였다. 이러한 처벌은 형제나 부모의 형제를 구타하는 것과[32] 같은 형량이다. 즉 가정 내 폭력과 같은 처벌이었다. 가정 내 폭력에 관노비의 노역을 감당해야 하는 내위예첩형을 가하는 것을 통해,

---

28 『睡虎地秦墓竹簡』「法律答問」, "妻悍, 夫毆而治之, 決其耳若折肢指胅體, 問夫何論? 當耐. 律
 曰'鬪決人耳, 耐.'"
29 『二年律令』「賊律」32簡, "妻悍而夫毆笞之, 非以兵刃也, 雖傷之, 無罪."
30 『二年律令』「賊律」33簡, "妻毆夫, 耐爲隸妾."
31 『二年律令』「賊律」28簡, "鬪而以釰及金鐵銳, 錘, 椎傷人, 皆完爲城旦舂. 其非用此物而眇人,
 折枳, 齒, 胅體, 斷決鼻, 耳者, 耐."
32 『二年律令』「賊律」41簡, "毆兄, 弟及親父母之同産, 耐爲隸臣妾."

가정 내 폭력을 국가가 엄중하게 처벌함으로써 기층사회의 안정을 꾀하였음을 알 수 있다.

시대를 달리해서 당률唐律에서는 처가 남편을 때린 경우 도형徒刑 1년이나,[33] 상처가 심한 경우 일반인끼리의 구타에 의한 상해죄에 3등을 더한[34] 반면, 남편이 처를 구타하여 상처를 입힌 경우 일반인에게 범한 죄에서 2등을 감하여 처벌한다.[35] 즉 남편이 처를 때려 상처를 입힌 경우에 각 시대의 처벌은 조금씩 변화하는데, 진율秦律은 일반적인 상해죄를 적용하고 당률唐律은 상해죄에서 2등을 감한다. 반면, 한율漢律은 남편이 무기를 사용한 것이 아니면 처에게 상처를 입혔더라도 무죄라고 하여, 부부간의 다툼의 문제에 있어서 부권夫權을 한층 엄격히 보장하였음을 알 수 있다. 그렇다면 한대 여성은 법률적, 혹은 사회적으로 가장 억압받았다고 할 수 있을까.

마찬가지 이유로 진한 율령은 가내 폭력의 엄단과 '사나운 처'에 대한 억제력을 가부장에게 주었다고 이해할 수 있다. 진한시대의 소가족 내에서 처나 어머니의 권한은 대가족제 내에서보다 강화되었을 수 있다. 가족, 호戶를 지배의 기초 단위로 하는 진한의 제민지배 체제는 호주인 가장의 절대적인 지위를 법률적으로 옹호하여 사회적 안정을 꾀하였다. 진한의 율령은 호주 및 호주를 계승하는 후자後者를 가정 내 지존의 위치에 놓아 권위를 보호함으로써 가장에 대한 처의 종속을 법률적으로 규정하였다.

---

33 唐律에서 싸우다 사람을 구타한 경우는 태형 40대에 처하며(『唐律疏議』 卷21 「鬪訟律」 1), 徒刑 1년에 처하는 경우는 치아를 부러뜨렸거나, 귀나 코를 손상시켰거나, 한쪽 눈을 다치게 했거나, 손가락이나 발가락을 부러뜨렸거나, 또는 뼈에 금이 가게 했거나, 끓는 물이나 불로 사람을 傷害하는 것과 같은 상처가 심한 경우에 해당한다(『唐律疏議』 卷21 「鬪訟律」 2).
34 『唐律疏議』 卷22 「鬪訟律」 25, "諸妻毆夫, 徒一年, 若毆傷重者, 加凡鬪傷三等."
35 『唐律疏議』 卷22 「鬪訟律」 24, "諸毆傷妻者, 減凡人二等."

이러한 법적 규정은 부부관계와 더불어 처, 며느리로서의 여성의 지위를 남편, 시부모에게 종속시켰으나, 이러한 가족 내 윤리관계까지 규율한 진한 율령이 실제 가족규율로서 관습화되었는지는 의문이다.

여자 갑의 재판 결과는, 여자 갑의 남편 상중 화간사건이 결코 상례를 어긴 예교윤리 차원에서 처리되는 것을 허용하지 않았다. 여자 갑의 시대, 즉 한초에 법률적으로 남편이 처보다 존귀한 존재일 수 있는 경우는 남편이 호주戶主의 지위에 있는 가장에 한정되었다. 즉 진한 율령이 지지한 부권夫權, 부부간에 처를 남편에 종속시키는 지위는 사회 단위인 가족의 안정적 지배를 위해 가부장권을 옹호한 결과였을 뿐, 남존여비의 예교적 윤리 개념에 기초한 것이 아니다.

2. 여성의 상속권과 재산권

1) 역대 중국 여성의 호주계승권

우리나라에서 호주제는 2005년 3월 31일 법률 제7427호의 공포과정을 거쳐 폐지되었다. 호주제하에서 여성은 혼인 전에는 아버지가 호주인 호적에, 결혼하면 남편이 호주인 호적에, 남편이 사망하면 아들이 호주인 호적에 올라야 하는 예속적인 존재로 규정되었다. 또 호주제는 호주승계 순위를 아들→딸(미혼)→처→어머니→며느리 순으로 정해 놓아 아들 선호를 조장하였다. 호주제도는 호주를 중심으로 일가一家를 구성하여, 가족 구성원을 호주에게 종속시켜 개인의 자율성과 존엄성을 부정하고 일률적으로 순위를 정함으로써 여성 차별적인 제도라는 비판 끝에 폐지되

기에 이르렀다.[36]

그런데 우리나라에서 여성이 호주권을 갖게 된 것도 근대화, 여성평등의 결과였다. 조선시대 가계계승법은 철저히 남계 혈통 중심주의여서 여성은 가계계승에서 배제되었다. 조선시대의 가계계승은 제사의 영속을 목적으로 하므로 남계 혈연이 절손될 경우 양자를 입적하여 가계를 계승하였다.

중국 전통사회의 상속제도는 당대唐代 율령에서 남성 혈연의 연속을 목적으로 하는 종법제宗法制에 기초한 입적제도立嫡制度의 신분계승제도와 균분상속의 재산상속제도가 갖추어졌다. 나아가 이러한 종법제에 기초한 계승제는 청대淸代 『대청률례大淸律例』와 『대청민율大淸民律』로 이어져 완결되었다. 당률 「호혼율戶婚律」 중 "입적위법立嫡違法"조條에 의하면, (봉작封爵의) 승계를 위해 적처嫡妻의 장자로 적자를 세우며, 계승의 순차는 '적자嫡子 → 적손嫡孫 → 적자동모제嫡子同母弟 → 서자庶子 → 서자동모제庶子同母弟 → 서손庶孫'의 순이며 이후는 이에 준하는 방법으로 이어진다. 즉 당률의 계승법에서, 여자는 상속자에서 제외하였으며 장자를 세우고 적자가 서자에 우선하는 원칙이 확립되었다.

중국의 상속제는 제사권과 관작을 계승하는 신분상속과 재산을 상속하는 재산상속으로 나뉜다. 제사계승은 종법제도에 근거하여 남성 적자나 적손만이 계승권을 향유하며, 관작의 계승은 정치권력과 이에 따른 경제력을 상속하는 것이다. 신분상속은 한 사람의 후자後者, 상속인에게만 계승되어 분할될 수 없으며 재산상속만이 분할된다. 중국 고대 상속제는 종법제의 이념과 원칙 아래 신분상속을 중시하고 재산상속은 부속적

36 『한국민족문화대백과』, 한국학중앙연구원, 2010.

이었으며, 여자는 제사 계승권이 없으므로 신분과 재산 상속에서 제한이 있었다.

진한시대에는 20등작제等爵制의 제민지배 체제하에서 일반민들에게도 국가가 새로운 황제의 즉위와 같은 여러 경사를 이유로 각 가정의 가장, 호주 혹은 상속인에게 작爵 1급을 내렸다. 받은 작위에 따라 일반민들은 국가로부터 토지를 분급받았으며, 작위를 가지고 노역을 면제받거나 형벌을 감량할 수 있었다. 따라서 호주권의 계승은 작爵에 따른 권리와 함께 작爵에 따른 재산권을 상속하는 것이다.

고대사회에서 호주는 이러한 이념적인 측면 외에 좀 더 구체적으로 법률적으로 가부장권을 인정받았으며, 호戶의 계승은 이러한 호주의 권리 및 호戶가 대표하는 가족재산의 상속을 의미하였다. 당률의 호戶계승은 적장자 계승원칙에 따라 철저히 남계혈통 중심이며, 호戶를 이을 남성이 없을 경우 호절戶絶로 규정하여 호戶의 계승에서 처나 딸은 완전히 배제되었다.[37] 당송唐宋 국가가 파악하는 호戶계승의 범주와 개념에는, 가족제사를 계승하며 남계 혈연 중심의 가부장제를 유지하려는 이념적 경향이 내재되어 있으며, 따라서 호戶의 계승은 가계계승과 동일한 의미를 갖는다.[38]

고대 상속제도의 기본원칙은 주대 이후 적장자 계승제이지만, 황제권은

---

37 唐律에서는, "戶의 계승을 위해서는 嫡長子를 세워야 하며, 적자가 없거나 적자에게 죄나 병이 있다면 嫡孫을 세우며, 적손이 없으면 적자의 同母 형제, 庶子, 적손의 同母 형제, 庶孫의 순으로 계승한다."라고 규정하여 戶의 계승에 관해 嫡長子 계승의 원칙만을 세워 놓고 있다. "議曰 立嫡者, 本擬承襲. 嫡妻之長子爲嫡子, 不依此立, 是名違法, 合徒一年. …… 依令 無嫡子及有罪秩, 立嫡孫, 無嫡孫, 以次立嫡子同母弟, 無母弟, 立庶子, 無庶子, 立嫡孫同母弟, 無母弟, 立庶孫. 曾玄以下準此. 無後者, 爲戶絶."(『唐律疏議』卷12「戶婚律」9, 立嫡違法)
38 陸貞任,「宋代 戶絶財産法 硏究」,『宋遼金元史硏究』5, 2001, pp. 35-40.

여러 정치적 환경에서 장자에게만 계승된 것은 결코 아니었다. 그러나 명의상의 작위만 있었던 일반민들에게는 적장자 계승제도의 원칙이 적용되었다.

『당률습유唐律拾遺』「호령戶令」"분전택급재물分田宅及財物"조에 의하면, 가산家産의 분할은 적서를 구분하지 않고 형제가 균분하였으며, 형제가 죽으면 그 아들이 부父의 몫을 상속하는 원칙이 확정되었다. 양자도 친자와 같은 몫으로 균분에 참여하였다. 형제가 모두 사망하였을 경우에는, 그들의 자식들이 균분한다. 그러나 형제가 각기 처가에서 얻은 재산은 분할의 범위에 들지 않는다. 그리고 아직 장가가지 않은 자에게는 별도로 빙재聘財를 준다.

여성은 입적立嫡, 계사繼嗣, 작위爵位 계승의 신분상속에서는 제외되었던 반면, 재산은 일부 상속받을 수 있었는데, 미혼녀나 미혼의 고모와 자매에게는 시집갈 때 가져갈 장렴粧奩으로 남자 빙재의 반을 준다. 아들이 없는 과부의 경우 남편의 몫을 상속하며, 남편 형제가 모두 사망하였을 경우 아들 한 명의 몫을 주는데, 남편 집안의 전산田産을 마음대로 팔 수 없어 일시적인 관리권으로 이해한다. 아들이 있을 경우 따로 (과부의 상속분) 몫이 없으며 아들과 함께 가산의 처분권을 공유한다. 개가하는 경우, 남편 집안의 재산이나 시집올 때 가져온 재산을 가져갈 수 없었다. 다만, 호절戶絶일 경우에는 여성이 재산상속을 온전히 받을 수 있었다. 상속할 본종本宗에 남자가 없는 경우를 호절이라고 하는데, 호절일 경우 장례를 치른 후 남은 재산은 딸에게 주어 여자가 계승의 주체가 될 수 있었고 여기에는 출가한 딸도 포함되었다. 만약 딸이 없으면 근친이 차례로 상속했고, 친척도 없으면 관부에 속하였다.

송초宋初의 『송형통宋刑統』은 당대唐代의 제도를 계승하였으나, 송대의 사회, 정치, 경제 변화를 통해 재산상속제에 변화가 있었다. 여성의 상속에서 제일 큰 변화로는 남송南宋시대에 미혼녀는 형제 상속분의 반을 상속할 수 있게 되었다. 원래 호절의 경우 출가녀는 호절자산의 3분의 1을 상속하였으며, 귀종녀歸宗女는 호절재산의 3분의 2를 상속하게 되었으나, 남송이 되면 미혼녀 상속분의 반으로 줄었다. 과부의 경우, 당률 「호령」과 마찬가지로 수절을 할 때도 남편 집안의 전산을 마음대로 팔수 없었으며, 남송 「호령戶令」의 규정에 의하면 과부가 후부後夫를 불러들일 경우에 종신토록 전부前夫의 가산의 용익권을 향유할 수 있어 송대 과부의 재산적 지위가 향상되었다.

『송형통』 권12 「호혼율戶婚律」 "호절자산戶絶資産"에 의하면, 근친속의 호절재산 계승권은 피계승인과 3년 이상 동거한 친속, 췌서贅壻, 의남義男, 의붓아들 등의 계승권이 크게 신장되어, 출가한 딸, 출가한 고모나 자매가 있을 경우는 호절재산의 3분의 2를, 이들도 없을 경우는 전 재산을 상속하였다. 그러나 남송대에는 근친속의 호절재산 계승권이 상실되었으며, 송률에 의하면 근친으로 피계승인을 위해 입사立嗣하는 것을 명계命繼라고 하였는데, 『송회요宋會要』 「식화食貨」에 의하면 양자가 친자와 같이 균분한 데 비해 명계자는 호절재산의 3분의 1만을 상속하였다. 송률의 규정에 의하면, 피계승인의 유촉遺囑 처분권은 법정계승인의 합법 권익을 침해할 수 없어 축소되었다.

원대元代의 상속제에서 계승순서는 아들이 가장 우선이나 아들이 없을 경우 조카와 형제이며, 관습상 조카로 계승하는 경우가 많고 형제가 직접 계승하지 않았다. 재산상속은 형제균분이었으며, 적서가 모두 계승권이 있었으나 상속분에 다과가 있어 적서의 엄격한 신분적 차별이 있었다.

청대 상속제는 법률규정이나 민간관습 모두 당송 이래의 전통이 완비된 단계에 이르렀다. 종법제에 의한 제사의 계승은 종족인宗族人의 절실한 관심뿐만 아니라 사회안정의 기초가 되었다. 따라서 조상에 대한 제사의 계승제는 청대 계승법의 핵심이며, 『대청률례大淸律例』「호율戶律·호역戶役」 "입적자위법立嫡子違法"의 율문에는 가산에 대한 언급이 없으며 부례附例에 보이는 것은 당대唐代와 마찬가지이다. 명대明代 이래로 입사제도가 활성화되었다. 적서자손嫡庶子孫이 없을 때는 동종同宗 가운데 자식 세대에서 '입계立繼'하여 제사를 계승하는데, 남편이 사망하였을 경우 처가 '입계권'을 가지며, 부부가 모두 사망하면 근친 가운데서 '명계命繼'한다. 재산분할 관습상 제사를 계승하는 적장자는 균분 외에 제사용을 참작하여 한 사람 몫을 더 받으며, 이는 '장방전長房田', '장손전長孫田'이라고 하였다.

명대 이래로 정식결혼을 거치지 않은 자 사이에서 난 간생자奸生子의 합법적 지위를 승인하여 아들의 반을 상속할 수 있으며 아들이 없을 경우에는 사자嗣子와 균분한다. 이외에 노동력이 필요해 들인 의자義子나 췌서도 정상을 참작하여 재산의 일부를 나누어 준다. 췌서의 경우 제사를 계승할 경우 질자姪子와 같은 동종응계자同宗應繼者와 가산을 균분한다. 여자의 상속권은, 호절재산은 친생녀가 상속하나 민간에서는 때로 장렴전이나 유애전遺愛田만을 상속할 뿐이었다.

청말 서양의 법률체계를 참조하여 전통법을 정리한 『대청민율초안大淸民律草案』은 종조계승宗祧繼承과 유산상속을 구분하여, 조상제사와 유산을 겸해서 계승하는 것을 계승인, 유산만 상속하는 것을 승수인承受人으로 규정하여, 신분상속을 중심으로 한 고대 중국의 상속제의 특성을 명확히 하였다. 1929년에 공포된 「중화민국민법中華民國民法」에 의해 비로소 여성은 남성과 동등한 상속권을 갖게 되었으며, 1985년에 시행된 「중화인민공화국中華人民共和國 계승법繼承法」에서 상속법이 혼인법의 신분법의 범주에서 벗어나 여성은 남성과 대등한 지위와 비중을 갖게 되었다.

2) 진한 여성의 호주계승권

진한의 호주계승제도는 당률唐律에서 완성된 남계 혈연 중심의 전통 계승제도와 좀 다른 점이 있다. 당대唐代 완성된 중국의 전통적 호주계승이 남계 적장자 위주의 계승으로 여성을 철저히 배제한 데 비해, 한漢 율령에서는 여자에게도 호주계승권을 주었으며, 당률에 비해 계승순서를 훨씬 그 범위를 넓게 또 구체적으로 명시하였다. 『이년율령二年律令』「치후율置後律」에는 호주가 사망할 경우 가족 내 호주계승 순서가 구체적으로 명시되어 있다.

(a) 죽었는데 戶를 이을 아들이 없으면 아버지나 어머니가 잇게 하고, 부모가 없으면 부인이 잇게 하며, 부인이 없으면 딸이 잇게 하며, 딸이 없으면 손자가 잇게 하며, 손자가 없으면 증손자가 잇게 하며, 증손자가 없으면 조부모가 잇게 하며, 조부모가 없으면 형제의 아들이 호를 잇게 한다. 형제 아들이 호를 이으려면 반드시 같은 名籍에 있어야 한다.[39]

호주가 사망할 경우 호주는 '아들→부모→처→딸→손자→증손자

---

39 『二年律令』「置後律」379-380簡, "死母子男代戶, 令父若母, 毋父母令寡, 毋寡令女, 毋女令孫, 毋孫令耳孫, 毋耳孫令大父母, 毋大父母令同產子代戶. 同產子代戶, 必同居數. 棄妻子不得與後妻子爭後."

→조부모→형제의 아들'의 순서로 계승한다. 한 율령이 규정하는 호주계
승권에서 주목되는 점은 처와 딸의 호주계승권이다. 그렇다면 가족법에
서 당률에 비해 처를 엄격하게 가부장에게 종속시키고 부권을 강화한 한
율령이 처와 딸에게까지 호주계승권을 인정한 점은 잘 이해되지 않는다.
뿐만 아니라 한 율령은 아무런 계승자가 없을 경우 노비에게까지 호주계
승권을 주었다.

> (b) 죽었는데 후자가 없고 노비만이 있는 자는 노비를 면하여 서인으로 하고,
> ……에 따라 주인의 전택과 남은 재산을 준다. 노비가 많을 경우 戶를 잇는
> 자는 한 사람을 넘을 수 없으며, 일한 지 오래되거나 주인이 관리에게 말한
> 자로 한다.[40]

호戶를 이을 아들, 부모는 물론 처나 딸마저도 없을 경우에는 조부모나
형제의 자식까지도 인정하며, 또 아무런 후사가 없을 경우 노비에게까지
호戶의 계승권을 주었다. 이처럼 한漢 왕조는 가내에서 이루어지는 호주
의 계승에 적극적으로 개입하여, 호주를 상속할 자가 없어 호주가 멸실되
는 호절을 최대한 막으려 하였다.

한漢 왕조가 호주계승권을 여성 친족에게 주었을 뿐만 아니라, 결코 제
사의 계승자가 될 수 없는 세대를 거스른 부모나 조부모, 그리고 노예까
지도 호주의 계승자 서열에 포함시켰다는 것은, 한대漢代 호戶의 계승이 이
후 남계 혈통 중심주의 당송唐宋시대의 호戶계승의 의미와 동일하지 않다

40『二年律令』「置後律」382-383簡, "死毋後而有奴婢者, 免奴婢以爲庶人, 以□人律□之□主田
宅及餘財. 奴婢多, 代戶者毋過一人, 先用勞久, 有□子若主所言吏者."

는 것을 의미한다. 즉 진한시대의 호주계승은 당송 이후 제사를 중심으로 하는 남계 혈연 중심의 가계계승을 의미하지 않았다. 한漢은 왜 여성과 노비에게까지 호戶계승을 허용했으며, 그렇다면 진한시대 호주계승의 의미는 무엇이며, 왜 국가는 적극적으로 가내 호주계승을 파악하고 장악하려 하였을까.

진한시대의 호戶계승은 수전체제授田體制와 긴밀한 관련이 있다. 진秦은 상앙의 변법 이후 각 호戶마다 호주戶主를 대상으로 작爵에 따라 전토田土를 분급했으므로 법적 상속자인 후자後子는 신분과 함께 전산田產을 상속하였다. 따라서 호주계승은 신분계승과 재산상속 모두를 포함한다. 그렇다면 진한시대 여성은 어떤 신분을 보유하고 계승할 수 있었을까.

한대에는 여자에게는 작을 내리지 않았다. 단지 전 백성에 대해 민작民爵을 내리는 경우 여자에게는 술과 고기를 내려 음주의례에 참석하게 하였을 뿐이다.[41] 여자는 남편의 작에 따르게 함으로써 작제질서爵制秩序 가운데 포섭하였던 것으로 이해할 수 있다.[42] 실제로 여성의 작은 여후呂后시대에 공신 부인들에게 사작賜爵된 예외적인 사례를[43] 제외하고는 확인되지 않는다. 여자는 독립적인 작을 갖고 있지 않았으나, 작을 가지고 형벌을 감면하는 구율具律에 의하면, 상조上造나 공사公士의 처는 상조, 공사와 같은 감면의 특권을 누릴 수 있었다.[44]

그러나 부친이나 남편으로부터 호를 계승한 여자의 경우 작위를 계승

---

41 『漢書』 卷6 「武帝紀」, "賜天下民爵一級, 女子百戶牛酒."
42 西嶋定生, 『中國古代帝國の形成と構造』, 東京大學出版會, 1961, pp. 455-459.
43 婦人에 대한 封爵의 예는 高祖의 兄伯의 妻인 陰安侯, 蕭何 사후에 그 부인이 鄼侯, 樊噲의 처 呂嬃가 臨光候가 되었으나 이 모두는 呂后稱制시대로 예외적인 사례에 속한다.
44 『二年律令』 「具律」 82-83簡.

받았다. 『이년율령』「치후율」에는 여자가 호주계승자인 후자後子가 된 경우의 호戶계승에 관한 여러 가지 제약과 규정이 있는데, 여기에서 여자에게까지 호주계승을 허용하고 또 한편으로는 여자의 호주계승을 규제한 국가의지의 향방을 좀 더 구체적으로 읽을 수 있다.

(c) 다른 사람의 처가 된 자는 호주가 될 수 없다.[45]

(d) 여자가 부모의 後子가 되었는데 출가하는 경우, 남편이 처의 田宅으로 자신의 田宅 분을 채운다. 집이 자신이 가질 수 있는 규정을 넘으면 가질 수 없다. 만약 이혼을 하거나[棄妻][46] 남편이 죽으면 妻는 (전택을) 다시 취하여 戶가 될 수 있다. 이혼을 하면[棄妻] 妻의 재산을 준다.[47]

(e) 과부가 戶를 잇게 되면 田宅을 주고, 자식이 後子가 되는 경우 爵을 주는 것과 같게 한다[此子爲後者爵]. 만약 戶를 잇기에 부당한데 戶가 되고자 하면 田宅을 감해서 받으며, 庶人으로서 田宅을 주는 정도만을 허락한다. (과부가 戶를 이루어) 자식은 없고 남편이 있는 경우 남편에게 자식이 없으면 그 남편이

---

45 『二年律令』「戶律」 345簡, "爲人妻者不得爲戶. 民欲別爲戶者, 皆以八月戶時, 非戶時勿許."
46 棄妻는 남편이 처를 일방적으로 내쫓는 경우만이 아닌, 처가 자발적으로 헤어진 경우 모두를 포함하며, 법률적으로는 이혼에 해당하는 용어로 쓰인다. 『睡虎地秦簡』에 의하면, 棄妻의 경우 관에 서류 신고해야 하는데, 이를 어길 경우 棄妻 역시 남편과 마찬가지로 똑같이 貲二甲의 처벌을 받는다(『睡虎地秦墓竹簡』「法律答問」, "'棄妻不書, 貲二甲.' 其棄妻亦當論不當論? 貲二甲."). 漢代에는 남편의 일방적인 의사에 의해 내쫓는 경우가 일반적이었겠지만, 『漢書』에는 張耳에게 시집가기 위해 남편에게 이혼을 요구한 예(『漢書』 卷32 「張耳陳餘傳」), 朱買臣의 무능함 때문에 떠나 재혼한 처(『漢書』 卷64上 「嚴朱吾丘主父徐嚴終王賈傳」)의 사례 등이 있으며, 심지어 史丹은 정치적 노선의 차 때문에 王商의 아들 俊에게 시집간 딸을 이혼시키기도 한다(『漢書』 卷82 「王商史丹傳喜傳」). 그러나 이와 같이 남편과 헤어진 여성의 경우 어떠한 경우이든 법률적으로는 모두 '棄妻'로 규정된다.
47 『二年律令』「置後律」 384簡, "女子爲父母後而出嫁者, 令夫以妻田宅盈其田宅. 宅不比, 弗得. 其棄妻, 及夫死, 妻得復取以爲戶. 棄妻, 畁之其財."

이어 戶가 된다. (죽은) 남편의 형제 및 자식에게 같은 名籍에 있는 동거자가
있으면 田宅을 팔거나 贅壻를 들여서도 안 된다. 출가해서 다른 사람의 처가
되거나 죽으면 차례로 戶를 잇게 한다.[48]

    과부가 남편의 호주를 상속받을 경우, 상속받는 작위는 아들이 계승하
는 것과 같이한다比子爲後者爵고 하였다. 즉 「치후율」에 의하면, 20등작
가운데 경卿 이하의 작위는 자식에게 계승할 때 2등급씩 강등된다. 예를
들어 경의 계승자는 2등급 아래인 공승公乘이 되며, 오대부五大夫의 계승
자는 2등급 아래인 공대부公大夫, 공승은 2등급 아래인 관대부官大夫가 된
다. 따라서 남편의 호를 계승한 과부의 경우 남편 살아생전보다 2등급 강
등된 작을 보유할 수 있었다.

    그렇다면 부모나 남편의 작을 계승한 여자 호주가 혼인할 경우 그녀의
작위는 어떻게 보장받을 수 있었을까. 다른 사람의 처가 된 자는 호주가
될 수 없었다. 호주인 여자가 결혼을 하면 남편의 호적에 들어가 호주권
을 상실하게 된다. 따라서 그녀의 재산은 남편에게 귀속되며 그녀가 상속
받은 재산은 남편의 작위에 상응하는 한도의 토지와 집만 남편의 소유가
될 수 있을 뿐이다. 그녀가 상속받은 토지와 집이 남편의 작의 한도를 넘
으면 초과하는 분의 재산권은 상실된다. 여자 호주는 어디까지나 한시적
인 단대單代의 입호立戶로 그치며, 결혼과 동시에 여자 호주 자신의 독립적
인 호戶는 자연 소멸하며 여자 호주는 계승될 수 없었다. 이와 같이 부모

---

48 『二年律令』「置後律」386-387簡, "寡爲戶後, 予田宅, 比子爲後者爵. 其不當爲戶後, 而欲爲戶
    以受殺田宅, 許以庶人予田宅. 毋子, 其夫; 夫毋子, 其夫而代爲戶. 夫同産及子有與同居數者, 令
    毋賈賣田宅及入贅. 其出爲人妻若死, 令以次代戶."

나 전남편으로부터 호戶를 계승한 여자의 재산을 결혼 후 남편의 작위 등급에 한정시킨 율령 조항은, "여자는 남편의 작爵에 준한다."는 「치후율」의 규정과[49] 짝하는 조치이다.

여성의 신분과 재산권은 남성 호주의 작爵과 재산에 종속되어 공유할 수 있을 뿐이었다. 따라서 부모로부터 호戶를 계승하여 시집올 때 전택田宅을 가져온 경우라 할지라도, 범죄 등의 이유로 남편의 작이 몰수될 경우 남편에게 속하였던 전택은 남편의 작爵과 함께 그대로 몰수되었다. 즉 부모로부터 물려받은 여성의 작과 전택은 보호되지 못하였을 뿐만 아니라 여성은 남편의 죄에 연좌되어 남편의 재산의 일부로 관에 몰수되었다. 즉 한대 가족법상 여성에 의한 호戶의 계승은 진한의 사작賜爵 및 수전授田 제도와 긴밀한 관련하에 제약을 받아, 부모의 호戶를 계승한 여성 호주가 시집을 갈 경우 남편 작위의 한도 내에서 자신이 물려받은 전택을 남편에게 귀속시켜야 하였다. 따라서 한율漢律에서 규정한 여성의 작爵과 호주 신분은 죽은 부모나 남편에서 상속받는 경우에 한해 한시적으로 존립하는 불완전한 것이었다. 그러나 이혼을 하거나 남편이 죽어 과부가 될 경우, 이 여성이 결혼 전에 부모의 호를 계승하였거나 상속받은 재산이 있다면 회복하여 다시 호주가 될 수 있었다(d).

한 율령은 호를 계승한 과부의 손에 맡겨진 재산의 향방에 관심을 갖고 이를 규제하였다. 「치후율」에 의하면, 남편의 호를 계승한 과부가 재가를 하면, 남편으로부터 상속받은 재산은 원칙적으로 가져갈 수 없으나 전택을 서인庶人의 몫만큼 감해서나마 남편에게서 상속받은 전택의 일부를 가져갈 수 있다. 그러나 이때 부모에게서 상속받은 재산이 있다면 이를

49『二年律令』「置後律」372簡, "女子比其夫爵."

회복하여 모두 가져갈 수 있었을 것이다. 혹은 과부는 재가를 할 경우 자신이 상속받은 전토에 대한 소유권을 잃게 되므로, 상속받은 전토를 경작할 수 있는 췌서를 들이는 방법을 선택할 수도 있었을 것이다. 그러나 한 율령은 과부가 상속받은 전택은 남편의 형제나 조카가 같은 호적에 동거자로 있다면 마음대로 팔거나 췌서를 들일 수 없다고 하였다. 즉 남편에게서 물려받은 재산에 대해 동거 형제들에게 공동재산권을 인정하고 있다. 뿐만 아니라 시집간 과부를 대신해서 시집 가족 가운데 호주계승의 순서에 따라 호주가 되었다((e)).

이러한 율령 규정하에서라면, 호戶계승의 후순위에 있는 남편의 형제 등 일가一家는 호戶를 상속한 과부가 재가함으로써 자신들에게 돌아올 상속분을 차지하기 위해 오히려 과부의 재가를 원할 수 있었을 것이며, 실제로 이러한 과부 재산에 대한 주변 형제들의 위협과 재가 압력이 존재하였던 것 같다.[50] 그렇다면 아들, 시부모 다음으로 주어진 과부의 호戶계승권은 현실적으로는 결코 안정적인 재산상속권이 되지 못하였음을 짐작할 수 있다.

이와 같이 한漢 율령이 집요하게 호戶계승의 순차를 규정하고 특히 남편이나 부모의 호를 계승한 여성 호주의 재산권 문제에 관여하고 있는 것은, 호주권에 따른 재산상속이 단지 재산권의 문제가 아니었으며, 제민에게 일정 분의 토지를 균등하게 지급한 진한의 수전체제授田體制와 관련된 규정이었기 때문이다. 즉 진한은 제1급 공사公士에게 1경頃을, 그리고 작爵

---

50 王符, 『潛夫論』 卷5 「斷訟」, "遭値不仁世叔, 無義兄弟, 或利其娉幣, 或貪其財賄, 或私其兒子, 則彊中欺嫁, 處迫脅遣送, 人有自縊房中, 飮藥車上, 絶命喪軀, 孤損童孩. 此猶迫脅人命自殺也."

의 등급에 따라 1경頃씩 누진하여 수전授田했는데, 그 대상은 개별적인 개인이 아닌 호戶를 기준으로 시행하였으며, 호주는 호戶를 대표하여 수전과 과세의 대상이 되었다. 따라서 국가는 안정된 수전授田과 과세를 위해 호戶의 명확한 파악과 더불어 호주의 승계에 관심을 갖고 직접 관여하지 않을 수 없었고, 수전授田과 짝을 이루는 사작賜爵도 개개인이 아니라 호戶를 대상으로 호주에게 내려졌다.

따라서 한漢 왕조가 후대 율령이 완비된 당대唐代에 비해 오히려 더 세밀하게 호戶승계의 순차와 범위를 명확하게 규정한 이유는 바로 호戶의 계승과 함께 수반되는 전택田宅의 귀속을 국가가 직접 관여하기 위한 것이었다. 한漢 왕조는 호戶의 계승권을 딸이나 부인과 같은 여성(나아가 노비)에게까지 확대하였는데, 이는 국가와 민民을 이어 주는 수전체제를 안정적으로 유지, 계승하기 위해 호戶가 단절되는 사태를 회피하고자 한 결과이다. 한대에 여성의 호戶계승권이 주어졌음에도 불구하고 여자에 대한 사작賜爵이 없었던 것은, 사작이 개개인을 대상으로 내려진 것이 아니라 수전授田과 함께 호戶를 대상으로 하였으며, 따라서 호주인 남성에게 내려졌기 때문이다. 여성의 사회적 신분은 남성에게 종속되었다.

3) 진한 여성의 재산권

진한시대 여성의 사회적 신분은 완전히 남성에게 종속했으나 재산권은 신분보다는 조금 유연하였다. 진한시대의 재산상속은 분가에 따른 재산분할에 의해 이루어졌으며 형제균분이 행해졌다. 형제균분에 여성도 포함되는지는 분명치 않으나, 한대 탁왕손卓王孫이 사마상여司馬相如에게 시집간 딸 문군文君에게 재산을 나누어 준 예는 당시 딸도 아들에 상당하는 재산을 나누어 받기도 하였음을 전한다.[51] 그러나 애초에는 문군이 사마상여와 몰래 도망했을 때 그의 부친 탁왕손은 몹시 화를 내며 그녀에게 한 푼도 주지 않으려 하였으며 부득이 장렴으로 노비 100명과 백만 전만을 주었다. 통상 장렴은 가산의 일부로 형제들의 상속분에 비할 바가 못되었다. 그러나 당시 탁왕손이 재산이 많고 2남 1녀의 자식을 두었다면, 문군이 받은 장렴은 남자 형제의 균분 재산분할에 상당하는 몫이어야 하였다. 하지만 사마상여의 벼슬길이 열린 후에야 탁왕손은 문군에게 남자 형제와 동등한 몫의 재산을 나누어 주었으며, 문군의 예에서처럼 여성의 재산 상속분은 피상속자의 의지에 따라 크게 좌우되었다.[52] 또 통상적으로 장렴은 「공작동남비孔雀東南飛」의 예나 『수호지진묘죽간睡虎地秦墓竹簡』 「법률답문法律答問」에 의하면 시집간 여성의 일상에 필요한 의류나 물건, 그리고 노비 위주였다.

그러면 여성이 시집갈 때 장렴으로 가져간 재산이나 부모에게 상속받은 재산권은 혼인 후에 어떻게 행사할 수 있었을까. 앞서 인용한 「치후율」에 의하면 부모의 상속자가 된 여성이 혼인을 하면 호주권과 함께 상속한 집과 전토田土는 남편에게 귀속되었다. 그러나 이러한 귀속은 잠정적인 것이지 여성이 재산권을 상실하는 것은 아니었다.

(a) 여자가 부모의 後子가 되었는데 출가하는 경우, 남편이 처의 田宅으로 자신의 田宅 분을 채운다. 집이 자신이 가질 수 있는 규정을 넘으면 가질 수 없다. 만약 이혼을 하거나[棄妻] 남편이 죽으면 妻는 (전택을) 다시 취해 戸가 될 수

---

51 『史記』卷117 「司馬相如列傳」.
52 瞿同祖, 『漢代社會結構』, 上海世界出版集團, p. 24.

있다. 이혼을 하면[棄妻] 妻의 재산을 준다.[53]

(죽은) 남편의 형제 및 자식에게 같은 名籍에 있는 동거자가 있으면 田宅을 팔 거나 贅胥를 들여서도 안 된다.

(b) 손자가 죽으면 그 어머니가 이어 戶가 된다. 감히 남편의 부모를 쫓아내거나 췌서를 들이거나 도리에 어긋나게 그 아들의 재산을 취해서는 안 된다.[54]

혼인과 함께 남편에게 귀속되었던 여성의 재산권은 이혼과 함께 다시 되찾을 수 있어, 여성의 재산권은 혼인 후에도 실질적으로 유지되었다고 볼 수 있다. 이는 후대에 이혼할 경우 장렴으로 가져갔던 재산은 시가에 귀속되어 되찾을 수 없었던 것과 비교된다. 『수호지진묘죽간』에 진한시대 여성의 독자적인 사회적 신분과 재산권에 관한 실마리를 보여 주는 법률 조문이 있다. 남편이 처벌되어 형노刑奴가 되었으나 처는 관노비에서 제외 된 경우이다.

(c) "남편이 죄를 지었는데 처가 먼저 고발하면, 관비로 몰수하지 않는다." 처가 시집올 때 데려온 노비, 衣器는 몰수해야 하는가, 해서는 안 되는가? 몰수해 서는 안 된다.[55]

---

53 『二年律令』「置後律」384簡, "女子爲父母後而出嫁者, 令夫以妻田宅盈其田宅. 宅不比, 弗得. 其棄妻, 及夫死, 妻得復取以爲戶. 棄妻, 畀之其財."
54 『二年律令』「戶律」339簡, "孫死, 其母而代爲戶. 令母敢逐(逐)夫父母及入贅, 及道外取其子 財."
55 『睡虎地秦墓竹簡』「法律答問」, "'夫有罪, 妻先告, 不收.' 妻媵臣妾, 衣器當收不當? 不當收."

남편의 처벌에서 제외되어 신분을 유지할 수 있었던 여성이 시집올 때 가져온 노비와 의기衣器는 남편의 몰수재산에서 제외되어 유지할 수 있었다. 그러나 이때 전택田宅은 남편의 신분에 귀속되어 자신이 시집올 때 가져온 것이라 하더라도 회복할 수 없었다. 이렇듯 전택을 제외한 재산은 결혼과 동시에 남편이 호주로 있는 호戶의 재산으로 귀속되지만, 재산권의 상실이라기보다 잠정적인 귀속 내지는 공유의 개념이 있음을 이해할 수 있다.

　남편이 죽은 과부의 경우, 아들이 있다면 아들이 호주권을 상속받았으나 아들이 없고 또 시부모가 살아 계시지 않다면 자신이 호주권과 함께 재산권을 상속받을 수 있었다. 호주를 상속받은 과부의 경우, 재산권 행사에는 일정한 제한이 있었다. 남편의 형제 및 자식이 동거할 경우는 마음대로 전택을 팔거나 췌서를 들일 수 없었다. 또 부모를 내쫓거나 재산을 마음대로 사용해서도 안 되었다. 이는 호주에게 속한 재산이 호주 개인의 재산이 아니라 동거가족들에게도 이에 대한 공동소유권이 있음을 인정한 것이다.

　이처럼 재산을 상속받은 여성 호주의 재산행사를 제한하는 법률 조항을 둔 데에는 이유가 있었던 듯하다. 호주가 사망하였을 경우 재산을 상속받는 순차는 아들과 시부모가 처보다 우선이다. 따라서 아들이 있다면 아들이 호戶와 작爵의 상속자가 되어 법률적으로 모든 재산권이 아들에게 귀속된다. 그러나 현실의 운영에서는 좀 달랐던 듯하다. 『악록서원장진간嶽麓書院藏秦簡』 중 「식겁원안識劫娺案」의 판례는 당시 과부가 죽은 남편의 상속자가 된 아들의 재산권을 행사한 구체적인 일면을 전한다. 그 대강의 내용은 다음과 같다.

(d) 大女子 媛은 원래 大夫 沛의 妾, 즉 女婢였다. 沛는 媛에게서 아들 義와 딸 姎을 낳았다. 沛의 妻 危는 10년 전에 죽었으나 沛는 처를 맞아들이지 않고 있다가 2년 후에 媛을 서인으로 免해 주고 처로 삼았다. 媛은 또 아들 必과 딸 若을 낳았다. 2년을 살다가 沛는 宗人, 里人, 大夫 등을 모아 놓고 고해 媛을 宗室에 들이는 것에 동의를 얻었다. 媛은 종실 성원이 되어, 里人 중 불행히 죽은 자가 있으면 僕賦를 내어 구휼하는 것을 다른 부인들과 똑같이 하였다. 6년을 살다가 沛가 죽어 장남 義가 戶와 爵을 잇는 후자가 되어 肆와 宅을 소유하게 되었다.

識은 원래 沛의 노예인데 동거하였다. 沛는 3년째 되는 해에 識을 위해 처를 맞아 주었다. 이때 上造 羽의 딸 齡을 識의 처로 맞도록 하면서 布肆, 舍客室을 識에게 준다고 말하였다. 1년을 함께 살다가 識을 위해 室을 팔았는데 5천 전이었다. 말 한 필, 稻田 20畝를 나누어 識을 분가시켰다.

識이 군에 갔는데 沛가 죽었다. 돌아와 媛에게 말하였다. "沛가 살아생전에 肆·舍客室을 識에게 준다고 하였으니, 이제 가지고자 한다." 媛이 말하기를, "沛가 죽을 때 識에게 주라는 말이 없었으니, 識은 가질 수 없다." 識이 말하기를, "媛이 재산을 숨기고, 識에게 주지 않으니, 識은 장차 媛을 고발하겠다." 媛은 재산을 숨겼기 때문에 肆·室을 주었다. 沛가 살았을 때 肆·舍客室을 識에게 주려고 한 적이 없었고, (주라고) 媛에게 말한 적도 없었다. 호적에 妻가 아니라 免妾이라고 되어 있는 이유는 알지 못한다. ……

군대에서 돌아오니, 沛가 이미 사망하였다. 識은 沛가 죽기 전에 말했던 것을 媛에게 말하였다. "媛이 肆·室을 識에게 넘겨주지 않으면, 識은 장차 媛이 가산을 은닉하였음을 고발하겠다." 이에 媛은 識에게 넘겨주었고, 識은 고발하지 않았다. ……

한편 建, 昌, 積, 喜, 遺는 원래 沛의 舍人이었다. 沛가 建 등에게 돈을 빌려 주고 市販하여 잉여금을 나누었다. 장사가 잘 안 돼서 建은 7백, 昌은 3만 3천, 積은 6천 6백, 喜는 2만 2천, 遺는 6천의 채무를 졌는데, 아직 갚지 않았다. 識이 娩을 고발하려 하자 娩은 곧 券을 잘라 建의 채무를 없앴다.[56]

「식겁원안」은 진왕정秦王政 18년, 곧 기원전 229년의 판례이다. 판례에서 주목되는 점은, 대여자大女子 원娩이 소송을 냈으나 소송분쟁 대상이 된 가게와 집은 아들 소주마小走馬 의義의 소유라는 것이다. 분쟁의 대상이 된 점포와 집은 원래 남편 대부大夫 패沛의 소유였으나 맏아들 의義가 상속하여 의義의 소유가 되었다. 그럼에도 불구하고 이 소송은 대여자大女子 원娩이 아들 소주마小走馬 의義를 대신해서 고발장을 냈는데, 이는 아들 의義가 미성년이었기 때문이다. 진나라는 통일 이전에 키를 기준으로 성인과 미성년을 구분하였다. 남자는 6척 5촌, 여자는 6척 2촌 이하는 소인이며 5척 2촌부터 가용 노동력으로 구분하였다. 진왕정 16년(기원전 231년)에야 보편적으로 연령을 기준으로 대소의 기준을 삼았다. 주마走馬는 진나라 작위명인데 밑에서 3급에 해당하며 이후 잠뇨簪褭와 같다. 따라서 아들 소주마小走馬 의義는 재산과 함께 아버지 대부大夫의 작위를 2등급 감해 주마走馬의 작위를 상속받았으며 아직 미성년이었다. 따라서 동산과 부동산을 포함한 재산은 아들 의義의 소유였으나 이들 재산을 신고할 의무는 어머니 원娩에게 있었으나, 의義가 다른 사람들에게 빌려준 채권을 재산으로 신고하지 않았다. 이를 빌미로 가노였던 식識이 협박하여

---

56 『嶽麓書院藏秦簡』(朱漢民·陳松長 主編, 『嶽麓書院藏秦簡(參)』, 上海辭書出版社, 2012) 「識劫娩案」.

가게와 집을 가로채려 한 사건이다. 원媛은 이 사건을 신고하면서 자신이 포를 파는 가게와 여관을 하나 소유하고 있다고 하였다. 뿐만 아니라 식識의 협박을 피하기 위해 의義의 채권을 자신이 마음대로 폐기 처분하였다. 아들이 있는 과부는 자신이 호주권을 상속받지 않더라도, 아들이 작과 함께 상속받은 재산에 대해 미성년 아들의 대리인으로 재산권을 행사할 수 있었음을 알 수 있다. 뿐만 아니라 관에 신고하는 소장에서까지 점포와 집을 자신이 소유하고 있는 것으로 진술할 만큼, 과부의 재산권 행사는 명목상으로도 아무런 제한이 없었음을 알 수 있다.

그런데 이 사건이 흥미로운 점은, 그리고 이 사건이 주얼奏讞 하여 상부 기관까지 올라가는 까다로운 판례가 된 것은, 사건의 신고자인 대여자大女子 원媛의 신분에 따른 처벌이다. 패沛의 여비女婢였던 원媛이 패沛의 처가 죽은 후에 면천免賤하고 종실 성원으로부터 처로 인정받기까지 하였으나, 정작 관에는 면천만을 신고하고 패沛의 처로 등록하지 않았기 때문에, 법적으로 원媛을 패沛의 처로 인정할 수 있는가가 문제가 되었다. 이 사건을 의논한 현縣의 관리들은 원媛을 대부大夫 패沛의 처처妻로 처벌해야 하는지 아니면 서인庶人으로 처벌해야 하는지 판단하기 어려웠다. 재산을 숨긴 죄에 대한 처벌은 숨긴 액수가 660전을 넘으면 경위용黥爲舂에 처하나 자수하면 1등을 감해 완위용完爲舂으로 처벌한다. 그런데 대부大夫 처의 신분이라면 내위백찬耐爲白粲으로 감해질 수 있었다.

4) 「선령권서」의 재산상속

「선령권서先令券書」는 1984년 강소江蘇 양주揚州 의징儀徵에서 출토된 전한시대 주릉朱凌이란 여성의 묘에 부장된 유산분배에 관한 유언장이다.

「선령권서」는 한대 결혼 풍속과 여성의 재산권 및 상속의 운영에 관한 실태를 알려 줄 뿐만 아니라 당시의 가족사에 대한 생생한 현장 보고서이기도 하다.

전한 말 5년 고도리高都里에 사는 주릉이란 여성은 죽음을 눈앞에 두고 관리들을 세워 유언장, 곧 선령권서를 작성하였다. 「호율戸律」에 의하면, 유언에 의해 전택田宅, 노비, 재물을 상속할 수 있으며, 향색부鄕嗇夫가 이를 듣고 권서 작성에 참여해야 하며, 분쟁이 있을 경우 유서의 내용이 우선하였다.[57] 주릉이 작성한 선령권서는 두 건의 문서로 나뉘어 있는데, 첫번째 문건은 현縣, 향鄕 삼로三老, 도향 유질都鄕有質, 좌左, 이사里師를 비롯해 친속을 증인으로 세운 정식 유언장 「선령권서」이며, 두 번째 문건은 단지 이사와 친속을 증인으로 구술한 유언의 조정문건이다. 그런데 「선령권서」에 가장 낮은 이사里師의 이름만 밝히고 다른 관리들은 직급만 쓴 이유는 의징儀徵 한묘漢墓에서 출토된 이 문서는 유언장 원본이 아니라 두 건의 유언장을 복사하여 무덤에 부장한 유언장 부본이기 때문이다.[58]

「선령권서先令券書」

元始 5년 9월 壬辰朔 辛丑[亥], 高都里의 朱凌[廬]은 新安里에 살았다. 죽기 직전에 縣, 鄕 三老, 都鄕 有質, 左, 里師 田譚 등을 청해 불러 先令卷書(유서)를 작성하였다.

---

57 『二年律令』「戸律」334-336簡, "民欲先令相分田宅·奴婢·財物, 鄕部嗇夫身聽其令, 皆參辨券書之, 輒上如戸籍. 有爭者, 以券書從事; 毋券書, 勿聽. 所分田宅, 不爲戸, 得有之, 至八月書戸. 留難先令, 弗爲券書, 罰金一兩."

58 李解民, 「揚州儀徵胥浦簡書新考」, 『長沙三國吳簡暨百年來簡帛發現與硏究 國際學術硏討會論文集』, 中華書局, 2005, pp. 451-452.

릉이 스스로 말한다. 세 아버지에서 낳은 자식이 모두 여섯 명이 있는데, 아버지는 모두 같지 않다. 자식들에게 각각 그 아버지와 가족 내 순서를 알게 하려 한다. 以君, 子眞, 子方, 仙君의 아버지는 朱孫이다. 弟 公文은 아버지가 吳 사람 衰近君이다. 여동생 弱君은 아버지가 曲阿 사람 病長賓이다.

유서는 명백하며 수행할 수 있다.

어미가 말한다. 공문은 15세에 집을 나가 스스로 (호적에서 떨어져 나가) 姓을 이루고 밖에 거주하면서 일찍이 한 푼이라도 가지고 온 적이 없다. 어미는 子眞, 子方에게 (재산을) 주어 스스로 생업을 이루게 하였다. 딸 仙君, 弱君 등은 가난하여 아무런 생업이 없었다. 5년 4월 10일 어미는 稻田 한 곳, 桑田 두 곳을 弱君에게 나누어 주고, 波田 한 곳을 仙君에게 나누어 주었다. 12월에 이르러 公文은 사람을 해쳐 刑徒가 되었으며, 가난하여 아무런 생업이 없다. 12월 11일에 이르러, 仙君, 弱君이 각각 전을 어머니에게 돌려주어 公文에게 넘겨주도록 하였다. 어미는 곧 田을 받아 田을 公文에게 나누어 주었는데, 稻田 두 곳, 桑田 두 곳이다. 田의 경계를 예전같이 바꾸고 公文은 田을 다른 사람에게 팔 수 없도록 하였다.

이때에 증인은 里師, 伍人譚 등과 親屬 孔聚, 田文, 滿眞이다.[59]

이 유서의 주인인 주릉은 세 명의 남편이 있었으며 이들에게서 여섯 자녀를 두었다. 주손에게서 이군, 자진, 자방, 선군 네 자녀를 두었으며, 공문의 부친은 오吳지역 사람 쇠근군衰近君이며 약군의 부친은 곡아曲阿 사람 병장빈이었다. 9월에 작성한 유언장을 통해 이와 같은 자식들의 친부관계

---

59 이 원문은 李解民이 「儀徵胥浦101號西漢≪先令卷書≫初考」(陳平, 王勤金, 「儀徵胥浦101號西漢≪先令卷書≫初考」, 『文物』 1987-1)의 원문을 재배열한 「揚州儀徵胥浦簡書新考」의 해석을 따랐다.

를 명확하게 하였다.

그리고 12월 11일에 또다시 유언장을 작성하게 된 데에는 그간의 재산 분배와 이를 다시 조정하게 된 경과를 명확히 할 필요성이 있었기 때문인 것 같다. 12월 11일 이전에 자식들에 대한 재산분배가 이루어졌는데, 맏딸 이군을 제외하고는 한대의 통상적인 재산상속의 형제균분이 이루어졌던 것 같다. 우선 자진, 자방, 공문 세 아들에게 재산을 분배하였다. 공문에게 재산을 분배한 구체적인 언급은 없으나, 공문은 15세에 성인이 되면서 분가하였다고 하는데, 이때에 응당 재산을 분배받았을 것이다. 『이년율령』「호율」에 의하면, 노비, 가축, 기타 재물의 동산의 상속은 마음대로 행할 수 있었으나, 전토를 상속하는 것은 분가하여 호戶를 이룰 경우에 한해 허락하였다. 그리고 9월 선령권서를 작성하기 몇 달 전인 4월에 선군, 약군 두 딸에게도 도전稻田, 상전桑田, 파전波田 등 토지를 나누어 주었다.

그런데 딸에 대한 상속과 또 상속을 조정하는 과정에서 여성의 상속권에 관한 문제가 제기된다. 선군, 약군 두 딸은 출가한 후라도 생업을 이룰 만한 논과 뽕나무밭을 상속받을 수 있었다. 이들이 가난하여 아무런 생업이 없었기 때문이었다. 그런데 이러한 재산분배는 출가와 함께 이루어진 것이 아니라, 주릉이 죽음을 눈앞에 둔 시점에서 유언장을 작성하기 몇 달 전에 재산을 상속받은 것이다. 이는 생업이 없는 가난한 두 딸에 대해 갑작스럽게 생업을 마련해 주었다기보다는, 그녀들이 이제까지 생업의 터전으로 사용하였던 주릉 소유의 가전家田에 대해 주릉 사후에도 확실한 생업을 보장해 주기 위해 이들의 소유권을 마련해 주었던 듯하다.

다시 상속에 대한 조정 유언을 하게 된 원인의 중심에는 공문이 있었다. 공문은 두 번째 남편의 아들이므로 응당 재산을 분배받을 충분한 이

유가 있으나, 형도가 되어 이미 상속받은 재산은 몰수되어 생업을 잃게 되었다. 공문을 위해 재산분배를 다시 조정하면서, 이미 재산을 상속받은 두 딸들이 자신의 몫인 논과 뽕나무밭을 공문을 위해 다시 내놓았다. 「선령권서」에는 이 두 딸들이 자발적으로 공문을 위해 자신들이 상속받은 토지를 돌려주었다고 한다. 그리고 돌려준 토지는 경계를 예전같이 바꾸어 공문이 생업을 이어 갈 수는 있으나 매매가 불가능하게 하였다. 즉 가전家田으로 돌려놓은 것이다. 그러나 자신도 가난하여 생업을 이어 가는 토지를, 더욱이 이미 상속받은 토지를 탕진한 형제를 위해 내놓는다는 것은 상식적으로 이해하기 어렵다.

이 두 딸의 재산 상속과 포기와 함께 또 주릉의 유산분배에서 주목되는 것은 장녀 이군에 대한 유산분배가 없다는 점이다. 이녀, 삼녀인 선군과 약군에 대한 유산분배가 이루어진 마당에 장녀 이군이 유산분배에서 여자이기 때문에 제외될 이유는 하등 없다. 이는 오히려 이군이 호주상속자였음을 짐작하게 하는 대목이다. 제齊지방에서는 장녀를 시집보내지 않고 제사를 받들게 하는 무인巫兒제도가 유행하였는데, 이때 무인은 밖으로 시집가지 않고 췌서를 불러들였으며 이러한 풍속이 한대에도 남아 있었다고 한다.[60] 이군은 나머지 가산을 상속하였기 때문에 따로 이군 몫의 유산을 언급하지 않은 것이다. 「선령권서」의 재산분배에서 언급되지 않은 이군의 상속분의 존재로 미루어 짐작한다면, 아마 선군, 약군은 토지 상속권을 포기하는 대신 이전과 같이 생업을 이어 갈 수 있는 다른 터전을 보장받았음에 틀림없다.

---

60 『漢書』卷28下「地理志」, "始桓公兄襄公淫亂, 姑姊妹不嫁, 于是令國中民家長女不得嫁, 名曰
    '巫兒', 爲家主祠, 嫁者不利其家, 民至今以爲俗."

이러한 주릉의 재산상속을 통해, 장녀 이군의 가장으로서의 가산상속은 제齊지역의 특수한 풍습이라 하더라도, 출가한 딸에게도 재산을 상속하였음을 확인할 수 있다. 그러나 딸의 재산상속은 가장의 의지에 따라 매우 가변적이었음도 확인할 수 있다. 선군과 약군의 유산분배는 가장인 주릉의 죽음을 앞두고 이루어졌으며, 또 다른 남자 형제의 형편에 따라 재조정되기도 하였다.

이 유언장에서 주목되는 것은 주릉과 세 남편의 혼인이다. 첫 번째 남편 주손의 성은 췌서혼으로 해서 부인 주릉의 성에 따라 주씨로 바뀐 것이며, 후부後夫인 오吳 사람 쇠근군과 곡아 사람 병장빈 역시 췌서로 불러들였던 듯하다. 한대에 췌서는 관습적인 결혼방식 가운데 하나로 성행하였다. 그러나 한대에도 췌서는 사회적으로 천시되었으며, '칠과七科의 적謫' 가운데 하나로 꼽히며 일반인과 구별, 천시되었다. 가의賈誼에 의하면, "진인秦人은 집안이 부유하면 장성해서 분가를 하지만, 가난한 집 자식은 장성하여 췌서로 간다."라고 하였다.[61] 전국시대부터 국가는 법률로 췌서혼를 차별하였으며 이러한 율령은 진율에 흡수되었다. 위魏나라 호율戶律에 의하면, 종군從軍하는 췌서나 후부后夫의 경우 군사들에게 상으로 소를 잡더라도 이들에게는 고기를 주지 말고 1/3두斗 밥을 주면 된다거나 공성攻城에 사람이 필요할 때 사용하라고 할 정도로, 신분적 차별과 굴욕을 받았다.[62] 무엇보다도 진한 정부는 췌서나 후부는 호주가 될 수 없으

---

61 『漢書』 卷48 「賈誼傳」, "商君遺禮義, 棄仁恩, 幷心于進取, 行之二(十)歲, 秦俗日敗. 故秦人家富子壯則出分, 家貧子壯則出贅." 注引應劭曰 "出作贅壻也." 師古曰 "謂之贅壻者, 言其不當出在妻家, 亦猶人身體之有肬贅, 非應所有也. 一說, 贅, 質也, 家貧無有聘財, 以身爲質也."

62 『睡虎地秦墓竹簡』 「魏奔命律」, "告將軍: 假門逆旅, 贅壻后夫, 或率民不作, 不治室屋, 寡人不欲. 且殺之, 不忍其宗族昆弟. 今遣從軍, 將軍勿恤視. 烹牛食士, 賜之參飯而勿予殽. 攻城用其不足, 將軍以堙壕."

며 그들에게 전택을 지급하지 않음으로써[63] 췌서혼을 억제하였다. 진 율령은 췌서 자신은 물론 삼대가 지나야 관리가 될 수 있으며 호적에 (이러한 사실을) 기록하여 원래 아무개 췌서의 손孫이라고 기록하도록 하여,[64] 그 자손까지 법률적으로 억압하여 국가가 사회적으로 췌서의 존재를 얼마나 적극적으로 억제하고자 하였는가를 알 수 있다.

주릉이 후부 쇠근군과 사이에 낳은 아들 공문은 15세에 스스로 호적에서 떨어져 나가 성姓을 이루었다고 한다. 이러한 사건의 배경에는 아버지 쇠근군과 함께 호戶를 이룬 것이 아닌가 추측할 수 있다. 공문은 스스로 호戶를 이룰 수 있는 나이 15세가 되자[65] 호주가 되어 독자적인 호戶를 이룰 수 없었던 아버지와 함께 호戶를 이루었을 가능성이 있다.

『이년율령』에도 과부의 호戶계승과 관련하여 췌서를 들이는 것을 제한하는 규정이 있는데, 남편의 부모나 형제 혹은 아들이 동거하는 경우는 췌서를 들이는 것을 금한다. 이는 가족 내에 성인 남성의 노동력이 있는 한 췌서를 들이지 못하게 하는 규정으로, 성인 남성 노동력의 부재로 상속받은 전토田土의 경작이 불가능한 경우에 한해 췌서를 허용하였다. 국가가 췌서를 금지하는 것은 독립된 호戶를 이룰 수 있는 성년 남성이 여성 호주에 편입되는 것을 제한하기 위한 것임은 자명하다. 분가한 성인 남성이 자립하지 않고 기존의 여성 호주의 췌서로 들어가는 것은 제민지배

---

63 『睡虎地秦墓竹簡』「魏戶律」, "自今以來, 假門逆呂, 贅壻后夫, 勿令爲戶, 勿予田宇."

64 『睡虎地秦墓竹簡』「魏戶律」, "三世之后, 欲仕仕之, 仍暑其籍日 故某慮贅壻某叟之仍孫."

65 『睡虎地雲夢秦簡』「倉律」에 포함된 給廩 규정에 의하면, 隷臣·隷妾의 구분은 大臣이 6尺五寸 이상이며, 大妾은 6尺二寸 이상이다. 그런데 漢의 戶籍은 秦代의 키를 기준으로 한 大女子·小男子와 같은 구분과 달리 나이를 기준으로 15세 이상을 大男·大女로 구분하였다. 小男·小女는 다시 6세 이하는 未使男·未使女, 7~14세는 使男·使女로 분류하였다(池田 溫, 『中國古代籍帳硏究 槪觀·錄文』, 東京大學東洋文化硏究所, 東京大學出版會, 1979, p. 24).

체제를 위한 분이정책分異政策의 의도를 저해하는 것이며, 성인 남성이 췌서로서 여성 호주에 속하는 것은 국가로 볼 때 과징의 대상인 호戶를 잃는 것이다. 따라서 국가는 제민의 고용雇傭, 고인화雇人化를 대체로 억제하였으며,[66] 췌서 금압도 이의 일환을 이루는 시책이었다.

---

66 李成珪, 앞의 책, p. 122; 何淸谷, 「略論戰國時期的雇傭勞動」, 『陝西師大學報』 1981-4.

가족제도와 여성

우리는 흔히 전통사회는 유교적 예교가 받아들여지고 실행되었다고 생각한다. 그러나 실상은 매우 다르다. 혼인과 이혼, 재혼에 있어서는 특히 고대사회는 명청 사회에 비해 훨씬 자유로웠다. 한대 사회는 유교적 윤리 규범이 아직 성숙하지 않았으며 명확하게 규정되지도 않았다. 그럼에도 불구하고 후한대에는 여성 예교론이 대두되기 시작하였다. 한대 여성의 사회적, 가정적 지위는 이후 전통시대 여성에 비해 높았다고 평가된다.

이런 의미에서 한대는 전통시대 여성의 지위가 최고봉에 있었던 시대라고도 한다. 그러나 앞서 살핀 바대로 호戶를 지배의 기초단위로 삼은 진한 국가는 호주인 가장의 절대적인 지위를 법률적으로 옹호하여 가족성원을 가부장에게 종속시켰다. 진한 율령 중 '불효죄'를 혹자는 유가윤리의 영향이라고도 하며, 혹은 오랜 사회적 관습의 존중이라고도 한다.[1] 한편 한대 제창된 동중서董仲舒의 삼강오륜三綱五倫 관념이나 유향劉向, 반소班昭 등의 예교주의 여성론이 한대 혼인율에 큰 영향을 주었다고 이해하기도 한다.[2] 그렇다면 한대 사회의 발전에 따라 이러한 윤리도덕이 한漢 율령에 일체화되는 과정은 어떻게 진행되었을까? 이 장에서는 여성의 역할이 중시되는 가정 내에서 여성이 맺게 되는 여러 인적 관계와 역할을 중심으로 예교주의 여성론과 진한 율령 속의 여성의 위상을 다양한 측면에서 살펴보고자 한다.

1. 한대 조혼풍습과 인구정책

『예기禮記』에 "남자는 30세에 장가를 가 비로소 남자의 일을 해내고, 여자는 15세에 비녀를 꽂고 20세에 시집을 간다."라고 하여 비교적 만혼을, 특히 남성의 만혼을 장려하고 있다. 그러나 한대 사회는 조혼早婚이 행해졌으며, 이후 중국 전통사회는 비교적 조혼의 풍습이 이어졌다. 그렇다면 이와 같은 유가들의 만혼의 혼인 관념과 조혼의 사회적 풍습 사이의 괴리를 어떻게 이해해야 할까.

『예기』의 혼인 관념을 계승한 한대 유가들은 전통적인 혼인연령에 대해

---

1 曹旅寧, 『秦律新探』, 中國社會科學出版社, 2002, p. 83.
2 彭衛, 『漢代婚姻形態』, 三秦出版社, 1988, p. 264.

좀 더 상세한 의견을 덧붙였다. 후한 반고班固는 『백호통白虎通』에서 유가 예교주의 입장을 다음과 같이 말한다.

> 남자는 30세에 처를 취하고 여자는 20세에 시집가는 것은 무엇 때문인가? 양수는 홀수이고 음수는 짝수이기 때문이다. …… 남자 30세이면 늑골이 건강하여 아비가 될 만하고 여자 20세이면 피부가 충만하여 어미가 될 만한데 합하면 50이 되어 大衍數 50이 만물을 생성하는 것에 상응한다. …… 7은 歲의 陽이고 8은 歲의 陰이다. 7과 8을 합하면 음양의 수가 갖추어지고 서로 만나려는 뜻이 있게 된다. 그러므로 『예기』는 "여자는 15세에 결혼을 허락하고 비녀를 꽂고 字를 칭한다."라고 한 것이다. …… 陽은 陰에서 小成하고 陽에서 大成한다. 그러므로 (남자는) 20세에 冠하고 30세에 장가를 든다. 陰은 陽에서 小成하고 陰에서 大成한다. 그러므로 (여자는) 15세에 비녀를 꽂고 20세에 시집간다.

유가 사상가들은 15세는 남녀가 결합할 수 있는 연령이나 여자는 15세, 남자는 20세가 되어야 성인으로 인정할 수 있으며, 혼인은 남녀가 좀 더 성숙하여 20세와 30세가 되어서 해야 한다고 한다. 그러나 왕충王充은, 남자가 30에 장가를 하고 여자가 20에 시집을 간다는 것은 법제도로 만들어 놓은 것일 뿐, 오늘날에도 일반 백성이 행하려 하지 않는 예악제도를 옛사람이라고 해서 행하지는 않았다고 설파하였다.[3] 한대는 물론이거니와 전 시대에도 유가 사상가들이 말하는 여자 20세, 남자 30세 혼인의 관습은 행해지지 않았다는 것이다. 오히려 한말漢末 삼국三國 초初의 『공자가어孔子家語』에서 말하는, 남자 20세, 여자 15세의 혼인이 어느 정

---

3 王充, 『論衡』 「齊世」.

도 당시 남녀의 조혼 현실을 반영한 것이었다고 할 수 있다.[4] 더욱이 후한 국가의 예교 전범인 『백호통』을 정리한 반고조차도 일찍 부모를 잃고 손수 돌보아 온 여동생 반소班昭를 14세에 조세숙曹世叔에게 시집보냈다.

그렇다면 한대의 조혼풍습은 어떻게 정착된 것일까. 한대에 조혼풍습이 정착하는 데에는 국가의 조혼장려정책이 큰 영향을 주었다. 국가적으로 백성의 혼인은 인구의 증가, 즉 노동력의 확보와 관련하여 중요한 문제였다.[5] 한초 혜제惠帝(6년)는 "여자는 15세 이상 30세에 이르기까지 시집가지 않으면 5산算을 낸다."라는[6] 조령을 반포하였는데, 이는 전란 이후 국가의 안정과 인구증식을 위한 조치로 결국 국가가 필요에 따라 시대적 풍조를 주도한 것이다.[7]

진한시대에 15세는 국가가 파악하는 남녀 성인 연령이었다.[8] 즉 15세 이상이면 성인 노동력에 상응하는 신체조건을 갖추었다고 보고 성인에 해당하는 세역을 부과하였다. 나이에 따라 민民을 분류한 것은 노동력을 효과적으로 활용하기 위한 것이었지만, 여자의 경우 시집을 가서 자식을 생산할 수 있는 연령으로 파악하였다. 이처럼 국가가 15세를 성인으로 파악한 것은 당시 인간의 성장과 노화 과정에 관한 지식에 기초한 것이었

---

4 『孔子家語』「本命解」, "(哀)公이 말하기를, 남자는 16세가 되면 정기가 통하고 여자는 14세가 되면 몸이 변화하여 자식을 낳을 수 있다. 禮에 남자는 30에 장가들고, 여자는 20에 남편을 맞는다고 하였는데 어찌 늦지 않겠는가."

5 唐 貞觀 初年 경제회복을 위해 결혼을 크게 독려하여 太宗은 詔를 내려 "民男二十, 女十五以上無夫家者, 州縣以禮聘娶, 貧不能自行者, 鄕里富人及親戚資送之."라고 하였다(『新唐書』卷2「太宗本紀」). 盛唐 때에 이르러 玄宗은 "詔男十五, 女十三以上得家娶."라고 詔를 내렸다(『新唐書』卷51「食貨」1).

6 『漢書』卷2「惠帝紀」, "女子年十五以上至三十不嫁, 五算."

7 彭衛·楊振紅, 『中國風俗史』秦漢卷, 上海文藝出版社, 2002, p. 305.

8 진한 국가는 民을 1~6세는 未使, 7~14세는 使(혹은 小), 15세 이상은 大, 56세 또는 60세 이상은 免老로 분류하여, 使 이상에 각기 상응하는 세역을 부과 혹은 면제하였다.

다.[9] 늦어도 전국 말에 편찬된 것으로 추정하는 『소문素問』은 남녀의 성장과정을 다음과 같이 묘사하였다.

여자는 7세가 되면 신기腎氣가 왕성하여 유치乳齒를 갈고 두발이 길어지며, 14세가 되면 (생식기능을 촉진하는) 천계天癸에 이르고 임맥任脈이 통하고 태중맥太沖脈이 왕성하여 월경이 나오기 때문에 자식을 낳을 수 있습니다. …… 장부는 8세가 되면 신기가 실해져 두발이 길어지고 유치를 갈게 되며, 16세가 되면 신기가 완성되어 천계에 이르고 정기精氣가 넘쳐 배설하니 음양이 교합하면 자식을 낳게 됩니다.

남녀 각각 14, 16세를 전후로 신체적으로 성숙하여, 여자는 14세 이후 자식을 낳을 수 있는 신체적 조건을 갖춘다고 이해하였다. 국가는 이러한 인간의 신체 성장과정에 기초하여 15세를 성인이 되어 성인 몫의 노동을 하고 자식을 낳을 수 있는 나이로 이해하고 인구증식을 위해 여성의 15세 결혼을 장려하였다.

그렇다면 당시 한대漢代 사람들의 실제적인 혼인 연령은 어떠하였을까. 한대 여자의 초혼 연령에 관해, 혜제가 즉위 후 "여자가 15세 이상 30세에 이르기까지 시집가지 않으면 5산算을 낸다."라고 조령을 발표한 것을 보면, 아마도 한초에는 적지 않은 여자가 성년이 되어서도 결혼하지 않았던 듯하다. 이는 전란 후 사회적, 경제적 불안정한 상황 때문이었을 것이다. 그러나 이후 사회가 안정된 후에는 한대 여러 사례는 남자는 보편적

---

9 李成珪, 「計數化된 人間―古代中國의 歲役의 基礎와 基準」, 『中國古中世史研究』 제24집, 2010, pp. 15-33.

으로 14에서 18세가 초혼 연령이며 황실을 제외한 일반 여자는 초혼 연령이 대부분 15세 전후였으며 16, 17세까지가 정상적인 초혼 연령이었음을 전한다.[10]

황실의 혼인 연령은 여염집에 비해 빨랐다. 한초 혜제가 20세에 혼인한 것을 제외하고는 문제文帝는 14세 전후해서 두씨竇氏와 혼인했으며, 무제武帝와 원제元帝는 16세에 하였다. 선제宣帝는 민가에서 생활할 때 관리의 딸 허씨許氏와 16세에 혼인하였다. 평제平帝는 13세에 왕망王莽의 딸을 후비로 맞았다.[11] 문제의 딸 관도공주館陶公主는 15세에 시집을 갔으며[12] 왕망은 딸을 12세에 시집보냈다.[13] 후한에서는 제도적으로 천자가 후궁을 13세 이상 20세 이하 연령에서 선택하도록 규정하였는데, 실상 16세 이상의 여자는 매우 드물었다. 광무제光武帝는 태자를 위해 마원馬援의 세 딸 가운데 제일 어린 13세의 삼녀를 태자비로 택하였다.[14] 장제章帝의 신귀인申貴人은 13세에 액정掖庭에 들어왔으며,[15] 화제和帝의 등황후鄧皇后는 15세에 입궁하였다.[16] 두황후,[17] 순제順帝의 양황후梁皇后, 환제桓帝의 우미인虞美人 모두 13세에 입궁하였다.[18] 황실 여성의 입궁시기는 13세에 집중되는 추세이지만 일반 관리나 일반 여성들의 초혼 연령은 좀 더 높았다. 관리와 일반민들의 경우, 한비漢碑 명문 가운데 「김광연모서씨기산비金廣延母徐

---

10 彭衛, 『漢代婚姻形態』, pp. 89-92.
11 『漢書』 卷12 「平帝紀」, "元始四年二月丁未, 立皇后王氏, 五年冬十二月丙午帝崩. 年十有四歲."
12 『漢書』 卷16 「高惠高后文功臣表」 陳午尙館陶公主.
13 『漢書』 卷99 「王莽傳」.
14 『後漢書』 卷10上 「皇后紀」.
15 『後漢書』 「章帝八王列傳」.
16 『後漢書』 卷10上 「皇后紀」.
17 『後漢書』 卷23 「竇融列傳」.
18 『後漢書』 卷10上 「皇后紀」, pp. 438-440.

氏紀産碑」에서 김광연은 18세에 부인 서씨를 얻었다.[19] 순상荀爽의 딸은 음유陰瑜에게 시집을 갔는데 이때 나이가 17세였다. 폭실색부暴室嗇夫 허광한許廣漢의 딸 허평군許平君은 14세 또는 15세 때 내자령 구후씨歐侯氏의 며느리가 되었다. 견씨甄氏는 15세에 원희袁熙에게 시집을 갔다.

『거연한간居延漢簡』은 일반 여자의 초혼 연령에 관한 귀한 자료를 제공한다. 여성의 혼인 연령을 추측할 수 있는 21건의 사례 가운데 반 이상이 15, 16세에 기혼이거나, 17, 18세에 첫째 아이를 임신하였음을 확인할 수 있다.

(a) 橐佗吞胡隧長張彭祖符　子大男輔年十九歲 …… 輔妻南來年十五歲

（合29.2）15

　奉世妻倚郎　年十六　　　　　　　　　　　　　　　（合54.19）16

　第四隧卒伍尊　妻大女女足年十五　　　　　　　　　（合55.20）15

　第四隧卒虞護　妻大女胥年十五 …… 子未使女眞省年五[20]　（合194.20）15

(b) 妻大女佳年十八　　　　　　　　　　　　　　　　　（合203.4）18

　第六隧卒寧蓋邑 …… 妻大女女足年廿一　　　　　　　（合203.12）21

　第廿三隧卒王音　妻大女貪年廿　　　　　　　　　　（合203.16）20

『거연한간』에 나타난 처의 초혼 연령으로 추정할 수 있는, 즉 자식이 없는 여성의 나이는 대부분 15, 16세에 집중되어 있으나[(a)], 18세에서 21세도 있다[(b)]. 여기에 자식이 있는 경우, 자식의 연령을 통해 여성 혼인 연

---

19 洪适,『隷釋』卷15「金廣延母徐氏紀産碑」(中華書局, 1985, p. 162).
20 第四隧卒 虞護의 妻인 大女 胥의 나이는 15세였으나 딸 眞省의 나이는 5살이다. 이 경우 진생은 전처의 자식일 것이다.

령을 추산할 경우 그 분포는 매우 넓으며 초혼 연령도 높아진다.

(c) 俱起卒王幷　妻大女嚴年十七 …… 子未使女毋知年二　　　　　(合203.13) 15

　　妻大女□新年廿七　子小男大□年十一　　　　　　　　　　　(合103.24) 16

　　制虜卒周賢　妻大女止氏年廿六 …… 子使女捐之年八　　　　(合27.4) 18(?)

　　槖佗延壽長孫時　妻大女昭武萬歲里孫第卿年廿　子小女王女年三歲

　　　　　　　　　　　　　　　　　　　　　　　(合29.1) 17(?) 여1명

　　[第五]卒王襃　妻大女信年十八　　　　　　(合95.16-18,95.20)18

　　妻大女君至年廿八 …… 子使男相年十　　　　　　　　　(合203.32) 18

(d) 第四卒張霸　妻大女年十九　　　　　　　　　　　　　　(合133.20) 19

　　執胡卒富鳳　妻大女君以年廿八　子使女始年七　子未使女寄年三

　　　　　　　　　　　　　　　　　　　　　　　　　(合161.1) 21

　　武成卒孫靑肩　妻大女年卅四　子使女于年十　　　　(合203.7) 24

　　☐ 李護宗　妻大女女足年廿九 …… 子使男望年七　　　(合203.19) 22

　　☐ 妻大女待年廿七　子未使男偃年三　　　　　　　(合203.23) 24

　　槖佗呑胡隧長張彭祖　　　　妻大女昭武萬歲里□□年卅二

　　　　　　　　　　　　　　子大男輔年十九歲

　　　　　　　　　　　　　　輔妻南來年十五歲　　　　(合29.2) 23

(e) 制虜卒張孝　妻大女弟年卅四　子未使女解事年六　　　(合55.25) 28

　　第五卒徐誼　妻大女眇年卅五　子使女待年九　子未使男有年三

　　　　　　　　　　　　　　　　　　　　　　　　　(合203.3) 26

첫째 아이를 임신한 연령은 15세에서 시작하여 18세에 집중되어 있으나(ⓒ), 19세에서 24세까지 골고루 분포되어 있다(ⓓ). 수졸 장효張孝의 처는 큰딸을 28세에 임신했으며, 수졸 서의徐誼의 처 묘眇는 큰딸을 26세에 임신하였으나 둘째 딸을 낳기까지 6년의 터울이 있었다(ⓔ). 이제까지 출토된 호적간의 자식들의 연령 터울이 2~3세가 가장 많은 것에 비추어, 6년의 터울에는 당시의 높은 영아 사망률을 고려하지 않을 수 없다. 따라서 당시 높은 영아 사망률을 고려하였을 때, 자식의 연령에 의한 혼인 연령의 추산에는 분명 한계가 있다. 장팽조張彭祖의 처는 큰 아들 보輔를 23세에 낳았으나 보의 처는 15세인 예처럼, 자식을 통한 혼인 연령의 추산은 초혼 연령이 좀 더 높아질 수 있다. 이와 같은 『거연한간』의 자료에 의하면 일반민 여성의 혼인 연령 역시 15세가 일반적이었으나 실제 혼인 연령의 분포는 좀 더 높았을 것이다.

한대 호적과 인구 통계는 상당한 수준이었으나 혼인에 관한 통계자료는 없다. 대신 삼국시대 오국吳國의 『장사주마루오간長沙走馬樓吳簡』 호구문서자료에서도 11세에서 29세 사이의 여성 가운데, 당시 여자의 혼인 연령은 15세 전후에 집중되어 있었다. 가장 어린 기혼 연령은 11세, 최고령의 미혼 연령은 28세였다.[21] 그러나 『장사주마루오간』 통계에 의하면, 20세에서 23세에 혼인한 여성의 수도 15세 전후 혼인 여성의 수에 못지않았던 점 또한 흥미롭다.[22] 이는 『장사주마루오간』의 자료가 삼국 초 오나라 가화嘉禾 연간(232~238) 때 것임을 미루어 볼 때, 연이은 전란으로 혼기를

---

21 于振波, 『走馬樓吳簡續探』(文津出版社, 2007) 「吳簡戶籍文書所見女子婚齡」 중 〈表 4. 吳簡戶籍文書 11至29歲女子婚姻情況表〉.

22 于振波, 『走馬樓吳簡續探』, pp. 43-44.

놓친 여성들의 만혼의 상황을 이해할 수 있지 않을까.

그런데 실제 혼인 연령에는 신체적 성숙과 더불어 사회적, 경제적 환경이 크게 작용하였을 것이다. 여자나 남자 모두 독립적인 가정과 생업을 꾸릴 수 있는 노동능력을 갖추는 데에는 앞서 말한 신체적 성숙이 필요하였을 것이다. 그런데다 혹시 출사하려 한다면 학문적 연마가 필요했으며, 지방의 말단 속리가 되기 위해서도 역시 일정한 학습기간을 거쳐야 하였다. 『후한서後漢書』에 의하면 양동楊終, 등우鄧禹, 두안杜安 등은 13세에 태학에 입학했으나, 15세, 17세에 입학하기도 했으며, 3~5년간 수학하였다.[23] 이런 경우 남자의 초혼 연령은 수학을 마친 18세 이후가 되기 쉬웠을 것이다. 『이년율령二年律令』「사율史律」에 의하면, 지방 속리가 되기 위해서 사史, 복卜, 축祝의 자식들은 17세에 배우기 시작하며 3년 동안 수학한 후에 5천 자字 이상을 암기하여 시험을 치른 이후 지방 속리인 사史에 임명될 수 있었다.[24] 이러한 경우에도 말단 속리가 되어 자립할 수 있으려면 20세가 되어야 비로소 가능하였다. 이러한 수학을 위한 사회제도도 남성의 혼인 연령에 영향을 주었을 것이다.

그리고 일반 사람들이 혼인을 하는 주요 목적은 자식을 기르고 노년을 보장하기 위한 것이었다. 그런데 영아 생존율이 낮았던 반면 40세 전후하여 수명이 다하는 비율이 매우 높았던 당시로서는 조혼을 통해 일찍 아이를 낳아 길러야 노후의 생활을 보장할 수 있었을 것이다.

이처럼 혼인과 출산은 개인으로서도 대사大事이지만 국가로서도 개인

---

23 彭衛·楊振紅, 『中國風俗通史』秦漢卷, 上海文藝出版社, 2002, p. 309.
24 『二年律令』「史律」474簡, "史·卜子年十七歲學. 史·卜·祝學童學三歲, 學佴將詣大史·大卜·大祝, 郡史學童詣其守, 皆會八月朔日試之."

에게만 맡겨 둘 수 없는 국가가 장려하고 관리해야 하는 중요한 일이었다. 그러나 국가적으로 장려하여 풍속으로 만연된 조혼풍습은 당시로서도 사회적으로 문제가 되었던 듯하다. 왕길王吉은 세속에 혼인이 너무 일러, 아직 아비 된 자의 도리를 알기도 전에 자식을 낳아 교화를 하지 못하고 백성들이 일찍 죽는 경우가 많다고 성토하였다.[25] 그러나 한대에 정착한 15~16세의 조혼풍습은 당대唐代까지 이어졌다. 당대 여성女性 묘지墓志 분석에 의하면, 여성 묘지명의 출가자 평균 연령은 17.6세이며, 15세에서 16세에 결혼한 예가 27%로 가장 많으며, 17~18세가 23%이다. 흥미로운 사실은 20세를 기점으로 출가자가 크게 줄어든다.[26] 당 귀족 여성이 20세를 넘어 출가하는 것은 체면을 잃는 것이라 여겨 20세 전에 출가시켰을 가능성이 있는데, 『예기』의 여성 혼인 연령에 관한 관념이 영향을 주었던 듯하다. 그런데 묘지명의 여성들은 대부분 귀족이거나 평민 가운데 가정환경이 좋은 상층 여성 출신으로, 실제 당대 여성의 결혼은 묘지명 중의 평균 연령보다 좀 높았으리라 생각할 수 있다. 에브리Ebrey의 연구에 의하면, 송대宋代에는 여성의 혼인 연령이 조금 올라갔으나[27] 대체로 상층 여성은 일반 여성에 비해 조혼의 경향이 있었다. 한대漢代에도 『거연한간』이나 『장사주마루오간』과 같은 일반 호구자료에 의하면, 일반 여성

---

25 『漢書』 卷72 「王吉傳」.
26 당대 1,230편의 여성 묘지명 전체가 기혼 여성이며, 이 가운데 여성 혼인 연령을 언급한 것이 299편이다. 299편 묘지명 가운데 11~14세에 결혼한 묘주가 45편으로, 여성 묘지명 가운데 계년笄年 이전 출가자는 약 16%이지만, 실제 계년 이전 결혼한 묘지명의 실례는 더욱 많았을 것이다(姚平, 『唐代婦女的生命歷程』, 上海古籍出版社, 2004, pp. 9-15)(표 1.1 唐女性墓志狀況 참고).
27 『송대 중국여성의 결혼과 생활』에 의하면, 송대 귀족 여성의 혼인 연령은 조금 올라간 것 같다. 16~17세 결혼이 25%, 18~19세가 29%, 20~21세가 18%이다(P.B. Ebrey, 배숙희 역, 『송대 중국여성의 결혼과 생활』, 한국학술정보, 2009, p. 113. 표 1 참고).

들의 경우 현실의 환경적인 조건에 의해 20세 전후의 혼인도 상당하였다.

2. 혼인의례: 빙재

중국 전통사회의 혼인의례 가운데 가장 필수적인 것은 매파와 빙재聘財였다. 고대에 혼인의례는 남녀가 무분별하게 결합하여 음란해지는 것을 막기 위한 목적으로 만들어졌다.『회남자淮南子』「태족훈泰族訓」에서 혼례에 관해 다음과 같이 말한다.

> 백성들이 여색을 좋아하는 성품이 있으므로 대혼의 의례를 만들었다. ……
> 사람이 여색을 좋아하기 때문에 혼인의례를 만들어 남녀가 따로 떨어지게 하였다. …… (혼인을 위해서) 매파를 구한 다음 혼담이 오고 가면, 예물을 보내고서야 아내를 얻어 관을 쓰고 친영하게 되니, 이처럼 쉽게 할 수 없는 것은 음란함을 막기 위함이다.[28]

매파를 통해 혼담이 오고 감으로써 남녀가 혼인 전에 직접 만나 문란해지는 것을 막을 수 있었다. 혼인에 빙재가 요구되는 한 젊은 남녀는 자신들 마음대로 부부의 연을 맺기 어려웠으며, 빙재를 부모에게 의지하는 한 부모는 며느리 선택의 권한을 가질 수 있었을 것이다.

중국 전통 예교의 혼인의례를 처음으로 정리한『의례儀禮』「사혼례士婚

---

[28]『淮南子』「泰族訓」, "民有好色之性, 故有大婚之禮. …… 因其好色而制婚姻之禮, 故男女有別. …… 待媒而結言, 聘納而娶婦, 紱絻而親迎, 然而不可易者, 所以防淫也."

禮」는 납채納采, 문명問名, 납길納吉, 납징納徵, 청기請期, 친영親迎의 육례를 갖추어 규정되었다. 그러나 실제로 한대에는 혼례가 황실이나 상층사회의 혼인에서조차 잘 지켜지지 않았으며[29] 더욱이 일반 사회에서는 번잡한 육례에 구애되지 않았다. 평제(원시元始 3년, 3년)가 왕망의 딸을 후비로 맞아들이면서 유흠劉歆에게 혼례를 제정하게 하고, 공경대부를 비롯하여 관리들의 가족들은 모두 혼례를 갖추어 처를 맞아들이게 하였다.[30] 이때 비로소 혼례가 제정, 실행되었으며, 그 적용 범위도 백관에 한정되고 일반 백성에게는 미치지 않았음을 알 수 있다. 뿐만 아니라 한대에는 아직 각 지역의 전통적인 혼속이 유지되었다. 임연任延이 낙월駱越지역에 부임한 후 한대에 이르러서도 이 지역은 일부일처제 사회가 아니었던 듯하다.

반면에 혼인의례에서 매파와 빙재가 필수적이었던 전통은 꽤 오래전 고대로 소급된다. 『시詩』에서도 "처를 얻으려면 어떻게 하나, 매파가 없으면 장가갈 수 없다네."[31]라고 하였다. 전국시대 『관자管子』에 의하면, 여성이 남편감을 구할 때 반드시 매파를 통한 다음에야 혼인이 이루어질 수 있으며, 매파 없이 시집가는 것을 수치로 여겨 민망해하며 '자매지녀自媒之女'라고 하였다.[32] 한대에도 매파를 통하지 않고 혼인하는 것은 '스스로 중신[自媒]'한 사람이라고 하여 창피하게 여긴 것은 마찬가지였다.

『주례周禮』에서 매씨妹氏는 만민의 짝을 지어 주는 일을 맡은 관리이

29 Jack L. Dull, Marriage and Divorce in Han China: A Glimpse at "Pre-Confucian" Society, In *Chinese Family Law and Social Change in Historical and Comparative Perspective*, edited by David C. Buxbaum, Seattle: University of Washington Press, 1978, p. 36.
30 『漢書』卷12「平帝紀」元始 3年, "四輔公卿大夫博士郞吏家屬皆以禮嫁娶, 親迎立軺騈馬."
31 『詩經』「齊風」南山, "娶妻如之何, 匪媒不得."
32 『管子』「形歲解」.

다.[33] 매씨는 중춘中春에 남녀를 모이게 하여, 이때 남녀가 눈이 맞아 짝을 짓는 것을 금하지 않았다.[34] 관중管仲이 제나라에서 재상을 할 때, 국군 國郡에 모두 혼인을 주관하는 매관媒官을 두었다.[35] 한대에도 이런 관매의 전통이 남아 있는 흔적을 볼 수 있다. 강소성江蘇省 연운항連雲港 윤만촌尹 灣村 한대 묘장에서 발견된 죽간문서에서는, 춘령春令에 7,039호戶가 이루 어졌는데, 27,926명이 모였으며 이때 사용한 곡식이 7,951석石 8두斗 □승 반승升半升(率□二斗八升有奇)이라고 한다.[36] 봄에 미혼의 남녀를 짝지어 주기 위한 축제를 연 모습을 그릴 수 있다. 그러나 전국시대 이래로 일반인들 간에 혼인을 주선하는 사매私媒가 성행하였으며 그 명성이 결코 좋지는 않다.[37] 한대에 어떤 이는 자식을 낙양에 사는 인물 좋은 준재에게 시 집보냈는데, 이때 매파는 혼인 주선의 대가로 보통의 곱절이 넘는 보수를 받았다고 한다.[38]

분명 매파제도가 있기는 하지만 혼인은 주로 부모나 연장자, 정치적 상 급자 등에 의해 주관되었다. 진평陳平은 너무 가난해 혼인할 형편이 못 되 었으나 부자인 장부張負의 눈에 들어 이미 다섯 번이나 남편을 잃은 그의 손녀와 혼인하게 되었다. 이때 신부 아버지의 반대는 아무런 소용이 없었 다.[39] 유방劉邦과 여후呂后를 맺어 준 것도 유방이 미천한 신분이었을 때 여후에 관한 예언을 부인으로부터 전해 들은 여후의 아버지였다.

33 『周禮』「地官司徒」下, "媒氏, 掌萬民之判" 注 "判, 半也. 得耦爲合, 主合其半, 成夫婦也."
34 『周禮』「地官徒徒」下, "中春之月令會男女, 於是時也奔者不禁."
35 『管子』「入國」.
36 連雲港市博物館·東海縣博物館·中國社會科學院簡帛硏究中心·中國文物硏究所 編, 『尹灣漢 墓簡牘』「集簿」, 中華書局, 1997, p. 78.
37 『淮南子』「說山訓」, "媒但者, 非學謾他, 但成而聲生不信."
38 『焦氏易林』卷1, "東齊郭盧, 嫁子洛陽, 俊良美好, 媒利過倍."
39 『史記』卷56「陳丞相世家」, pp. 2051-2052.

한대에 혼인은 주로 부모가 주관하지만 남녀가 배우자를 직접 선택할 여지와 자유도 없지는 않았다. 장이張耳의 부인은 외황外黃의 부잣집 딸인데 부친의 빈객으로부터 장이가 현명하다는 말을 듣고는 평소에 멸시하여 별거하던 남편과 이혼하고 장이와 혼인하였다. 혼인과정에는 부친의 빈객이 개입되어 있었으므로 그녀가 직접 장이와 접촉한 것은 아니나, 스스로 배우자를 선택했으며 새로운 배우자와 혼인하기 위해 전남편과 이혼하였다.[40] 한 무제의 여동생 평양공주平陽公主는 남편인 평양후가 악질 때문에 본국으로 돌아간 후, 당시 현명하다고 평판이 난 대장군 위청衛靑을 남편감으로 점찍고는 황후께 아뢰어 무제가 위청에게 평양공주와 혼인하도록 명하게 하였다.[41] 사랑으로 결혼한 가장 유명한 예는 탁왕손卓王孫의 딸 문군文君의 경우이다. 젊은 미망인이었던 그녀는 당대 문사였던 사마상여司馬相如의 음악에 반해 그와 야반도주하였다.[42] 이처럼 한대 사회에서 젊은 남녀는 자신의 배우자 후보를 거절하거나 스스로 배우자를 선택하기도 하여, 자신의 의지나 감정을 나타낼 수 있는 여지가 있었다.

그런데 혼인 절차상 가장 중요한 것은 신랑이 신붓집에 지불하는 빙재였다. 빙재는 남녀가 쉽사리 부부가 되는 것을 억제하는 역할을 하였다. 빙재가 없는 혼인은 합법으로 인정받지 못하였다. 『예기』에는 빙재를 갖고 맞이해야 처가 되며 사통하여 달아날 경우는 첩이라 한다고 하였다.[43] 빙재는 각 시대와 계층에 따라 각양각색이었다. 옥, 금은, 비단, 머리장식, 의복, 조수鳥獸, 혹은 술과 음식으로 빙폐聘幣를 보냈다. 한대에 빙폐는 모

---

40 『漢書』卷32「張耳傳」, p. 1829.
41 『漢書』卷55「衛靑傳」, p. 2490.
42 『史記』卷117「司馬相如列傳」, p. 3000.
43 『禮記』「內則」, "聘則爲妻, 奔則爲妾."

두 금전이 중심이었으며 다른 물품은 부가될 뿐이었다. 일반인들의 빙재 액수는 자세히 알 수 없으나, 평제가 왕망의 딸을 맞아들일 때 황후에게 황금 2만 근, 즉 2억 전을 보낸다고 공표하였으나 왕망은 결국 4천만 전을 받았다. 왕망이 황제를 칭한 후 두릉사씨杜陵史氏를 황후로 맞아들일 때 황금 3만 근을 빙재로 하였다.[44] 후한의 환제가 양황후梁皇后를 맞이할 때 황금 2만 근을 보내 전한의 전례를 따랐다. 전한의 조공왕趙共王 유충劉充은 빙금 2백 근을 처를 맞는 데 보냈다. 부상대성富商大姓의 경우 귀족만큼은 아니더라도 그 규모가 대단하였다. 심지어 가난한 경우에도 혼인 비용으로 2, 3만 전은 들었다.[45]

가난했던 진평이 왕부王負의 손녀와 결혼할 때도, 왕부에게 돈을 빌려 빙재를 마련하여 술과 고기를 마련할 비용을 주고는 처를 맞이할 수 있었다.[46] 임연任延이 낙후된 구진태수九眞太守로 부임했는데, 낙월민駱越民들은 혼인예법이 없어 음란했으며 딱히 정한 배우자가 없어 부자간을 알 수 없으며 부부의 도를 알지 못하였다. 임연은 속현에 문서를 돌려, 남자 25세에서 50세, 여자 15세에서 40세에 연령으로 서로 짝을 지어 주게 하였는데, 가난해서 빙재를 마련하지 못하는 경우 장리 이하 각 관리가 각각 봉급에서 도와주게 하였다. 이때 동시에 장가간 사람이 2천여 명이었다.[47] 계층과 지역을 막론하고 당시에 빙재는 혼인하는 데 필수적이라는 생각이 보편적이었음을 알 수 있다. 당시 민간에서는 딸을 시집보내는 것을 재물을 얻기 위한 수단으로 여겨 왕왕 딸을 여러 집안에 허혼許婚하여 빙

---

44 『漢書』 卷99 「王莽傳」 上.
45 『太平御覽』 引 「李固助展允婚教」, "允, 貧也. 禮宜從約, 二, 三萬錢足以成婚."
46 『史記』 卷56 「陳丞相世家」, p. 2052.
47 『後漢書』 卷76 「循吏列傳」.

재를 탐하기도 하였다.[48] 「공작동남비孔雀東南飛」는 성대하였던 한대 빙재의 모습을 잘 묘사한다. 배에는 푸른 공작과 흰 고니 그림으로 장식을 하고, 깃발옥바퀴 달린 금수레를 청총마가 끌고, 빙재 3백만 전에 비단 3백필, 산해진미를 갖추었으며, 이를 따르는 시종이 사오백 인이었다. 납징은 부자에게는 눈에 띄는 소비의 기회였으며 가난한 이들에게는 좌절의 원천이 되었다.[49]

한대에 빙재의 성행과 대응하여 여자가 시집갈 때 가지고 가는 장렴전 역시 성행하였다. 「공작동남비」에서 난지가 시집갈 때 가져간 장렴을 시가에 놓고 나오는데, 수놓은 저고리, 붉은 비단으로 만든 이중의 침대휘장과 같은 용품에서부터, 녹색과 청색 끈으로 묶은 상자 육칠십 개가 있는데, 그 안에는 종류별로 물건이 담겨 있다고 하였다. 대대로 벼슬한 집안 출신의 난지는 성대한 장렴을 지참하였음을 엿볼 수 있다. 『염철론鹽鐵論』에서는 재산이 장례와 딸 시집보내는 데 드는 장렴전으로 낭비되고 있다고 세태를 비판하였다. 딸을 시집보낼 때 부자들은 다른 사람보다 더 많이 수레에 가득 실어 보내려 하고, 가난한 이는 부자를 따라잡으려 하였다. 부자들은 재산을 고갈시키고, 가난한 이들은 빚을 져야만 하였다.[50] 『염철론』에서는 부자들 간에 딸을 시집보내는 데 경쟁적으로 부를 과시하는 세태를 한탄했으며, 또 과소비를 감당할 수 없는 것을 한탄하는 가난한 이들을 동정하였다. 당시 부자들의 경우 혼사를 치르는 데 수레가

---

48 『潛夫論』「斷訟」, "諸一女許數家, 雖生十子, 更百赦, 勿令得蒙. 一還私家, 則其奸絶矣. 不則, 髡其夫妻, 徙千里外劇縣, 乃可以毒其心, 而絶其後."

49 Jack L. Dull, Marriage and Divorce in Han China: A Glimpse at "Pre-Confucian" Society, pp. 34~48.

50 『鹽鐵論』「國疾」.

몇 리나 줄을 이어, 부자는 서로 남보다 더하려고 경쟁하고 가난한 이는 이에 미치지 못하는 것을 부끄럽게 여겼다. 이런 까닭으로 잔치 한 번에 드는 비용으로 종신의 본업을 깨뜨리기도 하였다.[51] 이처럼 시집보내고 장가가는 데 절제를 잃은 사회에서 가난한 이들은 빙재와 장렴전을 마련하기 어려워 아이를 기르려 하지 않는다는 한탄이 나오기까지 하였다.[52]

이러한 세태로 인해 당시 부자는 가난한 사람에게 딸을 시집보내려 하지 않았으며 일반민 역시 가난한 집 딸을 맞아들이고 싶어 하지 않았다. 진평 역시 장부를 만나기 전에 장가가려 하였지만, 부자들은 가난한 진평에게 딸을 주려 하지 않았으며, 진평 역시 가난한 집 여자를 맞아들이기를 부끄럽게 여겼다.[53] 이처럼 진한시대의 혼인 습속은 재물이 중시되었다. 혼례에서 오가는 빙재와 장렴은 사회적인 지위와 부의 과시의 기회였다.

이런 세태에서 대량戴良은 이단아였다. 집안에 식객이 3, 4백 명에 이를 정도로 부유하였으나 세태를 비웃으려는 듯, 재주 있는 다섯 딸들을 시집보낼 때마다 거친 베로 옷을 만들고 대바구니와 나막신을 보냈다.[54] 재산이 변변치 않았던 포선鮑宣은 아내가 시집올 때 가져온 물건과 하인이 너무 많은 데 수치심을 느껴 장렴을 친정으로 도로 돌려보냈다. 이는 다른 사람들이 본받아야 할 일로 칭송되었다.[55]

그런데 한대 상장喪葬의례와 함께 사치 풍조로 비판받았던 혼례 가운데 장렴은 부의 과시에 그치지 않고 당시 딸에 대한 재산분할의 역할을 하였

---

51 『潛夫論』「浮侈」.
52 『漢書』 卷72 「王吉傳」, p. 3064.
53 『史記』 卷56 「陳丞相世家」, p. 2051.
54 『後漢書』 卷83 「逸民列傳」, p. 2773.
55 『後漢書』 卷84 「列女傳」, pp. 2781-2782.

던 듯하다. 탁왕손은 사마상여에게 도망가서 가난하게 살고 있는 딸 탁문군에게 추후 장렴을 주었는데, 동僮 100인, 전錢 백만과 시집갈 때 필요한 의복과 재물을 나누어 주었다. 이는 탁왕손의 재산 규모가 가동家僮 800인이며 자식이 1남 2녀임을 감안한다면,[56] 시집갈 때 혼인 예물의 규모를 넘어 재산분배의 일종이었다고 할 수 있다.

한대에 빙재와 더불어 장렴이 성행하였지만, 결혼할 때 효력에 있어서 빙재는 어떤 의식보다 필수적이었다. 그런데 「공작동남비」에서 태수가 난지를 며느리로 맞을 때 책력冊曆을 보고 점을 쳐 길일을 잡아 혼인준비를 서둘렀다. 육례 가운데 납길에 속하는 길일을 점쳐 혼인 날짜를 잡는 의식 역시 당시 혼인 절차상 필수적이었던 듯하다.

3. 배우자

혼인 전 청춘 남녀는 이상적인 배우자를 얻기를 갈망한다. 혼인이 각 개인과 개인의 결합이며 개인의 삶을 충족시키는 것이라 하더라도 배우자의 이상형은 시대에 따라 그 유형이 변화하며 사회적 환경의 영향을 받는다. 『수호지진묘죽간睡虎地秦墓竹簡』「일서日書」는 전국戰國시대에서 진초秦初까지 일시日時로 길흉화복을 점치는 데 사용한 점복서인데, 여기에는 당시 중하층인들의 일상생활과 관념 등이 녹아 있다. 「일서」에서 많은 예언을 차지하고 있는 것이 처를 맞아들이는 택일과 관련한 점복이다. 생활과 사회적 환경이 단조로웠던 당시인들에게 배우자를 맞아들이고 새로운 집

---

56 『史記』卷117 「司馬相如列傳」, p. 3000.

안에 시집을 가는 일은 개인과 집안의 행복과 홍성을 좌우하는 일생일대의 기점으로 여겨졌을 것이다.

따라서 「일서」의 취처娶妻 점복 가운데 처를 맞이하는 데 불길한 날에 대한 점사占辭로 기처棄妻가 차지하는 빈도가 가장 높다. 특히 우禹가 도산녀檢山女를 맞이한 날과 견우牽牛가 직녀織女를 만나는 날은 처를 맞이해서는 안 된다. 계축癸丑, 무오戊午, 기미己未 일은 우임금이 장가간 날에 해당하는데, 이날 혼인을 하면 이혼하지 않는다면 반드시 자식이 죽게 된다고 한다. 무신戊申, 기유己酉 일은 견우가 직녀를 만나는 날에 해당하는데, 이날 혼인을 하면 3년을 넘지 않아 이혼을 하거나 죽게 된다고 한다.[57] 그때나 지금이나 좋은 배우자를 만나 해로하는 것이 인생에 가장 중요한 일일 것이다. 그렇다면 당시 사람들에게는 어떤 배우자가 이상적이었을까.

「일서」에 보면, 처를 맞이할 수 있는 날과 처를 맞이하면 불길한 날이 있는데, 여기에 처에 대한 희망이 나타난다. 혼인에 관한 점사는 피해야 하는 날에 관한 것이 대부분이며, 길일의 경우 길한 구체적 이유는 서술하지 않는다. 다만 남편이 부인을 사랑한다든지 또는 처가 남편을 사랑한다는 점사가 있다. 예를 들어, 규수奎宿에 처를 맞으면 남편에 대한 사랑이 극진하다거나, 누수婁宿에 처를 맞으면 남편이 그녀를 매우 사랑한다고 한다.[58] 이러한 부부간의 사랑에 대한 점사는 당시인들이 결혼에 대해 부

---

57 『日書甲種』 2, "癸丑·戊午·己未, 禹以取檢山之女日也, 不棄, 必以子死."(背1); 3, "戊申·己酉, 牽牛以取織女而不果, 不出三歲, 棄若亡."(背1)

58 『日書甲種』 82, "奎, 祠及行, 吉. 以取妻, 女子愛而口臭. 生子, 爲吏.(正1)"; 83, "婁, 利祠及行. 百事吉. 以取妻, 男子愛. 生子亡者, 人意之."(正1); 84, "胃, 利入禾粟及爲困倉, 吉. 以取妻, 妻愛. 生子, 必使."(正1)

부간의 애정을 중시하였음을 보여 준다.

그런데 취처에 관한 대부분의 점사는 불길하므로 피해야 하는 날에 관한 것이다. 그 이유로는 기처, 즉 이혼이 가장 많으며, 그 외에 과부가 된다거나 처투妻妬, 처빈妻貧, 처한妻悍, 처다설妻多舌, 처위무妻爲巫, 처부도妻不到, 처불녕妻不寧, 구취口臭, 부종不終, 자사子死, 부거不居, 무자無子 등이다. 혼인의 일차적인 목적 가운데 하나는 자손이 번성하는 것이다. 따라서 혼인하여 자식을 낳지 못하거나 자식이 죽는 사태는 반드시 피해야 하였을 것이다. 그리고 또 부유하게 되고 결코 빈곤해지고 싶지 않은 것은 고금을 막론한 인간의 일차적인 바람으로, 아내를 맞이하여 빈곤하게 되는 일은 피하고 싶은 일 중에 으뜸이 될 수 있다. 사실 처의 가정 내 역할에 따라 빈부가 결정될 수도 있기 때문에 처를 맞이할 때 그녀로 인해 가정이 빈곤해지는 사태를 피하려 하였음을 이해할 수 있다.

그런데 처를 맞는 날의 불길한 사유 가운데 처투妻妬, 처다설妻多舌, 구취口臭(악질), 무자無子 등은 대체로 이후 이혼사유가 되는 칠거七去와 연결된다. 그런데 예교가 정립되지 않은 전국시대에서 진대에 통용된 「일서」에서는 가정생활에 중요한 영향을 미치는 배우자의 악덕으로 칠거가 거론되는 대신, 무자無子, 투기, 처다설妻多舌 외에 처한妻悍, 불녕不寧 등을 꼽고 있다. 이들 처투妻妬, 처한妻悍, 처다설妻多舌, 처불녕妻不寧은 대체로 성품이 사납고 자기 자신의 의사나 감정을 억제하지 않으며 남편의 외도를 용납하지 않고 숨김없이 표현하는 여성의 모습을 떠올릴 수 있다. 이러한 성품의 여성을 맞아들여 일생을 함께하는 것은 남편에게는 재앙과 같았을 것이다. 그만큼 당시 남편들에게서는 부인의 이러한 성품을 제어하기 어려웠던 모습을 떠올릴 수 있다. 이 가운데 사나운 처에 관한 문제가 흥미롭다. 한처悍妻는 「일서」뿐만 아니라 진한 율령에서도 법률상의 문제로 다루고 있는데, 이에 대처하는 태도는 진한시대에 좀 차이가 있다.

진율에 사나운 처를 구타한 남편의 처벌에 관한 문답이 있다. 부자父子 간의 관계를 노예와 노예주와의 관계만큼이나 엄히 여겨 불효죄를 엄벌하여 가부장권을 옹호하였던 진율도, 남편이 사나운 부인을 구타하여 상처를 입혔을 경우에는 일반적인 상해죄와 같은 수염을 깎고 관부에서 노역하는 내형耐刑에 처하였다.[59] 사나운 처와의 싸움이 종종 일어났음을 알 수 있으며, 이때 법률은 부부간의 싸움이라 하더라도 매 맞는 부인에 관한 일정한 보호역할을 하였다. 이는 가정 내의 문제를 '비공실고非公室告'라고 하여 주인이 자식과 노예를 마음대로 죽이고 형벌을 주는 것을 일정 부분 용인하여 가부장권을 옹호한 진율상에서 볼 때 강력한 가부장권에 대한 처의 지위에 대한 보호였다고 할 수 있다.[60]

그런데 한초漢初에 통용된 『이년율령』「적률賊律」은 사나운 처를 제어하는 데 남편의 손을 거들고 있다. 처가 사나워서 남편이 때렸는데, 남편이 무기나 칼을 사용하지 않았으면 상처를 입혔더라도 무죄이다.[61] 그런데 『이년율령』에서도 진율과 마찬가지로 일반적으로 무기를 쓰지 않고 싸우다 상해를 입히면 수염을 깎고 관부에서 노역하는 내위예신첩耐爲隷臣妾에 처하였다.[62] 한초의 율령은 사나운 처를 제어하는 데 부권夫權을 지지하였

---

59 『睡虎地秦墓竹簡』「法律答問」, "妻悍, 夫毆治之, 夬(決)其耳, 若折支(肢)指·胅膚(體), 問夫可(何)論? 當耐."
60 『睡虎地秦墓竹簡』「法律答問」, "主擅殺·刑·髡其子·臣妾, 是謂「非公室告」, 勿聽."
61 『二年律令』「賊律」32簡, "妻悍而夫毆笞之, 非以兵刃也, 雖傷之, 無罪."
62 『二年律令』「賊律」27-28簡, "鬪而以刃及金鐵銳·錘·錐傷人, 皆完爲城旦舂. 其非用此物而刅人, 折枳·齒·指, 胅體, 斷決鼻·耳者, 耐."

다. 뿐만 아니라 처가 남편을 때리면 일반 상해죄에[63] 해당하는 내위예신첩에 처해 한층 엄벌하였다.[64] 당률에서는 남편이 처를 구타하는 경우에 한처悍妻라는 용어가 사라지며, 단지 남편이 처를 구타하여 상처를 입힌 경우 일반상해죄에서 2등을 감해 처벌하였다.[65] 진한시대에는 확실히 사나운 처, 즉 한처悍妻의 존재가 두드러졌음을 엿볼 수 있다. 그럼에도 불구하고 한대에 작성한 칠거의 이혼사유에 처한妻悍이 포함되지 않은 것은 무슨 이유일까. 한초漢初『이년율령』의 한처悍妻에 대한 가혹한 법령이 혈기 왕성한 여성들을 잠재울 수 있었다고 한다면 너무 성급할까.

그렇다면 당시의 이상적인 배우자상은 어떠하였을까. 「공작동남비」에서 시어머니가 점찍어 둔 규수는 현명한 여자로 어여쁜 몸매가 비길 데 없다고 하였다. 또 난지에게 청혼한 현령댁 도령은 점잖은 자태이며, 태수댁 도령은 자태가 아름답고 뛰어나다고 한다. 남녀가 혼담이 오가는 데 우선 용모가 중요시되었던 듯하다. 「맥상상陌上桑」에서도 진나부秦羅敷가 자신의 남편을 과장하여 묘사하기를, 긴 구레나룻에 수염이 치렁치렁하고 성큼성큼 관청을 거닐고 의젓하게 관아에서 일을 한다고 이상적인 용모를 그린다.[66] 한漢 고조高祖는 코가 우뚝하고 용안龍顏이며, 아름다운 수염에 왼쪽 넓적다리에 72개의 검은 점이 있다.[67] 여공呂公은 유방의 용모가 특이하여 그 모습의 출중함을 보고는 딸을 시집보냈다. 여공은 젊어서부터 상相을 보는 것을 좋아하여 많은 이의 상相을 보아 왔지만 유방의 상相만

---

63 『二年律令』「賊律」 27-28簡, "鬪而以釰及金鐵銳, 錘, 錐傷人, 皆完爲城旦舂. 其非用此物而眇人, 折枳, 齒, 胅體, 斷決鼻, 耳者, 耐."
64 『二年律令』「賊律」 33簡, "妻毆夫, 耐爲隸妾."
65 『唐律疏議』卷22「鬪訟律」 24, "諸毆傷妻者, 減凡人二等."
66 郭茂倩 編纂, 『樂府詩集』.
67 『史記』卷8「高祖本紀」.

한 이는 없다는 것이다. 이때 유방은 일개 술꾼일 뿐이었으나 외모가 출중하다는 것만으로 딸을 시집보냈는데, 유방이 부귀한 상相이었기 때문이다. 이 때문일까. 「일서」의 점사에는 자식을 낳으면서 아름답고 사랑스럽기를(美, 媚人) 바랐다. 진한시대에 외모는 단순히 보기 좋다, 끌린다는 감정을 넘어서서 인상이 그 사람의 운명을 좌우한다는 관상적 의미를 갖기 때문에 앞날을 미래를 예측할 수 없는 삶을 같이할 배우자를 선택하는 데 중요한 요인이 되었을 것이다.

4. 육아와 자손

중국 고대 태교이념은 진한시기에 이미 기초적인 체계가 만들어졌다. 우선 임산부의 임신기간 음식은 영양과 위생 방면에 중점을 둔다. 예를 들어 마왕퇴馬王堆에서 출토된 의술서醫術書 『태산서胎産書』에 음식은 반드시 깨끗해야 하고, 산갱酸羹은 반드시 익혀야 하며, 매운 음식과 날고기는 먹지 않는다고 되어 있다. 금기의 대부분이 무술巫術 방면의 내용인데, 예를 들어 파, 생강, 토끼, 산양, 자라, 닭, 오리 등을 금하며 이들 식품을 먹으면 장애아를 낳을 수 있다는 것이다.[68] 그리고 『논형論衡』 「명의命義」에서는 『예禮』를 인용하여, 바르게 잘라지지 않은 것은 먹지 않는다고 하였

---

68 『胎産書』 "不食蔥美, 不食兔羹." 『論衡』 「命義」에 의하면, 姙婦가 토끼를 먹으면 입술에 결함이 있는 아이를 낳는다.; 『金匱要略』 果實菜谷禁忌幷治 第25에 의하면, 姙娠가 생강을 먹으면 손가락이 남는 아이를 만든다. 禽獸蟲魚幷治 第24에 의하면 婦人이 姙娠하면 토끼고기, 山羊고기, 자라, 닭, 오리를 먹지 못하게 해야 하는데 이들 고기는 아이의 목소리가 나지 않게 한다.

다. 이러한 금기는 이후 품행과 관련하여 풍습으로 이어져 내려왔다. 그리고 『태산서』에서는 임산부가 보고 들으며 사물을 접촉하는 규범도 만들었는데, 절대로 난쟁이를 부르게 해서는 안 되며 원숭이를 감상해서도 안 된다고 하였다. 『회남자』「설산說山」에 의하면, 임산부가 토끼를 보면 자식의 입술이 온전치 못하다고도 한다. 『논형』「명의」에 의하면, 옛 태교법에는 자식을 임신하면 자리가 바르지 않으면 앉지 않으며, 바른 색깔이 아니면 보지 않으며, 바른 소리가 아니면 듣지 않는다고 한다. 그리고 임산부는 성생활에 금기가 있으니, 임신한 첫 2개월간은 부부간의 관계를 엄격히 금하였다.

인류 역사상 많은 민족에서 여성이 월경과 분만 때 다른 사람과 접촉하는 것을 피하는 금기가 있다. 여성은 이 기간에 위험한 상황에 처하며, 이들 여성은 접촉하는 사람과 물건을 오염시킬 수 있다고 여겼다.[69] 진한시대에도 이와 유사한 금기가 있다. 한율漢律 규정에 여성이 월경기간에는 제사를 모실 수 없다고 하였다.[70] 강남지역에서는 임산부가 분만하는 것을 불길하다고 여겨, 분만하려는 여성은 길사吉事를 행하기 위해 산림에 들어가거나 멀리 가거나 하천과 호수를 넘어가 교통하지 않는다. 분만자 가정 역시 기피하여 처소를 따로 지어 달을 넘기고서야 옛집으로 들어온다.[71] 북방지구에서는 제사 전에는 상가喪家나 산유가産乳家에 가지 않는다.[72,73]

---

69 J. G. Frazer, *The Golden Bough: A Study in Magic and Religion*, London: Macmillan & C. Ltd., 1955.

70 『說文解字』女部, 姅字條.

71 『論衡』「四諱」.

72 『四民月令』八月.

73 『胎産書』; 彭衛·楊振紅, 『中國風俗通史』, p. 351.

아이를 낳을 때에는, 아이가 태어난 날이 그 아이의 미래를 결정한다는 믿음에서 아이 낳는 날짜를 중시하였다. 『수호지진묘죽간』「일서」에서 자식을 낳는 날에 관한 택일은 혼인에 관한 택일과 더불어 가장 많은 비중을 차지하고 있다. 사실 혼인은 택일하여 혼인날을 정할 수 있지만 자식을 낳는 일은 마음대로 택일할 수는 없었다. 그럼에도 불구하고 고대인들은 '생자生子' 택일에 집착하였으며,「일서」 갑종甲種의 "생자生子"조에는 당시 사람들의 자식에 대한 염원, 곧 자신들의 미래에 대한 염원이 집중적으로 드러난다.

자식이 부유하기를 바라는 것은 고금을 통한 부모의 염원이겠지만, 진한인들은 수려하고(美)[74] 장대長大한[75] 외모의 자식을 낳기 바랐다. 오늘날도 외모에 대한 관심이 높지만, 당시 외모는 비단 보기 좋다는 것을 넘어서 관상의 의미가 컸다. 전국시대에 숙어叔魚가 태어나자 모친이 아기를 보고 "이 아이는 호랑이 눈에 돼지 주둥이에다 솔개 어깨에 소의 배이니 계곡이라도 채울 수 있어 싫어할 수 없지만 반드시 뇌물 때문에 죽을 것이다."라고 하고는 돌보지 않았다고 한다.[76] 주변周變은 태어날 때 추한 모습으로 사람을 놀라게 해, 모친이 그를 유기하였다.[77] 반면 동언董偃은 13세에 용모로 인해 무제의 고모인 관도공주의 총애를 받았다. 일개 장사꾼의 아들이 귀족가문의 총애를 받게 된 것이다.[78]

그리고 눈에 띄는 것은 관리가 되기를[爲吏] 희망하는 점사가 많다.[79] 당

---

74 『日書甲種』稷辰, "秀, 是胃(謂)重光, 利野戰, 必得侯王. 以生子, 旣美且長, 有賢等."
75 『日書甲種』生子, "癸未生子, 長大, 善得.";『日書乙種』生, "壬午生, 穀於武, 好貨. 癸未生, 長."
76 『國語』「晉語」8.
77 『後漢書』「周變列傳」.
78 『漢書』「東方朔傳」.
79 『日書乙種』正月, "營室, 利祠. 不可爲室及入之. 以取妻, 不寧. 生子, 爲吏."

시 향리에서 권력을 행사하며 녹봉을 받는 향리鄕吏는 일반 농민들에게 선망의 대상이 되는 계층이었던 듯하다. 진한시대의 소리小吏, 즉 현의 속리 가운데 색부嗇夫는 120석石에서 250석石의 높은 대우를 받았으나 녹봉이 연간 100석石 이하인 좌사佐史가 대부분이었다. 당시 1경頃을 경작하는 소농민의 연간 소득 150석石에 비한다면 대부분 소리의 녹봉은 이에 미치지 못할 뿐만 아니라, 이吏는 상해죄나 강간죄에서 일반민에 비해 엄벌되어 가중 처벌되었다. 그럼에도 불구하고 「일서」에서 자식이 지방의 속리가 되기를 바랐던 것은 무슨 이유일까. 현의 소리는 봉록 외에 요역徭役과 부세賦稅가 면제되었을 뿐만 아니라 이외에 직무수행에 따른 포상금도 있었지만,[80] 국가권력의 말단에서 향촌사회에 크고 작은 권력을 행사하며 받는 뇌물 또한 충분히 상상할 수 있다.[81] 『수호지진묘죽간』을 부장한 묘주 영사슈吏 희喜의 묘에서 고가의 칠기 40여 점을 비롯하여 각종 부장품 72건이 출토된 것은 당시 현리縣吏 가족의 유족한 생활을 반영한다. 이런 상황에서 이吏가 되는 것은 당연 일종의 행운으로 여겨졌을 것이다.[82]

그리고 자식이 무武를 잘하기를 바라는 점사의 빈도 또한 높다. 진秦은 숭무崇武의 전통이 있었을 뿐만 아니라 상앙의 변법 이래로 군공軍功에 따라 작爵을 주어 군공에 의해 신분을 상승시킬 수 있었다. 항우와 유방 집단은 호용질서를 중시하는 임협任俠의 장자였으며 한초 대신들은 모

---

80 『嶽麓書院藏秦簡』「癸瑣相移謀購」에 의하면, 열 명의 살인 죄인을 체포한 포상금이 4만3백2십 전이었으며 도적질하고 살인한 군도 열 명을 체포한 포상금이 8만6백40 전이었다.
81 『嶽麓書院藏秦簡』「田與市和奸案」에 의하면, 범인 체포를 담당한 隸臣에게 뇌물 4천 전을 주고 사태를 무마하려 하였다. 吏가 아닌 관부 노예에게도 4천 전의 뇌물을 주었다면 대민 업무를 담당한 縣 屬吏들의 경우는 이를 상회하였을 것이다.
82 李成珪, 「秦의 地方行政組織과 그 性格―縣의 組織과 그 機能을 中心으로―」, 『東洋史學研究』 31, 1989, pp. 74-77.

두 유방의 장군들로 군공에 의해 공신功臣이 되었다. 사마천의 「유협열전遊俠烈傳」을 보면, 사람들은 흔히 궁박한 처지에 빠져 생명을 의탁할 경우 '현호賢豪'라고 부르는 이들에게 달려가 부탁한다. 향리에서 활약하는 협객들은 그 영향력에서나 사회적 공헌에서 유자儒者들보다 더 낫다고 하였다.[83] 무제武帝 시 중앙권력의 향촌 침투를 방해하는 호협豪俠들을 탄압하기 전까지 유협은 향촌 민간질서의 유지자였다. 따라서 「일서」 "생자生子" 조에서 '무이호의武而好衣', '무유력武有力', '용勇', '무이공교武以工巧', '무이성武以聖'을 바라는 것은 바로 당시 무용이 향촌을 지배하는 질서였기 때문일 것이다.

진인秦人들은 자식이 선량하기를 무척이나 바랐다. 「일서」 "생자生子"조에서 가장 빈도가 높은 단어는 '곡穀'이다.[84] '곡이부穀而富', '곡이무穀而武', '곡穀', '길급곡吉及穀', '곡차무이이제穀且武而利弟', '곡유상穀有商', '곡이비穀而美' 등. 부유하건, 용감하건, 용모가 아름답건 간에 선량해야 부와 용맹함과 수려함이 가치가 있다고 생각하였다. 이외에도 '교巧', 즉 손재주가 있기를 바라거나 말을 잘하기를 바라기도 하였다.

반면 자식을 낳으면서 가장 두려운 것은 새로 태어난 자식으로 인해 집안이 불행해진다거나 아기가 온전치 못한 일이었다. 「일서」에서 생자生子의 불길한 점사占辭로 주로 드는 것으로 '빈한貧寒'의 문제도 있지만, 가족과 관련하여 형제가 흉험해진다거나, 다른 형제가 없다거나, 어려서 고아가 된다거나, 모친이 없다는 등이 있다. 또 태어나는 아기 자신과 관련

---

83 『史記』卷124 「游俠列傳」.
84 '穀'의 의미는 穀日이 吉日을 의미하듯 좋다는 뜻인데, 『秦簡日書集釋』에서는 善良하다고 주해하였다(吳小强, 『秦簡日書集釋』, 嶽麓書社, 2000, p. 103).

해서는 살아서 태어나지 못한다거나[生不出來], 열흘 만에 혹은 3개월 만에 죽는다거나, 3세를 넘기지 못하고 죽는다는 점사가 있다. 영아 사망률이 높았던 당시의 생활환경을 반영하며, 따라서 신생아가 얼마나 잘 살아 남을지가 큰 관심사였음을 알 수 있다. 이와 관련하여 또 질병 여부에 대한 점사도 있다. 진한인들의 일상생활에 지침이 되었던 「일서」의 생자生子에 관한 점사는 불길한 것보다는 길한 것에 치중하고 있다.

「일서」가 아니더라도 생자와 관련하여 미래를 점치는 풍속과 관련하여, 세쌍둥이는 거두지 않는다고 한다. 세쌍둥이는 가축과 같아서 부모를 해치기 때문에 거두지 않는다고 한다. 그리고 '오생자瘀生子'도 거두지 않는다고 한다. 속설에 아기를 땅에 떨어뜨려서 눈을 뜨지 못하는 것을 '오생瘀生'이라고 하는데, 오생자를 거두면 부모를 해친다고 한다. 그리고 아버지와 같은 달에 태어난 자식도 혹자는 아버지를 해친다고 하여 거두지 않는다. 수염이 난 아기도 거두지 않으니 살려 두면 부모를 해친다고 한다. 하지만 이러한 미신이 모두 그대로 행해졌다고는 볼 수 없다.[85] 그런데 정월과 오월 생 자식은 불길하다고 보는 미신은 일찍이 전국시대에도 존재하였다. 진한시대에 정월과 오월에 태어난 자식은 부모를 죽인다고 여겨 거두지 않았다. 『논형』「사휘四諱」편에 의하면 이러한 속설은 오행설과 관련 있다고 한다. 정월은 한 해가 시작하고 오월은 양陽을 상傷하게 하기 때문에, 이때 태어나면 정기가 성한 것이 열렬하여 부모를 억누르고 이겨 부모가 감당하지 못해 그 환患을 받게 된다는 것이다.[86]

---

85 『風俗通義校釋·佚文』에 오늘날 세쌍둥이를 많이 낳는데 다 잘 성장하여 부모가 온전하다고 하였다.
86 『論衡』「四諱」; 彭衛·楊振紅, 『中國風俗通史』, p. 353.

그런데 진한시대에는 생자生子 시일時日 금기와 무관하게 가정에서 영아살해가 발생하였다. 민간에서는 현실적으로 자식을 부양할 경제적 능력을 고려할 때 다산을 감당할 수 없었던 듯하다. 『장사주마루오간』 호적간의 통계에 의하면, 부모와 미성년 자녀로 이루어진 핵심가정 외에 조부모와 자식을 포함한 주간主幹가정과 형제 내외를 포함한 복합가정의 비율이 상당함에도 불구하고 한 가정의 규모는 평균 5인 미만의 소가정 위주이다.[87] 따라서 호주에게 딸린 자녀의 수는 2~3인이 대부분이었다. 이는 『이야진간』, 『거연한간』의 호적간戶籍簡에서도 마찬가지이다. 높은 영아 사망률 탓도 있으나, 『수호지진묘죽간』에 자식이 많기 때문에 영아를 거두어 살리려 하지 않는 경우에 대한 처벌규정이 있는 것을 보면 일정한 수 이상의 자식을 인위적으로 조절한 결과일 수도 있다. 진한 율령은, 신체가 온전함에도 자식이 많다는 이유로 영아를 거두지 않아 죽이는 영아살인에 대해 자식을 죽인 죄, 즉 경위성단용黥爲城旦舂(얼굴에 묵墨을 하고 성城을 쌓거나 방아를 찧는 노역으로 종신형)으로 처벌하였다. 그런데 신체가 온전치 않은 영아를 살해한 경우는 죄로 다스리지 않았다.[88]

그런데 높은 영아 사망률, 낮은 수명의 한대 사회에서 국가에서도 산부算賦, 구부口賦 등 인두세와 각종 요역을 담당할 노동인구를 늘리기 위해 아이를 낳아 기르는 생육률을 높일 수 있는 다양한 정책을 운영하였다.

회임기간에 정부에서 일정한 식량을 지급한다든지 혹은 부모나 친척이 없거나 양육이 불가능한 경우에 식량을 지급하는 등[89] 태아에서부터 영

---

87 于振波, 「吳簡所見戶籍結構小議」, 『走馬樓吳簡續探』, 文津出版社, 2007, p. 35.
88 『睡虎地秦墓竹簡』 「法律答問」, "擅殺子, 黥爲城旦舂. 其子新生而有怪物其身及不全而殺之, 勿罪'. 今生子, 子身全殹(也), 毋(無)怪物, 直以多子故, 不欲其生, 卽弗舉而殺之, 可(何)論? 爲殺子."
89 『後漢書』 卷3 「章帝紀」, "其嬰兒無父母親屬, 及有子不能養者, 稟給如律."

유아의 양육에 국가가 관심을 가졌으며, 다산 가정에는 면세의 특혜를 주기도 하여 다산을 장려하였다.[90] 후한시기 자녀를 양육하지 않는 부모를 엄하게 처벌하였더니 수년간 자식을 기르는 자가 수천이었다고도 한다.[91] 고조는 즉위하여 자식을 낳은 집에는 2년간 요역을 면제해 주었다.[92] 후한 장제章帝는 조령을 내려 임신한 자들에게 태아 양육을 위해 곡식 3곡斛을 내리고 남편들에게는 1년간의 요역을 면제해 주었다.[93]

뿐만 아니라 진한 국가는 임신한 여성이 유산할 경우 이에 대한 처벌로 여성의 임신을 관리하였다. 싸우다가 때려서 임신한 여성을 유산시키면, 수염을 깎아[耐] 관부의 일에 종사시키는[隸臣妾] 형벌인 내위예신첩에 처하였다. 임신한 여성 당사자 역시 싸움을 하여 다른 사람이 때려서 유산시켰다고 해도 벌금 4량兩에 처하였다.[94] 『수호지진묘죽간』에는 관리가 안건을 심리할 때 지켜할 내용을 적은 「봉진식封診式」에 임신부가 싸우다가 유산한 안건에 대해 조사하고 검증한 흥미로운 사례가 실려 있다.

임신한 지 6개월 된 여자 갑甲이 같은 동리에 사는 여자 병丙과 머리채를 쥐고 싸우다가 병이 갑을 넘어뜨려 덮쳤다. 동리 사람이 싸움을 말려 집으로 돌아온 갑은 복통을 앓다가 그날 밤에 태아를 유산하였다. 갑은 태아를 싸 가지고 와서 자수하고 병을 고소하였다. 이 사건을 심리하는데, 유산을 검증하기 위해 태아의 성별과 두발의 생장과 태반의 상황을

---

90 『二年律令』「傅律」358簡, "民産子五人以上, 男傅. 女十二歲, 以父爲免☐者; 其父大夫也, 以爲免老."
91 『後漢書』卷67「黨錮列傳」, "人養子者千數."
92 『漢書』卷1下「高祖紀」下, "民産子 復勿事二歲."
93 『資治通鑑』卷47, "今諸懷姙者, 賜胎美谷, 人三斛, 復其夫, 勿算一歲."
94 『二年律令』「賊律」31簡, "鬪毆變人, 耐爲隸臣妾. 擭(懷)子而敢與人爭鬪, 人雖毆變之, 罰爲人變者金四兩."

검사하도록 하고, 출산 경험이 있는 관부의 여노비[隷妾]를 시켜 갑의 음부에 생긴 출혈과 상처를 조사하도록 하는 한편, 갑의 가족에게 갑의 생활과 복통을 일으키고 유산한 상황을 물었다. 현승縣丞이 태아를 조사시켰는데 핏덩어리 같아 식별이 불가능하자, 이것을 물이 담긴 동이에 넣어 흔드니, 태아의 머리, 몸통, 팔, 손가락, 대퇴부 이하의 다리, 발가락 등이 모두 사람의 것과 비슷하였다.[95] 이처럼 유산을 입증하는 데 매우 정밀한 검사가 이루어진 안건의 진행을 통해, 당시 국가가 태아를 보호하기 위해 개인의 유산에 지대한 관심을 갖고 엄격히 관리, 처벌을 하였음을 알 수 있다.

5. 혼인법

진한시대는 원시사회의 유습이 이어졌던 춘추전국시대에서 벗어나 이후 중국 예교주의 전통사회의 풍습이 형성되는 과도기이며 맹아기였다. 춘추시대에는 손위 여자와 혼인하는 증보烝報와 같은 혼인제도가 정상적인 혼인으로 성행하였으며,[96] 청년 남녀가 정기적으로 모여 자유로이 짝을 맺는 전통도 있었다. 뿐만 아니라 평시에도 남녀 간의 자유로운 교류가 있었으며 공자의 어머니도 공자를 야합에 의해 낳았다.

그러나 진한은 통일제국을 다스리기 위해 각지의 풍습을 통일하고 교화할 필요가 있었다. 진한시대에는 이러한 고대로부터 습속화된 혼인 풍

---

95 『睡虎地秦墓竹簡』「封診式」, p. 274.
96 顧頡剛, 「由"烝", "報" 等婚姻方式看社會制度的變遷」, 『文史』 14, 1982.

속들이 사라지고 혼인이 율령에 의해 규제되기 시작하였다. 진秦은 『수호지진묘죽간』「어서語書」에서 밝힌 바와 같이, 각 지방마다 다른 향속을 법령을 만들어 통일하고 민심을 교정하고 나쁜 풍속을 제거하고자 하였다. 진한 사회는 국가가 혼인법 규정을 처음으로 만들었으며, 예교주의 윤리 관념이 한대 사상가들에 의해 나오기 시작하였다. 한대 사회의 혼인제도와 혼인에 관한 율령은 이후 위진남북조에서 수당대에 이르는 시기의 혼인제도의 기점을 만들어 내었다. 한대 혼인법규는 중국 혼인법의 역사에 있어 중요한 위치를 점한다. 당률의 대부분 조문이 진한 혼인율에 연원하였다. 진한대 혼인형태는 소농경제를 기초로 하는 중앙집권을 확고하게 하였다.[97]

그러나 이러한 법령이 존재함에도 불구하고 향속이 방종한 백성들이 그치지 않는다고도 하였다.[98] 즉 진한시대는 진한제국의 율령을 통해 원시사회로부터 이어져 내려오던 풍습을 국가가 규율하였지만 예교주의의 세례를 받지 않은 고대사회의 전통이 남아 있던 시대였다. 한대에는 동중서, 유향, 반고와 같은 유교 사상가와 정치가들의 예교주의 윤리도덕 관념에 의해 혼인에 관한 법규의 내용이 상당히 체계화되었다고 한다.[99] 그러나 오랫동안 전해 내려온 혼인풍속은 제도와 법령, 이념 등으로 일시에 변화시키기 어려운 면이 있다. 진한시대에는 오랜 혼인풍습과 예교주의 이념에 의한 규제가 혼재하여, 전통적인 윤리 도덕이 사회발전에 대응하여 법률로 체계화하는 모습을 보인다.

---

97 彭衛, 『漢代婚姻形態』, pp. 11-15.
98 睡虎地秦墓竹簡整理小組, 『睡虎地秦墓竹簡』「語書」, 文物出版社, 1978, p. 15.
99 彭衛, 『漢代婚姻形態』, pp. 263-264.

1) 혼인관계

진한은 혼인의 성립과 관련하여 빙재를 주고받는 전통적인 혼인풍습에 상관없이 관부의 등록을 요구하였다. 진율秦律은 합법 혼인과 비합법적인 동거를 구분하여, 관부에 등록하지 않은 경우라면 관부에서 인정하는 혼인이 아니기 때문에 이혼에 관해 관여하지 않았다. 관부에 부부관계를 등록함으로써 공고한 부부관계를 보장받을 수 있어, 관부에 부부로 등록한 경우에만 법적인 보호와 처벌을 받는다. 이혼도 역시 관부에 등록을 해야 하였으며, 그렇지 않을 경우 부부 쌍방이 위법으로 벌금형으로 처벌받았다.[100]

진한 혼인율에서 혼인관계의 주권자는 남편이었다. 진한 혼인율은 여자가 이혼절차를 밟지 않은 채 마음대로 남편을 떠날 경우 처벌하였다.[101] 이혼절차를 밟지 않고 남편을 떠나는 여자에 대해 거취를 제한하였다. 즉 남편에게서 도망한 여자를 처로 맞아들이는 것을 불법으로 처벌하여, 마음대로 집을 나온 여성 스스로 새로운 삶의 터전을 가질 수 없도록 하였다. 남의 처나 도망한 여자를 처로 삼을 경우에 대한 처벌은 매우 엄격하여 부부 모두, 그리고 이를 중매한 자까지 이러한 사실을 알았다면 평생 노역형(경위성단용)에 처하였다.[102] 그런데 남편에게서 도망한 여자를 아내로 맞아들여 부부가 되어 아이를 낳은 후에야 사실을 알게 되었으나 함께 계속 살았다면 이러한 경우에도 남녀 모두 처벌을 받는다.[103]

---

100 『睡虎地秦墓竹簡』「法律答問」, "棄妻不書, 貲二甲. 其棄妻亦當論不當? 貲二甲."
101 『睡虎地秦墓竹簡』「法律答問」, "女子甲爲人妻, 去亡, 得及自出, 小未盈六尺, 當論不當? 已官, 當論; 未官, 不當論."
102 『二年律令』「亡律」 167-169簡, "取(娶)人妻及亡人以爲妻, 及爲亡人妻, 取(娶)及所取(娶), 爲謀〈媒〉者, 智(知)其請(情), 皆黥以爲城旦舂. 其眞罪重, 以匿罪人律論. 弗智(知)者不☑."
103 『睡虎地秦墓竹簡』「法律答問」, "女子甲去夫亡, 男子乙亦闌亡, 相夫妻, 甲弗告請(情), 居二

그렇다면 남편이 처가 도망한 여자인 것을 알지 못한 채 산 경우라면 어떨까.[104] 『장가산한묘죽간』 「주얼서」의 한漢 고조高祖 10년(B.C. 197년)의 재판기록에는 부인이 도망한 여자인지 알지 못한 채 혼인하여 산 은관隱官 해解에 관한 처벌이 중앙의 정위廷尉에게까지 올라간 꽤 까다로운 재판기록문이 전한다. 그 대강의 내용은 다음과 같다.

胡縣 丞 熹가 재판의 재심을 청하였다. 漢 高祖 10년(기원전 197년)에 大夫蒜는 관부를 찾아와 여자 符가 도망했다고 고발하였다. 符가 말하기를, "진실로 도망하였습니다. 허위로 名籍이 없었던 것처럼 하여 '스스로 신고하여 명적에 올리라'는 令에 따라 大夫 明의 노예가 되었습니다. 明은 符를 隱官 解에게 시집을 보내면서 도망한 것은 말하지 않았습니다." 해가 말하기를, "부는 明의 처소에 명적이 있으며 아무런 과실이 없어 처로 삼았을 뿐 전에 도망하여 이후에 명의 노예가 된 사실은 몰랐습니다." 해를 죄주기를, 부가 비록 명에게 명적을 두었다고는 하나 실은 도망한 자이다. 律에, 도망한 자를 아내로 맞으면 黥爲城旦에 처하며, 알지 못하였더라도 형을 감하지 않는다. 해는 비록 알지 못하였다 하더라도 亡人을 처로 삼은 죄로 논해야 한다.[105]

은관隱官인 해解는 대부大夫 명明의 노예인 부符를 처로 맞아들여 여러 해 살면서도 그녀가 도망한 자라는 사실을 알지 못하였다 하더라도 망인

歲, 生子, 乃告請(情), 乙卽弗棄, 而得, 論可(何)殿(也)? 當黥城旦春."

104 『二年律令』 「亡律」 168~169簡은 바로 남편이 처가 도망한 자라는 사실을 몰랐을 경우에 관한 처벌 조항을 규정한 듯한데, '몰랐을 경우(不智者)'라는 주어만 남아 있고 나머지 서술어는 殘簡으로 글자를 인식할 수가 없다.

105 『張家山漢墓竹簡二四七號墓(釋文修訂本)』 「奏讞書」, p. 94.

亡人을 처로 삼은 죄가 되었다. 이처럼 도망한 여자에 관련한 형벌이 매우 엄격한 잣대로 시행되었음을 알 수 있다. 진秦은 자식이 있는 여자가 도망해 시집을 갈 경우 사형에 처하였다.[106]

혼인에 관한 진한秦漢 율령은, 합법적인 혼인을 관부에 등록한 경우에 한해 부부관계를 인정하여 국가가 새로 생겨나는 가족단위를 장악하고 처의 거취를 가부장에게 종속시켜 가정의 핵심인 부부관계를 안정시키는 목적을 갖고 입법하였음을 알 수 있다.

2) 부부간의 권리와 의무

남녀가 결혼을 하여 부부가 되면, 부부의 신분으로 권리와 의무가 부여된다. 여자는 결혼을 하여 남편의 집으로 들어감으로써 남편 집안 가족성원의 일원이 된다. 그리고 여자의 신분은 남편의 신분에 준하게 된다. 진한秦漢 사작제도賜爵制度에서 작위는 남자에게만 주지만, 여자는 남편의 작에 따르며 동등한 법적 혜택을 받는다. 예를 들어 작급이 상조上造 이상의 신분은, 범죄를 저질러 신체를 훼손하고 영구 노역하는 성단용에 처하여졌을 때 형벌을 감면받아 서인庶人의 신분으로 복귀 가능한 형벌을 받는다. 이때 상조의 처도 상조와 동등한 형벌 감면의 혜택을 누린다.[107] 그러나 남편을 살해한 경우는 남편의 작으로 감면의 혜택을 누릴 수 없었다.[108]

대역죄를 저지를 경우에는 처도 연좌하고, 반대로 처의 죄에 남편 역시

---

106 『史記』 卷6 「秦始皇本紀」, 司馬貞 索隱, "有子而嫁, 倍死不貞."
107 『二年律令』 「具律」 83簡, "上造·上造妻以上, 及內公孫·外公孫·內公耳玄孫有罪, 其當刑及當爲城旦舂者, 耐以爲鬼薪白粲.; 82簡, "公士·公士妻及□□行年七十以上, 若年不盈十七歲, 有罪當刑者, 皆完之."
108 『二年律令』 「具律」 84簡, "☑殺傷其夫, 不得以夫爵論."

연좌하여 함께 사형에 처한다.[109] 승상 굴리屈氂의 경우 처가 무고巫蠱를
하여 목을 잘라 매다는 효수형梟首刑에 처해졌는데, 본인도 이에 연좌되어
허리를 자르는 형벌인 요참腰斬에 처해졌다.[110] 급후공汲侯公 상광덕上廣德
도 처의 대역죄에 연좌되어 기시되었다.[111] 대역죄를 저지를 경우뿐만 아
니라 일반민의 기의起義에도 가족이 연좌되었다. 관동에서 군도들이 일어
났을 때 이들의 처자를 변군에 보내 군졸들의 처로 삼았다.[112]

그런데 일반 범죄에서는 처는 남편의 죄에 연좌하지만, 남편은 처의 죄
에 연좌하지 않았다. 남편이 형벌을 받아 관노가 되면 처는 재산과 함께
관에 몰수된다. 그러나 처가 죄를 지어 형벌을 받고 관비가 될 때, 처의
재산은 남편에게 주었다.[113] 남편이 범죄를 저지를 경우, 처자는 참여하지
않았더라도 일정한 책임을 진다. 남편이 절도를 했는데 부인이 모르고 절
도한 물건을 사용하였을 경우에도 법적 책임을 함께 진다.[114] 남편이 죄를
지었을 때 처가 이를 먼저 고발할 경우에야, 처는 관비가 되는 것을 면하
고 자신의 재산을 보존할 수 있었다.[115] 남편이 천사형遷徙刑에 처해졌을
경우에는 심지어 먼저 고발하였더라도 함께 천사되었다.[116] 그러나 관리
가 관의 일이 아닌 간음으로 처벌을 받아 천사에 처해졌을 경우, 그의 처

---

109 『漢書』 卷5 「景帝紀」 如淳 注引 漢律, "大逆不道 父母妻子同産皆棄市."

110 『漢書』 卷6 「武帝紀」 征和 3年.

111 『漢書』 卷16 「高惠高后文功臣表」, "坐妻大逆 棄市."

112 『漢書』 卷54 「李廣傳」, "關東群盜妻子徙邊者隨軍爲卒妻婦."

113 『睡虎地秦墓竹簡』 「法律答問」, "妻有罪以收, 妻媵(滕)臣妾·衣器當收, 且畀夫? 畀夫."

114 『睡虎地秦墓竹簡』 「法律答問」, "夫盜千錢, 妻所匿三百, 可(何)以論妻? 妻智(知)夫盜而匿之,
當以三百論爲盜; 不智(知), 爲收."

115 『睡虎地秦墓竹簡』 「法律答問」, "夫有罪, 妻先告, 不收. 妻媵(滕)臣妾·衣器當收不當? 不當
收."

116 『睡虎地秦墓竹簡』 「法律答問」, "當磊(遷), 其妻先自告, 當包."

는 함께 처벌받지 않았다.[117]

진한제국은 지배의 기층단위를 성인 남성을 중심으로 한 가족단위로 삼으면서, 가족성원을 남성 가부장에게 종속시켜 파악하였다. 따라서 처는 가부장인 남편의 법적 지위에 따르게 하여 법적으로 사회적으로 종속되었으며 사회적으로 독립적 지위와 권리를 가질 수 없었다.

그런데 남편이 처를 때려 상처를 입혔을 경우 진한 율령은 일반적인 상해죄를 적용하였는데, 당률은 상해죄에서 2등을 감하는 반면, 한율은 남편이 무기를 사용하지 않았으면 부인에게 상처를 입혔더라도 무죄라고 하여, 부부간의 다툼의 문제에 있어서 한율이 부권夫權을 한층 엄격히 보장하였음을 알 수 있다.

3) 친족 간 혼인에 관한 법규

친족 간의 혼인에 관한 금기는 시대에 따라 달랐다. 사회의 기초가 되는 가족제도에 따라 친족 간의 혼인을 금하는 범위는 확대 혹은 축소되었다. 주대의 종법제도하에서는 동성불혼의 원칙을 세워 동종同宗 간의 혼인으로 인해 가계질서가 혼란되는 것을 방지하였다.[118] 그러나 진한시대 성씨姓氏 일원화 과정에는 본래 씨氏였던 것이 성姓으로 고정된 것이 많았을 뿐만 아니라 소가족제도하에서 동성불혼은 중시되지 않았다. 당률에 와서야 동성불혼이 율령으로 정착되었다.[119]

---

117 『睡虎地秦墓竹簡』 「法律答問」, "嗇夫不以官爲事, 以奸爲事, 論可(何)殹(也)? 當暨(遷). 暨(遷)者妻當包不當? 不當包."
118 그러나 동성불혼의 혼속은 周代 이래 天子도 지키지 않아 穆王은 周 왕실과 같은 姬姓의 盛姬와 결혼하였다(『穆天子傳』).
119 『唐律疏議』 卷14 「戶婚律」, "同姓끼리 혼인한 자는 각각 도형 2年에 처한다(諸同姓爲婚者, 各徒二年)".

진한시대는 가족제도의 변화 외에도 유가들의 예교주의 윤리에 의해 친족 간의 혼인에 대해 규제하는 목소리가 나왔다. 『백호통』에서 모계 친족과는 혼인하지 않는다고 하였다. 그러나 이는 한가漢家들의 설說일 뿐이었다.[120] 친족 간 혼인의 역사는 오래고 깊다. 『이아爾雅』 「석친釋親」에, 부夫의 자매를 고姑라고 하며, 모母의 형제를 구舅라고 한다. 그런데 처의 부를 외구外舅, 처의 모를 외고外姑라고 하며 남편의 부父를 구舅, 남편의 모母를 고姑라고 칭한 것은, 바로 고대부터 이러한 사촌 간의 혼인이 성행한 증거이며 결과이다. 한초 황실에서는 사촌 간과 세대를 달리한 모계 인척 존비 간의 혼인이 성행하였다.[121] 한 무제는 고모 장공주長公主의 딸 사촌 진씨陳氏를 후비로 맞아들였다.[122] 혜제는 누이 노원공주魯元公主의 딸 장씨張氏를 후비로 맞았으며,[123] 고조의 아들인 조왕趙王 회恢는 여후의 조카 여산呂産의 딸을 처로 맞아들였으며,[124] 고조의 손자 유장劉章은 여후의 조카딸을 처로 맞았으며,[125] 고조의 종조형제인 유택劉澤은 여후의 여동생 여수呂嬃의 딸을 처로 맞아들였다.[126] 이처럼 제후와 황실에서 모계 친족 간 혼인이 대를 이은 것은, 여후가 정치적으로 자신의 입지를 공고히

---

120 『白虎通』, "外屬小功以上, 亦不得娶也. 故春秋傳曰 譏娶母黨也."
121 춘추시대에 제후들 간에는 여러 대에 걸쳐 모계친족 간에 혼인하였다. 魯 莊公은 모친이 제나라 출신 文姜인데 제나라에서 부인을 맞아들였다(『春秋左傳』 莊公 23年).
122 『漢書』 卷67上 「外戚傳孝武陳皇后傳」, "孝武陳皇后, 長公主 嫖女也. …… 初, 武帝得立爲太子, 長主有力, 取主女爲妃."
123 『漢書』 卷67上 「外戚外傳」, "孝惠張皇后. 宣平侯敖尚帝姊魯元公主, 有女. 惠帝卽位, 呂太后欲爲重親, 以公主女配帝爲皇后."
124 『漢書』 卷38 「高五王傳」, "趙幽王死, 呂后徙恢王趙, 恢心不樂. 太后以呂産女爲趙王后, 王后從官皆諸呂也, 內擅權, 微司趙王. 王不得自恣."
125 『漢書』 卷3 「高后紀」, "時齊悼惠王子朱虛侯章在京師, 以祿女爲婦."
126 『漢書』 卷35 「荊燕吳傳」, "燕王劉澤, 高祖從祖昆弟也. …… 封爲營陵侯. …… 又太后女弟呂須女亦爲營陵侯妻."

하기 위해 자신의 혈친血親들을 황실에 혼인시킨 결과이다.[127] 그런데 일반 사회에서도 대부분 부인들은 자식들이 친정의 친족과 혼인하기를 바라 모친의 친족과 여러 대에 걸쳐 혼인하는 경우가 많았다. 당률에 와서야 모계 존비의 혼인을 금하였으며,[128] 사촌 간의 혼인이 법적으로 금지된 것은 명대부터였다.[129]

그러나 한대에는 이전 시대에 성행했던 증보蒸報와 같은 혼인풍습과 친족 간의 혼인이나 간통을 엄벌하기 시작하였다. 춘추시대의 혼인풍습 가운데 하나인 증烝은 윗세대와 사통하는 것으로, 주로 서모庶母와 혼인하는 경우이다. 춘추시대에 진晉나라 헌공獻公은 아버지의 첩이었던 제강齊姜과 혼인하여 태자 신생申生을 낳았다.[130] 위衛나라 혜공惠公이 즉위하였을 때 나이가 너무 어리자, 제나라에서는 혜공의 서형庶兄인 소백昭伯을 선친의 첩이었던 제나라 출신의 선강宣姜과 강제로 증음시켰다.[131] 이는 위나라에 대한 제나라의 정치적 영향력을 유지하기 위한 정략적 혼인이었다. 이 밖에 친속親屬의 처妻, 혹은 계부의 처와 사통하는 것을 보報라고 하는데, 증烝과 함께 춘추시대 귀족사회에서 통용된 혼인형태 가운데 하나였다.[132] 정나라 문공文公은 숙부인 정자鄭子 자의子儀의 비 진규陳嬀와 간통하여 자화子華와 자장子臧을 낳았다.[133]

---

127 『漢書』 卷67上 「外戚外傳」, "(太后)更立恆山王弘爲皇帝, 而以呂祿女爲皇后. 欲連根固本牢甚."
128 『唐律疏議』 卷14 「戶婚律」, "外戚이나 姻戚으로 喪服親屬 관계가 있는데 그 尊卑 간에 서로 혼인하였거나, 同母異父의 姉妹 또는 妻의 전 남편[前夫]의 딸을 妻로 삼은 자는 각각 姦罪로 논한다."
129 『明律』 「戶律」 婚姻尊卑爲婚條, "若娶己之姑舅兩姨姉妹者, 杖八十, 幷離異."
130 『春秋左傳』 莊公 28年.
131 『春秋左傳』 閔公 2年.
132 이숙인, 『동아시아 고대의 여성사상』, 여이연, 2005, pp. 222-225.
133 『春秋左傳』 宣公 3年.

한초에는 상층 귀족들의 문란한 생활 가운데 증보와 더불어 친속의 처와의 혼인이 행해졌다. 연왕燕王 정국定國은 동생의 처를 빼앗아 처로 맞았으며,[134] 경제景帝의 아들인 조경숙왕趙敬肅王 팽조彭祖는 이복형제 강도역왕江都易王이 죽은 후 그의 미희美姬 뇨씨淖氏로부터 아들을 하나 낳고 뇨자淖子라고 불렀다.[135] 부왕의 희姬와 간음하여 자식을 낳고 심지어 자신의 동복 자매나 자녀와도 간음을 하였던 문란한 제후왕들의 예이기는 하나, 일반에서도 증보의 습속이 있었던 듯하다.

그러나 진한에서는 이러한 습속을 율령으로 규제하였다. 한초 여후시대에 사용된 『이년율령』에는 아직 형제의 처를 맞아들인 경우를 징벌하는 조항은 없지만, 형제, 숙부叔父, 백부伯父의 처妻나 어비御婢와 간음한 자는 얼굴에 묵을 하여 성단용(黥爲城旦舂)에 처하며, 형제, 숙부, 백부의 자식의 처, 어비와 간음한 경우는 완위성단에 처한다는 조항이 있다.[136] 이것으로 볼 때 응당 형제의 처를 맞아들이는 것이나 증보 역시 성단용 혹은 그 이상의 형벌에 처하였음이 분명하다. 후한 중장통仲長統에 의하면, 증보를 조수鳥獸와 같은 행위라고 하면서 살인이나 반역과 같은 죄로 다스린다고 하였다.[137]

친족 간의 혼인은 무제시기를 거치면서 예교주의의 세례를 받아 전한 말에는 엄금되었다. 후모와 자식 간, 직계 혈친의 부모와 자식 간의 관계에 관한 금지 법령은 없었으나 엄금되었다. 원제元帝 때 미양여자美陽女子

---

134 『漢書』卷35「荆燕吳傳」, "定國與父康王姬姦. 生子男一人. 奪弟妻爲姬. 與子女三人姦."
135 『漢書』卷53「景十三王傳」, "彭祖取江都易王寵姬. 王建所姦淖姬者. 甚愛之. 生一男. 號淖子."
136 『二年律令』「雜律」, "復兄弟·孝〈季〉父·柏〈伯〉父妻·御婢, 皆黥爲城旦舂. 復男弟兄子·孝〈季〉父·柏〈伯〉父子之妻·御婢, 皆完爲城旦."
137 『後漢書』卷80「仲長統傳」, "今令 …… 非殺人, 逆亂, 鳥獸之行甚重者, 皆勿坐." 李賢注: 鳥獸之行謂烝報也.

가 가자假子(남편의 자식)가 자신을 처로 삼고는 질투해서 매질을 했다고 고발하였다. 왕존王尊은 이 사건에 관해, 율律에 처모지법妻母之法(모친을 처로 삼는 죄에 관한 법)이 없는 것은 성인이 차마 쓰지 못해서이지 살육의 죄에 해당한다고 판결하였다. 이 남자에게 사형死罪를 내리는 한편 그 시체를 찾아다 나무에 걸고 기사騎士 5인에게 활을 당겨 쏘게 하였다.[138]

전한 말 성제成帝 때 양왕梁王 유립劉立이 고모 유원자劉園子를 간음했을 때, 이는 당시에 이미 무거운 처벌로 금지하는 범죄에 해당했으며, 몇 년이 지난 후에 유사有司는 이러한 음란淫亂을 밝혀 금수행禽獸行으로 주살誅殺할 것을 청하였다.[139] 무제 때, 조趙 경숙왕敬肅王의 태자 단丹이 그의 여자 자매와 간음하여 음란죄淫亂罪로 고발되었다. 이때 판결은 사형에 이르렀다.[140] 이러한 예들을 통해 한漢 혼율婚律은 같은 세대의 형제자매 간의 통혼 역시 금하였음을 알 수 있다.

현존 사료로 볼 때, 무제시기는 유가 예교사상의 세례를 받아 혼인법이 엄격화되어 원래는 범죄행위로 여겨지지 않았던 것도 법률의 구속을 받았으며 형량도 크게 가중되었다. 예를 들어, 부모의 복상기간에 처를 맞거나 자식을 낳으면 사형에 처하였다. 무제 때, 당읍후堂邑侯 진계수陳季須는 모친인 장공주가 죽자 상복을 벗기도 전에 간음했으며 형제간에 재산 다툼을 하여 사형에 처해지자 자살하였다.[141] 그러나 선제와 원제 시기는 무제에 비해 형량이 가벼워, 예를 들어 승구후乘丘侯 유외인劉外人이 후모

---

138 『漢書』 卷76 「王尊傳」.
139 『漢書』 卷47 「文三王傳」.
140 『漢書』 卷53 「景十三王傳」, "太子丹與其女弟及同産姊姦. 江充告丹淫亂, 又使人椎埋攻剽, 爲姦甚衆. 武帝遣使者發吏卒捕丹, 下魏郡詔獄, 治罪至死."
141 『史記』 卷18 「高祖功臣侯者年表第六」, "元鼎元年, 侯須坐母長公主卒, 未除服姦, 兄弟爭財, 當死, 自殺, 國除."

와 간음한 것으로 처벌되었으나 후작侯爵을 박탈당하였을 뿐이다.[142] 선제시기는 '난亂'행行에 대한 징치懲治가 비교적 가벼웠으며, 무제시기는 원제 이후 후한 말까지에 비해 처벌이 상대적으로 중했으며 기본적으로 사형으로 처벌하였다.[143] 당률에서는 형제의 부인이나 아버지의 부인을 처로 맞는 것을 간죄奸罪로 처벌하고 이혼시켰다.[144]

진한 율령은 약탈혼같이 이전까지 습속으로 용인하던 혼인풍속을 제도적으로 규제하였다. 강제로 약탈하여 처로 삼은 자와 그를 도운 자는 왼쪽 발목을 자르는 참좌지이위성단斬左止以爲城旦이라는 중형에 처하였다.[145] 이러한 율령의 시행을 활성화하기 위해 처를 약탈하거나 약탈해서 매매하거나 강간죄를 저지른 사람을 체포하면, 포율에 의하면 기시죄인棄市罪人을 체포한 것과 같이 포상금으로 10량兩을 주었다.[146]

진한시대에는 여전히 고대로부터 이어진 혼인풍속이 행해지는 가운데, 예교주의 혼인법에 의한 혼인관계의 규제가 상당히 계통을 갖고 정리되기 시작한 모습을 볼 수 있다. 친족 간의 혼인을 금하는 윤리관념이 법령으로 발전하여 규제하기 시작하였으나 그 범위는 당률에서 정한 친족 혼인의 금지범위에 비해 작았는데, 이는 진한 가족제도가 소가족 중심이었기 때문이다.

---

142 『漢書』卷15上「王子侯年表上」, "外人嗣, 元康四年, 坐爲子時與後母亂. 免."

143 彭衛, 『漢代婚姻形態』, p. 265.

144 『唐律疏議』卷14「戶婚律」, "예전에 祖免親의 妻였는데 혼인한 경우에는 각각 장형 100대에 처한다. 緦麻親 및 舅·甥의 妻라면 도형 1년에 처하고, 小功親 이상이면 姦罪로 논한다. 妾이라면 각각 2등을 감한다. 모두 갈라놓는다(諸嘗爲祖免親之妻, 而嫁娶者, 各杖一百, 緦麻及舅甥妻, 徒一年, 小功以上, 以姦論. 妾, 各減二等. 竝離之.)."

145 『二年律令』「雜律」, "强略人以爲妻及助者, 斬左止以爲城旦."

146 『二年律令』「捕律」, "□亡人·略妻·略賣人·强奸·僞寫印者棄市罪一人, 購金十兩."

6. 이혼과 재혼

1) 이혼

반소가 『여계女誡』에서 예에 남편이 다시 장가갈 수 있는 근거가 있지만 부인이 두 번 시집갈 수 있다는 글귀는 없다고 했는데, 이 때문에 후기 전통사회에서 극렬하였던 여성 정절에 대한 요구의 근원으로 한대 여성 예교론을 지목한다. 그러나 한대 사회는 후세와 같은 정절관념이 아직 깊지 않아 남자나 여자나 모두 이혼, 개가, 재혼이 빈번히 행해졌음은 잘 알려진 사실이다.[147] 이혼을 하는 데 칠거지악이나 삼불출에 구애될 필요도 없었다. 유가 경전의 문구가 실천되는 전통사회의 모습을 한대 사회에서 기대한다면 한대 사회는 전혀 그렇지 않았다는 것을 여지없이 보여 준다.[148] 중장통은 『창언昌言』에서 "부인들이 아침에는 남편을 위해 곡을 하다가는 저녁에는 다른 남자에게 시집을 간다. 모든 집을 두루 다니며 살펴보아도 안색에 부끄러움이 없다."라고 하였는데, 당시의 사회 분위기를 읽을 수 있다.[149]

이혼이 빈번할 수 있었던 데에는 당시 사회가 정절관념이 희박하였던 이유도 있지만, 이혼이 용인되는 사유 역시 시대적 특성이 있는 듯하다. 당시에 이혼을 '거처去妻', '기처棄妻'라고 하였는데, 이는 이혼의 주권이 남편에게 있었음을 의미한다. 이혼에 있어서 남편과 부인의 지위가 불평

---

147 董家遵, 「從漢到宋寡婦再嫁習俗考」, 李又寧, 張玉法編, 『中國婦女史論文集』 제2집, 1988, pp. 41-45; 金稔子, 「古代中國女性倫理觀 —後漢書 列女傳을 중심으로—」, 『梨大史苑』 6, 1966.

148 Jack L. Dull, Marriage and Divorce in Han China: A Glimpse at "Pre-Confucian" Society, p. 53.

149 『意林』 引, 仲長統 『昌言』.

등하며, 이혼이 주로 남편에 의해 제기되었음을 의미한다. 후대 전통사회에 남편이 제기할 수 있는 이혼사유 '칠출七出'은 한대에 쓰인 『대대예기大戴禮記』에서 나왔지만, 이는 실제 한대 남성의 이혼과는 거리가 있는 것 같다. 한대의 기록 가운데에도 부인과 이혼할 수 있는 일곱 가지 사유인 '칠거지악七去之惡', 즉 시부모에게 순종하지 않음(不順父母), 아들이 없음(無子), 음탕(不貞), 질투(嫉妬), 나쁜 병(惡疾), 말이 많음(口說), 도둑질(竊盜)에 의한 이혼의 예를 찾을 수는 있다. 그런데 이러한 예들이 곧 한대 사회 일반의 혼인윤리를 대변하는지는 검토해 볼 필요가 있다.

【불순不順】　한대 사회가 '효'를 강조한 만큼 시부모의 의지가 혼인생활에 영향을 미쳤음은 분명하다. 시부모에게 순종하지 않으므로 해서 이혼한 예는 한대에 두 사례가 전한다.

후한의 포영鮑永은 계모를 지극히 효성스럽게 모셨다. 그의 아내가 시어머니 앞에서 개를 꾸짖자 포영은 곧바로 이혼하였다.[150] 강시姜詩의 처는 시어머니를 받들어 순종하는 데 유달리 군건하였다. 어머니가 강물 마시는 것을 좋아해서 6, 7리 떨어진 강에 가서 흐르는 물을 떠왔다. 어느 날 맞바람을 맞아 제때에 돌아오지 못해 어머니가 목이 마르자, 강시는 그녀를 꾸짖어 내쫓았다. 그런데 강시 처는 인근에 집을 얻어 머물면서 주야로 방적을 하여 맛있는 음식을 사서 드리는데, 이웃 아낙을 시켜 아낙이 시어머니께 드리는 것처럼 하였다. 오랫동안 이처럼 한 것을 이웃 아낙에게 들은 시어머니는 감동하고 부끄럽게 여겨, 그녀를 돌아오게 하였다.[151]

사실 이 두 예는 시부모에게 순종하지 않은 예로 들기에는 현실적이지

---

150 『後漢書』卷29 「鮑永傳」, p. 1017.
151 『後漢書』卷84 「列女傳」, p. 2783.

않다. 실제로도 포영의 처의 예는 「포영전鮑永傳」에서 포영이 지조 있는 인물이라는 사실을 전하기 위한 장치로 사용되었다. 포영의 효성스러움은 곧 그의 지조 있는 충성심으로 이어 설명된다.[152] 강시의 처는 『후한서』「열녀전」에 올라 시부모를 극진히 섬기는 효성스러움으로 이름을 남겼다. 이러한 두 극단적인 사례는 한대 가정생활에서 '불순不順'이 이혼의 원인이 되었다는 사례가 되기에는 현실과 괴리가 있다.

오히려 한부漢賦 「공작동남비」의 유난지劉蘭芝와 부리府吏 초중경焦仲卿의 이혼이 당시 고부간의 갈등으로 인한 이혼의 정황을 절절하게 전한다. 난지의 "시집와서 닭이 울면 베틀에 올라 비단을 짜느라 밤마다 쉴 수도 없이 사흘에 다섯 필을 짜도 시어머님은 고의로 굼뜨다고 나무라십니다.", "시집와 시어머님을 받들어 섬겨 봉양해서 큰 은혜를 갚았는데"라는 항변과, 아들 중경이 아내를 보낸다면 다시는 장가들지 않겠다고 부부간의 애정의 견고함을 토로하였음에도 불구하고 결국 어머니의 의지에 의해 아내 난지가 친정으로 쫓겨나는 상황은, 당시 한대 사회에서 부부간의 관계는 효孝의 윤리를 넘기 어려웠음을 전한다.

황제로부터 태고(大家)의 호를 하사받은 반소도 『여계』 서문에서 조씨 집안으로 시집오고 4십여 년 세월 동안, 시가에서 쫓겨나 부모에게 치욕을 드릴까 항상 걱정되고 불안했다고 하였다. 시부모를 섬기는 데는 '곡진

---

152 포영의 父 鮑宣은 왕망을 따르지 않아 죽음을 당하였으며, 포영 역시 왕망의 천거를 받아 들이지 않는다. 更始帝를 섬기다 갱시제 사후 광무제하에서 사예교위를 지내던 중, 覇陵의 갱시제 묘를 지나던 포영은 주변의 만류에 "친히 북면하여 섬겼는데 어찌 묘를 지나며 참 배하지 않을 수 있는가! 죄가 되더라도 피하지 않겠다."라고 하고는 마차에서 내려 절하고 지극히 슬퍼하며 곡을 하고는 떠났다. 광무제가 이를 듣고 불편히 여겼으나 주변에서 "충 성하여 임금을 잊지 않는다면 행동이 지극히 높은 자이다."라고 하여 마음을 풀었다(『後 漢書』卷29 「鮑永傳」, pp. 1017-1020).

히 따라야(曲從)'한다고 하며 인용하기를 "한 사람의 뜻을 얻으면 종신토록 함께 살고, 한 사람의 뜻을 얻지 못하면 영원히 끝장나게 된다."라고 하였다.[153] 여기서 한 사람이란 곧 시부모를 의미한다. 효를 강조하는 한대 사회에서 시부모와의 관계가 혼인생활에 큰 영향을 미쳤음은 분명하다.

【무자無子】　전통사회에서 자식의 번성은 가족의 첫째 임무이며 생존의 문제였다. 그럼에도 불구하고 자식을 못 낳는 이유로 이혼을 한 예는 한대에 한 건만이 전하며 사실상 전통사회에서도 예가 많지는 않다. 이는 아마도 구동조瞿同祖가 말하였듯이, 첩을 들여 아이를 낳을 수 있다면 반드시 이혼할 필요는 없었을 것이다.

【음란】　한대에 간통이나 음란의 문제에 관한 글들은 있지만, 음란과 관련해서 이혼한 예는 별로 전해지지 않는다. 이는 아마도 오히려 한대에 성윤리가 매우 느슨하였던 탓이 아닐까 지적하기도 한다.[154] 그러나 여성에 대한 정절이 강조된 것은 가족혈통의 순정성을 중시한 결과이다.[155] 부인이 다른 남자와 성관계를 갖게 된다면 태어나는 아이는 다른族의 자식일 가능성이 있기 때문이다. 이런 측면에서 본다면, 한대는 아직 남계男系 위주의 순혈주의에 대한 의식이 강조되지 않은 사회라고 이해할 수 있지 않을까.

【투기】　일부다처제하에서 여성들은 투기하지 않을 수 없었다. 그러나 여성들이 서로 투기하면 가정질서를 유지하기 어려웠기 때문에 투기를 악덕으로 여겨 투기하는 여성을 내쫓아야 하였다. 풍연馮衍의 처는 사

---

153 『後漢書』卷84「列女傳」, pp. 2786-2790.
154 Jack L. Dull, Marriage and Divorce in Han China: A Glimpse at "Pre-Confucian" Society, p. 55.
155 瞿同祖, 『漢代社會結構』, p. 46.

납고 질투심이 많아 잉첩滕妾을 들이지 못하게 하여, 딸이 물을 긷고 절구질해야만 하였다. 그래서 풍연은 끝내 처를 내쫓았다.[156] 왕금王禁은 술과 여자를 좋아하여 방처傍妻를 여럿 두었다. 왕금의 처는 투기 때문에 쫓겨나서 하내河內 구빈苟賓에게 재가하였다.[157] 그러나 투기가 이혼을 위한 칠거지악의 하나로 간주되지는 않았다.[158] 풍연이 처와 이혼한 이유는 비단 투기 때문만이 아니었다. 풍연의 처는 집안일도 하지 않고 심사가 사나워 그녀와 이혼하지 않고는 집안이 평안할 수 없었기 때문이었다. 풍연이 처의 동생 임무달任武達에게 쓴 편지에는 처의 악행惡行에 대한 호소가 구구절하다.[159]

【악질惡疾】　『대대예기』에서 말하기를, 제사를 모시는 데 여성은 음식을 마련해야 하는데, 악질에 감염된 여성은 음식을 공양할 수 없으므로, 악질은 이혼사유가 된다는 것이다.[160] 그러나 실제로 악질을 이유로 이혼한 예는 남아 있지 않다. 단 위청의 처 양신공주는 남편이 악질이 있어서 남편과 이혼하고 위청에게 개가하였다. 이로 볼 때 악질이 이혼사유가 되는 경우는 남편이나 부인 모두에게 해당한다.

【다언多言】　진평의 형수는 형에게 쫓겨났는데, 진평에 대해 형이 먹여 주는데도 일하지 않아 "이 같은 시동생은 없는 게 낫다."라고 불평하였기 때문이다. 이충李充의 처가 쫓겨난 이유는, 남편에게 형제에게서 독

---

156 『後漢書』卷28下「馮衍傳」, p. 1003.
157 『漢書』卷98「元后傳」, p. 4015. 왕금과 이씨 사이에서 낳은 딸 政君이 元帝后가 되었는데, 구씨에게 시집가 아들을 하나 낳고 과부가 된 어머니를 다시 돌아오게 하였다.
158 Jack L. Dull, Marriage and Divorce in Han China: A Glimpse at "Pre-Confucian" Society, p. 55.
159 『後漢書』卷28下「馮衍傳」, 注. 衍集載衍與婦弟任武達書, pp. 1003-1004.
160 『大戴禮記』卷13.

립해서 살자고 건의하였기 때문이다. 이충은 가난하였으나 여섯 형제가 함께 살았다. 처가 은밀히 이충에게 자신에게 재산이 있으니 따로 나가 살자고 하였다. 이충은 향리 내외鄕里內外를 모두 청한 자리에서 어머니 앞에 무릎을 꿇고 고하기를 처가 자기를 부추겨 어머니와 형제들과의 사이를 이간시켰으니 죄가 쫓아내기에 합당하다고 하였다.[161] 사실 한대에 형제간에 분거分居는 일반적이다. 그런데도 이 일로 이혼한 이충은 지나치게 극단적이고 엄격하다. 이 일화는 이충 처의 부덕한 언행에 초점이 있는 것이 아니었다. 향리 내외를 모아 놓고 어머니 앞에서 무릎 꿇고 처가 어머니와 형제들과의 사이를 이간시켰다고 고한 행동은 『후한서』「독행열전」에 오른 이충의 행적을 설명하는 첫 머리를 장식한다.

【절도】 왕길王吉(陽)이 장안長安에서 공부할 때 옆집 큰 대추나무 가지가 왕길의 마당으로 넘어왔는데, 부인이 대추를 따서 왕길에게 먹였다. 왕길이 나중에 이를 알고 부인을 내쫓았다. 옆집에서 이 말을 듣고 그 나무를 자르려 했는데 이웃들이 모두 이를 말리고는 왕길에게 청해 부인을 돌아오게 하였다. 이는 결코 왕길의 처가 도둑질한 사건이 아니라, 반고는 이를 엄격한 지조의 사례로 평하였으며,[162] 왕길은 효렴孝廉으로 낭郎에 천거되었다.

이처럼 한대에 칠거七去의 예로 사서에 남은 일화들은 대부분 남편의 이혼이 극단적이거나 혹은 당시의 효렴에 의한 평판을 의식한 행동이었다. 이러한 예들을 통해 당시에 남편이 처를 내쫓는데 '칠거지악'이 의식되었다고 할 수는 없다. 당시 이혼은 오히려 정치적인 입장이 고려되거나

---

161 『後漢書』卷81「獨行列傳」, p. 2684.
162 『漢書』卷72「王吉傳」, p. 3066.

사회적 출세 등과 같이 현실적인 이해 때문에 이루어졌다. 내항한 흉노 휴도왕休屠王의 태자 김일제金日磾의 아들 상賞은 곽광霍光의 딸과 결혼하였으나, 선제宣帝 때 곽씨霍氏 음모의 싹이 있자 이를 상서하여 부인과 이혼하여 홀로 연좌를 면할 수 있었다.[163] 황윤黃允은 준재俊才로 이름이 났다. 사도司徒 원외袁隗가 조카딸을 위해 사윗감을 구하다 황윤을 보고 한탄하기를 "이만한 사위를 얻으면 좋겠다."라고 하였다. 황윤이 이를 듣고 처 하후씨夏候氏를 내쫓았다. 하후씨는 시어머니께 황윤과 이별하면서 친속들과 함께 음식을 먹으며 이별의 정을 나누겠다고 하였다. 이때 300여 인의 빈객이 모였는데 며느리가 가운데 앉아 소매를 걷어 올리고 황윤의 감추어진 더러운 악 열다섯 가지를 꼽고는 말을 끝내고는 수레에 올라 떠났다. 황윤은 이 일로 인해 당시에 쓰이지 못하였다.[164] 광무제의 여동생 호양공주湖陽公主가 과부가 되자 송홍宋弘을 남편감으로 지목하였다. 이에 황제는 넌지시 "옛말에 귀하게 되면 친구를 바꾸고, 부유하게 되면 처를 바꾸는 것이 인정이라고 한다."고 말했으나, 송홍은 "신이 듣기에 빈천할 때 사귄 친구는 잊어서는 안 되고 조강지처는 버려서는 안 된다고 합니다."고 하였다.[165] 이러한 사례들은 당시에 이혼이 빈번하였을 뿐만 아니라 현실적인 이해에 의해 행해졌던 사회적 분위기를 읽을 수 있다.

이혼은 본인에 의해서뿐만 아니라 친정에서도 시집간 딸을 정치적인 이유나 출세를 위해 제기하였다. 가장 유명한 일화는 무제武帝의 어머니 효경황후孝景皇后일 것이다. 경제의 왕황후는 원래 김왕손金王孫에게 시집을

---

163 『漢書』卷68 「金日磾傳」, p. 2963.
164 『後漢書』卷68 「黃允傳」, p. 2230.
165 『後漢書』卷26 「宋弘傳」, pp. 904-905.

가 1녀를 낳았는데, 그녀의 어머니 장아臧兒가 점을 쳐보니 두 딸이 귀하게 된다고 하여 시집간 딸을 김씨에게서 빼앗아 왔다. 김씨는 헤어지려 하지 않았으나 끝내 딸을 태자궁에 들여보내, 태자가 총애하여 3녀 1남을 낳았다.[166] 집안 간의 정치적 입장의 차이와 지위의 변화에 의해 부부가 헤어지기도 하였다. 사단史丹은 딸을 왕준王俊에게 시집보냈는데, 왕준 부자의 반역 조짐을 꺼려 딸을 이혼시켰다.[167] 마원馬援의 집안이 쇠락해 가자 종형從兄 마엄馬嚴은 집안의 여자 어른에게 고해 두씨竇氏 집안과의 혼사를 끊고 마원의 딸을 후궁으로 들여보냈다.[168] 또 정치적 세력을 이용해 혼인을 성사시키기도 하였다. 후한의 두씨竇氏가 한창 세도를 부릴 때, 두목竇穆은 음태후陰太后의 조령詔令을 사칭하여 육안후六安侯 유우劉盱로 하여금 이혼하게 하고는 그 부인을 처로 삼았다.[169] 이처럼 당시 상층사회에서는 이혼이 당사자의 의사와 관계없이 정략적으로 행해지기도 하였다.

이혼은 남편에 의해서뿐만 아니라 부인에 의해서도 제기되었다. 장이가 외황外黃에 망명할 때 외황의 부잣집 딸이 매우 아름다웠는데, 그의 남편이 용렬하여 부친의 빈객에게 의탁하고 있었다. 부친의 빈객이 장이를 현명한 남편감으로 추천하자, 남편과 결별하고 장이에게 시집갔다.[170] 또 남편의 경제력은 부인이 제기하는 이혼의 주된 사유였을 것이다. 주매신朱買臣은 집안이 가난하였으나 책 읽는 것을 좋아하고 일을 하지 않고 항상 나무를 해다가 팔아서 끼니를 이었다. 나뭇단을 묶어 지고 가면서 책을

---

166 『漢書』 卷97上 「外戚傳」, p. 3946.
167 『漢書』 卷82 「王商傳」, p. 3372.
168 『後漢書』 卷10上 「馬皇后紀」, p. 408.
169 『後漢書』 卷23 「竇融傳」, p. 808.
170 『漢書』 卷32 「張耳傳」, p. 1829.

외웠다. 주매신의 처는 이를 부끄럽게 여겨, 10년 후에 부귀해져서 공로에
보답하겠다며 말리는 주매신에게 이혼하기를 청해 떠났다.[171]

앞서 말했듯이 이혼은 본인뿐만 아니라 친정집에서도 주도하였는데, 이
때 많은 경우 당사자의 의견이 무시되었을 법하다. 오히려 여영呂榮의 경우
가 예외적이었던 듯하다. 여영의 남편 허승許升은 도박으로 세월을 보내며
무질서하게 행동하였다. 여영의 친정아버지는 허승에게 화가 쌓여 미워하
여 딸 영을 불러 개가시키려 하였다. 영은 탄식하여 내가 만난 운명이며
개가는 의義가 아니라고 하여 끝내 돌아오지 않았다.[172] 부친의 이혼과
개가 종용을 의롭지 못하다고 물리친 여영은 「열녀전」에 올랐다. 물론 이
를 거절한 것만으로 오른 것은 아니나, 이후 도적을 만나 겁탈당하려 하
자 도적에게 욕을 당하는 것은 의롭지 못하다고 스스로 목숨을 끊을 정
도로 매우 강직한 여성이었기 때문이다. 여영에게서 보았듯이, 당시 일부
一夫를 고수하였던 이들에게 이는 강제된 사회적 압력이 아니라, 스스로
지조를 지키는 의로움으로 여겨졌다.

이처럼 한대에 이혼은 흔히 이루어졌던 듯하다. 남편뿐만이 아니라 부
인에 의해서도 이루어졌으며, 또 친정에서 제기하기도 하였다. 이혼의 사
유는 오늘날과 같은 부부간의 애정이라는 문제보다는 현실적인 문제들에
의하였다. 여성이 자주적으로 경제활동을 하고 사회적 성취를 이룰 수
없었던 사회에서, 야심 있는 여성들은 남편을 통해 이러한 정치적, 경제적
성취를 이루기 위해 이혼을 마다하지 않았다. 또 부부간뿐만 아니라 양
가 집안에서도 혼인관계에 의한 사회적 성취를 위해 이혼을 꺼리지 않는

---

171 『漢書』卷64上「朱買臣傳」, p. 2791.
172 『後漢書』卷84「列女傳」, p. 2795.

분위기를 읽을 수 있다. 「공작동남비」에서 난지는 시집에서 쫓겨나 집을 나가는 날 아침 화려하게 몸치장을 하였다. 공들여 네댓 번씩 자수 놓은 겹치마를 갈아 입고, 비단신을 신고, 머리에는 대모잠을 장식하고, 허리에 가는 비단을 두르고, 귀에는 명월 귀고리를 하고, 세상에 다시없는 아름다운 자태로 치장을 하였다. 아마도 시집올 때와 같은 성장盛裝이었을 것이다. 난지에게 이혼은 주체할 수 없는 슬픈 일이며 남편과의 언약을 지킬 수 없어 자살로 마감하였지만, 그러나 난지에게 이혼이 삶의 끝은 아니었던 것이다. 자신을 억압하던 시집을 나가면서 새로운 삶이 시작된다는 마음속 의식이 떠나는 날 아침의 공들인 행장에 표현되었다.

2) 재혼

한대 이혼이 빈번하고 여성들이 주도적으로 이혼을 제기할 수 있었던 데에는 정절관념이 희박하였던 것과 함께 이혼 후에 재혼하는 데 사회적 편견이 없었기 때문이다. 다음은 한 무제 시『춘추春秋』경의經義를 근거로 판정한 한 개가改嫁사건에 관한 판결문이다. 이를 통해 당시 재혼에 관한 일반적 인식, 법률적 제한, 그리고 유가의 예교이론을 엿볼 수 있다.

"甲의 남편 乙이 배를 타고 나갔다가 큰 해풍을 만나, 배가 침몰되어 물에 빠져 휩쓸려 사망하여 장례를 지내지 못하였다. 4월에 갑의 어머니 丙이 곧 갑을 시집보냈는데 어떻게 처벌해야 하는가? 안건을 맡은 자는 갑의 남편이 죽어 장사 지내지 못하였으니 법에는 시집가는 것을 허락하지 않는데 마음대로 남의 처가 되었으니 棄市에 해당한다고 하였다."

동중서는 經義에 의거해 斷案하기를 "『춘추』의 義에는 재가하는 道가 있다.

부인은 마음대로 행동하지 못하며 말을 듣는 것으로 도리를 따른다. 시집간 자는 친정에 돌아와 있었다. 갑은 또 부모에 의해 시집보내졌으니 음행의 마음이 없으며 마음대로 남의 처가 된 것이 아니다." 따라서 갑의 형을 판결해서는 안 되며, 갑을 석방해야 한다.[173]

당시 과부가 된 여성은 친정으로 돌아가 친정 부모에 의해 재혼이 주선되었음을 알 수 있다. 그러나 여성이 재혼하는 데에는 법적인 제한이 따라 전남편과의 이혼이나 사별 등의 부부관계의 청산이 이루어지지 않은 채 마음대로 재혼하는 것은 기시棄市라는 극형으로 처벌하였다. 한초 유가의 예교이론에서는 여성의 재가를 인정하였다.

후한 초 반소는 『여계』에서 "남편은 재취의 의義가 있으나 부인은 두 번 시집간다는 문文이 없다."라고 하였다. 그러나 사실상 반소의 의견은 당시인들의 의식과는 달랐다. 『여계』는 당시 마융馬融 등 저명한 유학자들이 칭송하며 처와 딸들에게 익히도록 했다고 하지만, 일반 사회층에게 많은 영향을 주지는 못하였다. 적어도 재가를 반대하는 이론은 당시 사회 풍습과 거리가 있었다. 반소의 시누이 조풍생曹豊生도 재원이었지만 『여계』가 어렵다고 여겼는데, 이는 이러한 실천적인 간극을 염두에 둔 때문은 아니었을까. 당시에는 여성이 재가하는 데 어떤 제한이 있지 않았다. 한대에는 여성의 정절관념이 비교적 약하였기 때문에 부인이 남편의 사후에 재가再嫁할 뿐만 아니라 이혼 후 개가改嫁하는 일은 일반적이었으며 사회적 편견이 없었다.[174]

---

173 『太平御覽』 640 인용.
174 瞿同祖, 『漢代社會結構』, pp. 49-50; 彭衛, 『漢代婚姻形態』, p. 195.

후대 사회에서는 재가하는 절대 다수의 여성이 주로 빈곤층이었으나 한대 사회에는 사회, 경제적 지위 여하를 막론하고 흔히 재가하였다. 한대에 재가를 논할 때 가장 대표적인 예가 진평의 아내이다. 진평의 처는 여양如陽의 부자 장부張負의 손녀인데 진평에게 시집오기 전에 이미 다섯 번이나 결혼하였다.[175] 심지어 투기로 쫓겨난 왕금의 처도 하내의 구빈에게 재혼할 수 있었다. 그리고 그녀는 과부가 된 후 원제의 황후가 된 딸의 주선으로 다시 왕금에게 돌아왔다. 경제의 왕황후는 입궁하기 전에 김왕손에게 시집갔다가 이혼 후 태자 유계劉啓에게 개가하였다. 조조는 사후에 재가하는 것을 허락하는 글을 남기기도 하였다.[176] 후한의 대학자 채옹蔡邕의 딸 채문희蔡文姬는 처음에 위중도衛仲道에게 시집갔으나, 남편 사후에 친정에 돌아왔다가 흉노의 포로가 되어 좌현왕부인左賢王夫人이 되어 12년간을 살았다. 이후 채문희는 흉노왕과 사이에 낳은 두 아들을 두고 귀국한 후 동사董祀에게 시집갔다. 이처럼 세 차례 시집을 갔음에도 불구하고 그녀 생전의 사적은 「열녀전列女傳」에 올랐다.[177]

조조의 아들 조비曹丕의 처는 원희袁熙의 전처前妻였는데, 이때 조조는 조정의 최고 권력자였으며, 후에 조비는 황제가 되고 이 여인은 황후가 되었다.[178] 사회 최상의 여성들의 재가의 예라고 할 수 있다. 연왕燕王 장도臧荼의 손녀 장아는 과부가 되어 재가하였는데, 딸을 김씨에게 시집보냈다가 이혼시키고 다시 당시 황태자였던 경제景帝에게 재가시켜 황후가 되

---

175 『漢書』卷40「陳平傳」, pp. 2038-2039.
176 『三國志·魏書』卷1「武帝紀」注引 魏武故事, "常以語妻妾, 皆令深得此意. 孤謂之言 顧我萬年之後, 汝曹皆當出嫁. 欲令傳道我心, 使他人皆知之也."
177 『後漢書』卷84「列女傳」, pp. 2800-2801. 「列女傳」에는 자신의 기구한 삶의 역정을 토로한 시가 있는데, 시에서 자신이 낳은 자식을 두고 떠나는 아픔을 그렸다.
178 『三國志·魏書』卷5「后妃傳」.

게 하였다. 유비劉備의 처 목씨穆氏도 과부였으며, 유비가 황제가 된 후 황후가 되었다.[179] 오왕吳王 손권孫權도 과부를 맞았으며 두 딸 모두 두 차례 결혼하였다.[180]

이상에서 볼 수 있듯이 재가는 한대 사회에서 매우 성행하였으며, 이러한 풍습은 전 계층에서 보편적이었다. 그러나 사적 가운데에는 재가를 거절한 예도 전하고 있다. 유장경劉長卿의 처는 아들이 5세 때 남편이 죽은 후, 혹시 재가할 의혹을 막기 위해 친정으로 돌아가려 하지 않았다. 아들이 15세에 죽자 재가를 면할 수 없을까 걱정하여 미리 귀를 잘라 재가하지 않기로 스스로 맹세하였다.[181] 후한대 대학자 순상荀爽의 딸 순채荀采는 17세에 음유陰瑜에게 시집가서 19세에 딸을 하나 낳았는데 남편이 죽었다. 재가하지 않으려는 뜻이 확고했음에도 불구하고 순상은 딸을 상처한 곽혁郭奕에게 시집보냈는데, 순채는 혼인한 날 목을 매 자살하였다.[182] 이 두 여성은 「열녀전」에 등재되었다. 이들은 당시 흔치 않은 예이다. 유장경의 처는 자신의 가계가 제사帝師로 존경받는 유학자 집안이라는 긍지를 지니고 있었으며 "남자는 충효로 이름을 내고, 여자는 정순貞順으로 칭송을 받는다."라고 스스로에게 다짐하였다. 이러한 유장경 처의 고행高行은 상소되어 문려門閭를 세웠으며 '의義를 행한 환씨桓氏 과부'라는 칭호를 받았으며 현읍縣邑에서 제사가 있을 때에는 남은 제사 고기를 가져와 바쳤다.[183] 재가를 거부한 이 두 여인은 모두 유학자 집안의 딸이다. 유학의 여성 윤리에

---

179 『三國志·蜀書』卷34「二主妃子傳」.
180 『三國志·吳書』卷50「妃嬪傳」.
181 『後漢書』卷84「列女傳」, p. 2797.
182 『後漢書』卷84「列女傳」, p. 2798.
183 『後漢書』卷84「列女傳」, p. 2797.

교를 서책을 통해 세례 받은 여성들로 예교적 이상을 실천하려 하였다.

그러나 여성의 재가에 관한 유가의 교리는 황실은 물론 한대 유학자들에게서조차 현실적으로 받아들여지지 않았던 듯하며, 더욱이 이들 상층 지식층의 예교질서 이념이 서민들에게 현실적인 규제력을 가졌다고도 결코 볼 수 없다. 한대뿐만 아니라 어느 시대나 일반 서민들에게 예교적 이념보다는 오히려 현실적인 삶을 영위하는 존립의 문제가 더 절박하였음은 물론이다. 왕부의 『잠부론潛夫論』은 과부가 재가하는 현실적인 상황을 잘 묘사하고 있다.

"또 정결한 과부가 있어, 아들딸도 다 있고 재물도 풍부하여 혼인의 예를 지키며 부부 합장의 뜻을 이루고자 하여, 그 정절 지키기를 견고히 하고 그 뜻은 죽음으로 지켜 끝내 다시 재가할 뜻이 없다고 하자. 그런데 어질지 못한 집안의 숙부들이나 옳지 못한 형제들 중에 혹은 그 빙폐의 이익을 위해, 또는 그 재물에 탐이 나서, 또는 어린 조카를 마음대로 하려고 강제로 속임수를 써서 시집을 보내거나 위협으로 억지로 보내려 든다면, 어떤 사람은 방안에서 음독 스스로 목을 매어 죽을 것이요. 또는 가던 수레 안에서 음독자살할 것이다."[184]

부부가 이혼하거나 과부인 어머니가 재혼한 후 자식들은 일반적으로 부가夫家에 남았음을 알 수 있다. 그리고 확실히 한대 사회는 후대 전통 사회의 혼인윤리에 매어 있지 않았다. 「공작동남비」에서 난지가 친정으로 돌아온 지 십여 일 만에 언변 좋고 재주 많은 현령댁 셋째 아들, 태수댁 미남 아들에게서 청혼이 들어왔다. 이는 다분히 극적인 소망이 담긴 이야

---

[184] 王符, 임동석 역주, 『潛夫論』, 건국대학교출판부, 2004, pp. 290-291.

기이기는 하지만 당시 이혼한 여성에게 재혼의 길이 충분히 열려 있었음을 시사한다.

7. 첩: 일부다처제 사회

원시사회에서 부부관계가 공고화되면서부터 부부 합장묘의 경우 일부일처一夫一妻가 보편적이었으며, 중국 전통사회는 관념적으로 일부일처 관념이 뚜렷하다. 인간의 일은 자연에 합치시키고 자연으로 인간의 일을 해석하는 『역易』에 의하면 남편과 아내는 천지에 비유하며,[185] 전통사회에서 부부는 흔히 해와 달로 비유되고 형상화되었다. 진한 사회는 법률적으로 엄격한 일부일처 사회였으며, 한 남자가 동시에 또 다른 여성을 부인으로 맞아들인다면 중혼죄에 해당하였다.

그러나 실제로는 첩을 들이는 것을 법률적으로 사회적으로 인정하고 있어, 납첩納妾에 의해 일부다처一夫多妻가 행해졌다. 첩을 들이는 것은 상층 계급에 한하지 않았으며, 부유한 평민도 정처 외에 처를 들였다. 대부분의 남성은 일부일처제를 실행했으며, 상층 사회인사나 부호들이라야 일부다처가 가능하였으며, 따라서 일부다처는 사회적 지위와 재력의 상징이 되었다. 사회적 지위가 높을수록 들일 수 있는 첩의 수가 많으며 이는 제도적으로도 정해져 있었다.[186] 그러나 실제로 황제나 제후들은 규정을 넘는 첩

---

185 『周易』「歸妹卦」, "歸妹卦象傳曰歸妹天地之大義也. 天地不交而萬物不成, 歸妹人之終始也."
186 『漢書』卷97上「外戚傳」; 『後漢書』卷10上「皇后紀」.

을 거느렸다. 한漢 무제와 환제桓帝 시기 궁녀는 모두 수천 인이 넘었다.[187] 규정에 의하면 제후왕이 첩을 들일 수 있는 수는 40인이나, 많은 제후가 수백 인에 달하는 첩을 거느렸다.[188] 부호나 관원이 첩을 들일 수 있는 수에 대한 규정은 없으나 이들 또한 많은 첩을 거느렸다. 승상 장창張蒼은 처첩이 수백 인이었다.[189] 어쨌든 한대 사회는 유곽이 발달했던 당대에 비해 첩을 들이는 일이 성행하였던 듯하다. 일반민들도 첩을 들이는 경우가 흔하였다. 『이야진간里耶秦簡』 호적간戶籍簡에 보면, 대부분의 주민이 불갱不更의 작爵을 보유하고 있던 22개 호적 가운데 두 명이 첩을 두었다.[190]

『이야진간』 호적간 K30/45의 팽엄彭奄은 아들을 둔 채 상처하였거나 이혼하여 어머니와 함께 살면서 '첩'을 두었는데,[191] 당시 '첩'의 지칭은 신첩臣妾으로 불리는 노예 계층으로 여비女婢를 의미한다. 남자 노예를 '신臣'이라고 지칭하고 여자 노예를 '첩'이라고 지칭하였다. 범죄를 저질러 관노비형을 받는 형벌을 예신첩형隸臣妾刑이라고 한 데서 알 수 있듯이, 한대의 첩은 후대의 첩의 개념과 달리 쓰였다. 그러나 풍연이 부인의 질투 때문에 '잉첩媵妾'을 들이지 못해 하는 수 없이 딸이 물을 긷고 방아를 찧었다고 하는 데서 알 수 있듯이 여비女婢라 하더라도 주인의 성적 대상에서 제외되지는 않았음을 알 수 있다.

---

187 『漢書』卷72「貢禹傳」, "武帝時, 又多取好女至數千人, 以填後宮. …… 取女皆大過度, 諸侯妻妾 或至數百人, 豪富吏民畜歌者至數十人, 是以內多怨女, 外多曠夫."
188 『後漢書』卷28「百官志」注, p. 3627, "胡廣曰: 後漢妾數無限別, 乃制設正適, 曰妃, 取小夫人不得過四十人."
189 『漢書』卷42「張蒼傳」.
190 호적간 K5의 가장 '□獻'이라는 자의 경우 妻縛 외에 정처 외의 妻임이 분명한 2인이 妻와 같은 칸에 올라 있다(湖南省文物考古研究所編, 『里耶發掘報告』, 岳麓書社, 2007, p. 206).
191 湖南省文物考古研究所編, 『里耶發掘報告』, p. 205.

한대에는 첩을 소처小妻, 방처旁妻, 하처下妻, 첩妾, 보첩輔妾, 소부小婦, 소부少婦, 외부外婦 등으로 불렀다. 모두 처의 다음간다는 의미이며, 첩의 지위는 처보다 낮았다. 법정의 처는 단 한 명이며, 처와 첩에 분명한 한계를 규정하였다.『예기』「내칙內則」에는 "聘則爲妻, 奔則爲妾"이라고 하여 빙물을 보내 혼례에 의해 맞아들였는가에 따라 처첩을 구분하였다. 첩으로 처를 삼는 것은 예법상 어긋나는 것으로 엄격히 금지하였다.[192] 춘추시대에 제齊 환공桓公이 규구葵丘에서 제후들과 맹약하여 첩을 처로 삼는 것를 금하였다.[193]

첩이 되는 여자는 대부분 살아가기 어려운 빈곤층 가정 출신이다. 많은 여자가 전란이나 혹은 기아 가운데 첩으로 팔려 갔다. 따라서 광무제는 31년에 조서를 내려, "이인吏人이 기란飢亂을 만나거나 청靑, 서적徐賊(赤眉)에게 잡혀가 노비, 하처가 되었는데, 떠나거나 머물고자 하는 이들은 모두 들어주라. 감히 붙들어 두고 돌려보내지 않으려면 매인법賣人法으로 일을 처리하라."고 하였다.[194] 여기에서 첩을 들이는 일이 매매에 의해 이루어졌거나 혹은『예기』의 '매첩買妾' 관념이 있었음을 알 수 있다.[195]『당률소의唐律疏議』에서도 처와 첩을 구별해서, 첩은 매매에 의한다고 규정하였다.[196] 실제로 빙재에 의해 첩을 들었다고 해도 관념적으로 법률적으로 납

---

192 당대에는 법률상 명확하게 처첩의 등급 차별을 규정하였다.『唐律疏議』卷13「戶婚律」 178, "諸以妻爲妾, 以婢爲妻者 徒二年.";"以妾及客女爲妻, 以婢爲妾者 徒一年半." 당대 처첩 간의 법률적 차별은 당 이후보다 컸다. 당대에는 첩으로 처를 삼는 것은 법률로 징벌하였으나, 당 이후에는 첩으로 '塡房' 혹은 '撫正' 하는 습속이 매우 보편적이었다.
193『春秋公羊傳』僖公 3年, "(齊)桓公曰. 無障谷. 無貯粟. 無易樹子. 無以妾爲妻."
194『後漢書』卷1下「光武帝紀」, p. 52.
195『禮記』「曲禮」 上, "取妻不取同姓, 故買妾不知其姓則卜之.";『焦氏易林』卷4「革·未濟」, "買妾醜惡, 妻不安夫."
196『唐律疏議』卷13「戶婚律」 29 以妻爲妾, "妻者, 齊也, 秦晉爲匹. 妾通賣買, 等數相懸"

첩은 매매에 의한다는 의식이 있었던 만큼, 가정 내 소처의 지위는 낮을 수밖에 없었다.

그러나 모든 여자가 곤궁한 처지에서 남의 첩이 되는 것은 아니었다. 부호나 현귀한 가정 출신도 있었다. 성제成帝 허황후許皇后의 과부가 된 여동생은 구경九卿 순우장淳于長의 소처小妻가 되었다.[197] 두융竇融의 가족은 대대로 현귀한 세족이었으나 그의 여동생은 대사공大司空 왕읍王邑의 소처가 되었다.[198] 이러한 경우 현귀한 집안 출신 소처들의 가정 내에서의 지위는 처妻와 다름없지 않았을까 짐작된다. 실제로 춘추시대에는 처첩의 구분이 명확하지 않았다. 제 환공은 여러 명의 부인이 있었으며, 정鄭 문공文公은 천씨芊氏, 강씨姜氏 두 부인이 있었다.[199] 이들 부인 간에는 호칭상 정처와 첩의 차이가 보이지 않는다. 한대에 처첩의 차이는 부가夫家에 들어오는 선후에 의해 먼저 시집온 이가 처가 되며 후에 시집온 이가 첩이 되었다. 그런데 처첩의 지위가 친정의 지위나 남편과의 관계에 의해 뒤바뀌기도 하였다. 한말漢末 오吳 손권孫權은 사부인謝夫人, 서부인徐夫人, 보부인步夫人 외에 왕부인王夫人, 반부인潘夫人, 원부인袁夫人을 차례로 부인으로 맞았다. 손권은 서부인을 맞으면서 사부인을 아래에 두고 서부인을 정처로 삼으려 했으나 뜻을 이루지 못했으며, 황제가 된 후에는 질투심이 많아 버려둔 서부인 대신에 보부인을 황후로 앉히려 했으나 군신들은 서부인을 황후로 청하였다. 황제와 군신 간의 의견이 다른 채 10여 년 동안

---

197 『漢書』 卷93 「佞倖傳」, p. 3731.
198 『後漢書』 卷23 「竇融列傳」, p. 795.
199 『春秋左傳』 僖公 17年, "齊侯之夫人三. 王姬. 徐嬴. 蔡姬. 皆無子. 齊侯好內. 多內寵. 內嬖如夫人者六人."; 『左傳』 僖公 22年, "丙子晨. 鄭文夫人芊氏. 姜氏. 勞楚子於柯澤. 楚子使師縉示之俘馘."

궁내에서는 모두 보부인을 황후로 칭하였다.[200] 손권 스스로 처첩의 지위를 바꾸려 하였으며 손권이 정한 보부인이 실제적으로 황후의 지위를 누렸다는 점에서 아직 처첩 지위에 유동성이 있었던 것처럼 보인다. 그러나 전한 말 애제哀帝 황후의 부친인 공향후孔鄕侯 부안傅晏은 처첩의 지위를 문란하게 한 죄로 면직되고 귀양 갔다.[201] 또 황제 스스로 정비正妃의 자리를 마음대로 정할 수 없었던 손권의 사례는 당시 정처와 첩의 지위가 이미 고정되어 있었음을 나타낸다.

한대 소처, 하처의 지위는 적어도 후대 첩의 지위와 별다름 없이 낮았으나 가정의 성원으로서의 지위는 분명하였다. 한대에는 소처, 하처, 방처를 들이는 데도 빙재聘財를 보내, 첩은 남가에 시집오는 것이었다. 후한 초 조趙 혜왕惠王 유건劉乾은 부친의 상중에 빙재를 보내 첩을 들였다고 고발당하였으며, 탁문군과의 도피행각으로 유명한 사마상여는 후에 빙재를 보내 첩을 들이려 한 예가 있다.[202] 당대 첩은 남편의 관위에 따라 일정한 법률적 보호를 받았으며 남편의 죄에 연루되었다.[203] 한대에 작위에 의해 죄를 경감시키는 「구율具律」 규정에 처는 남편의 작에 따라 형량을 경감받는 규정이 있지만 여기에 첩을 포함시키지는 않았다. 그러나 첩도 남편의 죄에 연좌되었다. 법률적으로도 부친의 편처偏妻를 구타할 경우는 숙모나 처의 부모를 구타한 것과 같은 낮은 수준의 처벌을 받았다.[204] 재산

---

200 『三國志·吳書』卷50 「妃嬪傳」, pp. 1196-1197.
201 『漢書』卷18 「外戚恩澤侯表」, p. 711, "坐亂妻妾位, 免, 徒合浦."
202 『後漢書』卷14 「宗室四王三侯列侯傳」 趙孝王良, p. 599; 『西京雜記』卷3, "相如將聘茂陵人女爲妾, 卓文君作「白頭吟」以自絶. 相如乃止."
203 『唐律疏議』卷2 「名例律」, "第五品以上妾, 犯非十惡者, 流罪以下, 廳以贖論." 남편의 범죄에 첩은 처와 마찬가지로 연루된다.
204 『二年律令』「賊律」 43簡, "毆父偏妻·父母男子同産之妻·泰父母之同産, 及夫父母同産·夫之同産, 若毆妻之父母, 皆贖耐. 其奻詢詈之, 罰金四兩."

을 분할할 때에도 소처는 재산분배 대상에서 제외되었다.

단, 소처 소생 자녀의 법률적 지위와 재산상속권를 인정하였으나[205] 그 지위는 적자에 비해 낮았다. 당시 적서嫡庶의 구분과 차별이 법률적으로 명확하였다. 작위의 상속에 있어서 적자嫡子 우선이며, 적자가 없을 경우 서자의 나이 순서로 부친과 동거하며 같은 명적名籍에 올라 있는 자로 이어진다.[206] 공손찬公孫瓚은 그 가세가 2천 석의 가족 출신이지만 본인의 어머니가 천하였기 때문에 처음에는 본군本郡의 소리小吏의 직을 하였는데, 이를 통해 서자의 지위는 가정 내에서뿐만 아니라 사회적으로도 차별을 받았음을 알 수 있다.[207] 당대에도 첩의 지위는 처에 비해 현저하게 낮았으나 취첩娶妾이 보편적이었으므로 첩 및 첩 소생 자녀의 지위와 이익을 옹호하는 소리가 날로 커졌다. 당초唐初 저수량褚遂良은 위진 이래의 "嫡對庶若奴, 妻御妾若婢."의 악습을 성토하고 문무지재文武之才를 발탁할 때 정서正庶에 구애하지 말자고 제창하였다. 당唐 중후기에는 첩자의 지위가 적자에 접근하였다. 그러나 당대 첩의 자식은 정처正妻를 모친으로 하는 습속이 있었다. 당대에는 위진 이래의 "嫡對庶若奴, 妻御妾若婢." 풍기가 완전히 변해 당대 묘지명墓志銘 가운데는 첩의 가족에 대한 공헌이 상당히 긍정적으로 되어 있으며 첩 소생 자녀도 거의 적자와 평등하게 대우되었다.

---

205 『二年律令』「戶律」 340簡, "諸(?)後欲分父母·子·同產·主母·叚(假)母, 及主母欲分擘子·叚(假)子田以爲戶者, 皆許之."
206 『二年律令』「傳律」 361簡, "當士爲上造以上者, 以適子. 毋適子, 以扁妻子·擘子, 皆先以長者. 若次其父所, 所以以未傳, 須其傳, 各以其傳."; 『二年律令』「置後律」 368簡, "疾死置後者 …… 其毋適子, 以下妻子·偏妻子."
207 『後漢書』卷73「公孫瓚傳」.

8. 간통

『시경詩經』에는 권두시 「관저關雎」에서부터 시작하여 남녀가 서로 대상을 찾고 삼밭, 보리밭, 오얏밭 등 일터에서 사랑을 나누는 등 남녀 간의 자유로운 연애시로 가득하다. 공자는 「관저」에 대해 "즐거우면서도 음란하지 않고 애절하면서도 마음 상하지 않는다."라고[208] 남녀 간의 이상적인 관계로 보았다. 그러나 한대에는 「관저」는 후비의 덕을 노래함으로써 천하의 부부간의 풍습을 바로잡고자 한 것이라거나 군자가 숙녀를 배필로 얻게 된 즐거움을 표현한 것으로 사랑을 도덕으로 유도하여 색에 빠지지 않게 하는 것이라고 시의 해석을 경전화하여,[209] 남녀 간의 사랑을 보는 시각에도 예교이념이 덧씌워지기 시작하였다.

이에 앞서 진한시대에는 간통죄를 통해 개인 간의 사적인 관계와 영역을 국가가 개입하여 통제하기 시작하였다. 율령 이전에도 남녀 간의 관계는 전통적인 윤리와 풍습에 기초한 예에 의해 사회적으로 통제되어 왔다. 국가의 간통에 관한 금령은 전통적인 사회적 금기에 기초하는 한편, 국가가 법령을 통해 "사악한 행위를 제거하고 악속惡俗을 제거"하려는 의도가 더해졌다.[210] 따라서 진한 율령의 간통죄에 관한 법령을 통해 남녀 간 관계에 대한 사회적인 용인 혹은 금기와 또 이를 통제하기 위한 국가적 이념을 이해할 수 있다.

앞서 『장가산한묘죽간張家山漢墓竹簡』 「주얼서奏讞書」 중 두현杜縣 여자

---

208 『論語』 「八佾」.
209 『毛詩』 卷1 「國風·周南」 關雎.
210 『睡虎地秦墓竹簡』 「語書」, p. 15.

갑甲의 판례를 살펴보기도 하였지만, 최근 발표된 『악록서원장진간嶽麓書院藏秦簡』의 「득지강여기처간안得之强與棄妻奸案」과 「전여시화간안田與市和奸案」 역시 법령으로서의 간통죄가 사회적으로 적용되는 실상을 통해 당시 사회적 시선을 이해할 수 있는 흥미로운 사례이다.

우선 「득지강여기처간안」은 득지得之라는 자가 이혼한 처를 만나 강간하려 한 사건에 관한 판례이다. 전처 奊의 주장에 의하면, 밤에 길을 가다 득지를 만났는데 득지는 奊와 간음하려 했으나 奊가 말을 듣지 않자 쓰러뜨리고는 강간하려 했는데 奊가 반항하자 구타하였다. 奊는 두려워서 이문里門에 있는 숙소에 가자고 하여 이문에 있는 숙소로 갔는데, 전顛을 만났으며 간奸할 수 없자 가버렸다고 하였다. 이에 대해 득지는 처음에는 화간和奸이었다고 주장했다가 재심과 삼심 심문에서는 강간하려 했으나 성교를 하지 못했다고 주장함으로써 범죄를 부인하였다. 전이란 자가 증언하기를, 득지가 奊를 끌고 가는데 奊가 전에게 도와 달라고 했으나 구해주지 않고 가버렸다고 하였다. 득지가 강간하려 했으나 이루지 못하였는데 무슨 죄가 되느냐고 책망하여 물었다. 삼심에서 예신첩이 도망하여 도망기간이 1년 이상이면 계성단육세繫城旦六歲, 득지는 1차 심문에 불심不審하여 성단육세城旦六歲, 합하여 성단용십이세城旦舂十二歲에 처하였다.[211]

다음으로 「전여시화간안」의 판례는 고종사촌 간인 시市와 전田의 화간 사건이다. 무지毋智가 전과 시를 현장범으로 체포하여, 초심에서 이들은 화간을 인정하였다. 시의 남자 형제와 친척이 무지에게 뇌물 4천을 주고 현장범으로 체포하지 않았다고 말을 바꾸게 하였으나 무지는 돈을 돌려주고 말을 바꾸지 않았다. 재심에서 전은 현장에서 체포되지 않았으며 무

---

211 『嶽麓書院藏秦簡』「得之强與棄妻奸案」.

지가 체포할 때 밭을 갈고 있었다고 주장하였다. 그러나 전에 대한 판결은 계성단십이세繫城旦十二歲를 선고하였다. 이는 전이 예신隸臣의 신분으로 화간죄和奸罪를 범하여 내위예신耐爲隸臣의 형을 처벌받아 계성단용육세繫城旦舂六歲에 처해진 데다 심문을 번복하여 올바로 증언하지 않은 불심不審죄로 계성단용육세繫城旦舂六歲를 가중 처벌받아 계성단용십이세繫城旦舂十二歲에 처해졌다.[212]

진한 율령에 간통한 자는 수염을 깎고 관부에서 일하는 내위예신첩耐爲隸臣妾에 처했으며, 강간하면 생식기를 거세하여 관부에서 노역시키는 부위궁예신府爲宮隸臣에 처하였다.[213] 그런데 간통죄가 성립하려면 간통한 자를 체포할 때 반드시 현장범이어야 한다.[214] 전술한 『장가산한묘죽간』 「주얼서」 중 두현의 여자 갑甲 사건을 재심한 정사廷史가 간통죄 성립의 조건을 말하기를, 남편이 관리가 되어 관에 거주하는데 처가 집에 있으면서 낮에 다른 남자와 간통을 했는데, 관리가 체포하러 가 붙잡지 못할 경우는 논죄할 수 없다고 하였다.[215] 따라서 사건 다음 날 아침에 고발한 두현 여자 갑의 간통사건은 간통죄가 성립하지 않는다. 「전여시화간안」에서도 전田이 초심 재판에서 고종사촌인 시市와 화간하였다고 인정하면서도 현장범으로 체포되지 않았음을 주장한 이유는 바로 여기에 있다.

그리고 간통죄가 성립하기 위해서는 완전한 성적 결합에 이르는 경우

---

212 『嶽麓書院藏秦簡』「田與市和奸案」.
213 『二年律令』「雜律」, 192-193簡, "諸與人妻和奸, 及其所與皆完爲城旦舂. 其吏也, 以强奸論之. 强與人奸者, 府以爲宮隸臣."
214 『張家山漢墓竹簡二四七號墓(釋文修訂本)』「奏讞書」 案例 21, p. 108, "奸者, 耐爲隸臣妾. 捕奸者必案之校上."
215 『張家山漢墓竹簡二四七號墓(釋文修訂本)』「奏讞書」 案例 21, p. 108.

에 한하였다.[216] 「득지강여기처간안」에서 전처 寏의 일관된 강간 주장과 이를 목격한 자의 증언에 의해, 화간을 주장하던 득지 역시 강간하려 했다고 자백하였다. 그 대신 득지는 강간하려 했으나 寏가 반항하여 성적 결합에 이르지 못했다고 주장하였다. 결국 판결은 강간을 시도했다 하더라도 완전한 성적 결합에 이르지 못하였기 때문에 강간죄가 성립하지 않았다. 대신 예신첩의 신분으로 도망한 죄와 심문을 번복한 불심죄不審罪가 적용되어 12년간 성 쌓는 노역과 같은 중노동에 종사하는 성단용십이世城旦舂十二歲에 처하였다.

진한 율령은 남편이 있는 경우는 간음죄에 가중하여 남자의 경우 성을 쌓고 여자는 곡식을 찧는 중노동에 종사하는 완위성단용完爲城旦舂에 처했으며 관리의 경우에는 강간죄로 벌하였다.[217] 당률에서도 마찬가지로 간통죄에 대해 화간한 자는 남녀 각각 도형 1년 반에 처한 데 비해, 남편이 있는 경우는 도형 2년에 처해 가중하였다.[218] 간통죄 적용에 결혼한 여성과의 간통을 보다 엄격하게 처벌함으로써 가부장을 중심으로 한 가족의 유지를 공고화하고 여성의 가족으로부터의 이탈을 억제하려 하였다.

간통죄에 관한 진한 율령은 주로 성적 관계를 맺는 남녀 간의 친소관계를 규제하는 데 중점을 두었다. 남매간에 간통하여 처로 삼을 경우 모두 기시하며, 만약 강간이라면 강간당한 자는 제외하였다.[219] 삼황三皇 중 여와와 복희 남매의 시조신화는 남매혼이 행해졌던 고대의 기억을 전한다. 진한의 율령은 고대 풍습의 잔재로 남아 있던 남매간의 혼인을 금하였

---

216 『睡虎地秦墓竹簡』「法律答問」, "「內(納)奸, 贖耐.」 今內(納)人, 人未蝕奸而得, 可(何)論? 除."
217 『二年律令』「雜律」 192簡, "諸與人妻和奸, 及其所與皆完爲城旦舂. 其吏也, 以强奸論之."
218 『唐律疏議』 卷26 「雜律」 22 奸, "諸奸者, 徒一年半. 有夫者, 徒二年."
219 『二年律令』「雜律」191簡, "同產相與奸, 若取以爲妻, 及所取皆棄市. 其强與奸, 除所强."

다. 남매간이라도 동모이부同母異父 간 남매의 성적 관계만을 규제하였다.
또 동모이부同母異父 간 남매의 경우에는 처로 삼지 않더라도 간음하면 기
시棄市에 처하였다.[220] 이혼과 재혼이 빈번하였던 시대에 동모이부同母異父,
이모동부異母同父 형제간의 성적 관계가 가족 내에 문제가 되었을 것이다.
그런데 이 가운데 동모이부同母異父 남매간의 성적 관계만 규제한 것은, 자
식은 모계의 혈통에 따르며 생물학적 부친을 확인할 수 없었던 모계사회
의 잔재 개념이 남아 있었음을 알 수 있다. 형제의 개념은 곧 같은 어머니
의 자식을 의미하였다. 당시의 형제라는 단어를 같은 어머니에게서 낳은
자, 즉 '동산同產'이라고 쓴 것도 같은 사회적 배경에서 이해할 수 있을 것
이다.[221] 그러나 사회적으로 동산은 동모이부同母異父, 이모동부異母同父를
모두 포함한 형제를 의미하였다. 부계 혈통을 중심으로 한 계승관계가 확
고하게 정착한 당률에서도 남매간의 관계의 규제는 동모이부同母異父 남매
간에 한하였다.

「전여시화간안」에서 전田과 시市는 남매는 아니지만 고종사촌 간이었
다. 그러나 일심에서 삼심에 이르는 재판 내내 이들이 고종사촌 간에 간
통을 저질렀다는 사실이 문제가 되지 않았다. 더욱이 「전여시화간안」을
해석하는 주석에는 글씨가 지워져 잘 보이지 않는 부분에 대한 추측으
로, 전의 집안은 시를 양녀로 맞아들여 사촌 간의 혼인을 준비하고 있었
거나 사촌 간의 혼인이 성립했으므로 화간을 하였다 한들 간통죄가 성립

---

220 『睡虎地秦墓竹簡』 「法律答問」, "同母異父相與奸, 可(何)論? 棄市."
221 『唐律疏議』 卷26 「雜律」 23, 姦緦麻以上親及妻, "무릇 緦麻 이상의 친족 및 緦麻 이상 친
족의 妻, 또는 妻의 전남편의 딸 및 同母異父의 姊妹를 姦한 자는 도형 3년에 처한다. 강
간한 자는 유형 2천 리에 처한다. 부러뜨린 상처를 입힌 자는 絞首刑에 처한다. 妾의 경우
는 1등을 감한다."

하지 않는다고 주장하고 있다고 해석한다. 이러한 해석이 타당한가를 차치하고 당시 사촌 간의 혼인이 행해졌음을 말하고 있다. 당률에 와서야 사촌 간의 간통은 유형流刑 2천 리로 처벌하였다.[222]

형제, 숙부, 백부의 처나 그 어비御婢와 간음한 자는 얼굴에 묵을 하여 성단용(黥爲城旦舂)에 처하며, 형제, 숙부, 백부의 자식의 처나 그 어비御婢와 간음한 경우는 완위성단完爲城旦에 처해 일반적인 간음죄인 내위예신형보다 한 단계 엄하게 처벌하였다.[223] 국가는 가족조직을 사회질서의 기층조직으로 삼아 이전 시대에 암묵적으로 용인되었던 친족 내의 간통에 대해서도 율령으로 규제하기 시작하였다. 그런데 앞서 인용한 전과 시의 고종사촌 간의 화간사건에서 진한 율령은 이들의 관계가 사촌간이라는 것은 문제시하지 않았다. 그러나 당률에서는 사촌자매와 간통한 자는 유형 2천 리에 처하였다. 이외에도 진한 율령은 친족 내 손위와 간통하는 증보烝報에 대한 규제도 아직 보이지 않는다. 이에 비해 당률은 증보에 대해서도 유형 2천 리로 처벌하였다. 이처럼 당률은 이러한 친족 내의 간통에 대해 더욱 엄격하게 규정했으며, 간통으로 처벌되는 가족의 범위를 확대 규제하였다.[224]

가족 내에서 계층관계인 노예와 주인 간의 간음에 대해서는 더욱 엄격히 규제하였다. 노예와 주인 간에 간음하면 노예에 대해 주인을 구타한

---

222 『唐律疏議』卷26「雜律」24, "從祖祖母姑(祖父의 兄弟의 妻나 祖父의 姊妹), 從祖伯叔母姑(아버지의 사촌형제의 妻 및 아버지의 사촌자매), 從父의 姊妹(자기의 사촌자매), 從母(어머니의 자매) 및 兄弟의 妻, 兄弟의 자식의 妻를 姦한 자는 유형 2천 리에 처한다."

223 『二年律令』「雜律」195簡, "復兄弟·孝〈季〉父·柏〈伯〉父妻·御婢, 皆黥爲城旦舂. 復男弟兄子·孝〈季〉父·柏〈伯〉父子之妻·御婢, 皆完爲城旦."

224 『唐律疏議』卷26「雜律」25, "伯母·叔母·姑母·姊妹·子婦·孫婦·兄弟의 딸을 姦한 자는 絞首刑에 처한다."

것과 같이 처벌하였다. 즉 노예가 주인의 어머니, 처, 딸과 간통했을 경우는 기시의 극형에 처했으며, 노예와 화간한 여자는 관부에서 노역하는 내위예첩耐爲隷妾에 처하였다. 이때 강간했을 경우라면 강간당한 자는 제외하였다.[225]

고대의 풍습과 예제가 진한시대에 율령화하는 과정에서 유가들의 예교주의 이념의 세례를 받았다고 이해한다. 그런데 가장 예교주의가 관철되는 간통죄가 적용되는 현장에서도, 진대 사회는 아직 유가적 예교주의 이념에 깊이 물들지 않았던 듯하다. 두현 여자 갑의 간통죄를 논하는데, 처음에는 부모에 버금가는 남편의 장례 중의 간통을 현장범으로 체포되지 않았음에도 불구하고 '차불효次不孝', '오한죄敖悍罪'에 해당한다고 하여 일반적인 간통에 가중했으나, 최종의 판결은 현장범이 아닐 뿐만 아니라 남편이 이미 죽은 다음에 시집가는 것도 무죄이며 죽은 남편을 속인 것은 산 남편을 속인 것보다 죄가 중하지 않다고 앞선 판결을 부당하다고 하였다. 그러나 당률에서는 남편의 상중에 간통한 경우에는 간통죄에 2등을 가중하여 엄히 처벌하였다.[226]

---

225 『二年律令』「雜律」190 簡, "奴取主·主之母及主妻·子以爲妻, 若與奸, 棄市, 而耐其女子以爲隷妾. 其强與奸, 除所强."
226 『唐律疏議』卷26「雜律」28, "監主於監守內姦, 姦有夫婦女, 徒二年半. 卽居父母喪, 男·女同; 夫喪者, 妻·妾同."

한대 창제신화 속의 여성

나는 자연이며, 보편적인 어머니며, 모든 원소의 여주인이며, 시간의 최초의 자식이며, 영적인 만물의 주권자며, 죽은 자들의 여왕이며, 또 불멸의 존재들의 여왕이며, 존재하는 모든 신과 여신들의 단일한 표현이다. 나는 고개를 한 번 끄덕임으로써 하늘의 빛나는 높은 곳들과 건강한 바닷바람과 지하세계의 비참한 침묵을 다스린다. 사람들이 나의 여러 모습을 시, 수많은 이름으로 알고 있고, 온갖 의식으로 나의 비위를 맞추려 하지만, 결국 둥근 땅 전체가 나를 숭배하고 있다.

— 『황금 당나귀』 —

그림 1-1 러셀의 여신

　아테네 인들은 이 여신을 아르테미스Artemis라고 불렀으며, 키프로스 사람들은 아프로디테Aphrodite라고 부른다. 어떤 이들은 주노Juno라고도 불렀다. 이집트 인들은 이시스의 여왕이라고 부르며 진정으로 신적 지위에 어울리는 의식으로 섬겼다.

　여신은 모든 생명의 근원이다. 오랜 전설과 땅속에 묻힌 고고문물에서 만물을 창조한 여성 창조주에 대한 수많은 이야기를 발견할 수 있다. 유럽, 아시아, 아프리카, 남아메리카 대륙에서 구석기시대 말에서 청동기시대 초까지의 여성 조각상이 보편적으로 발견된다.[1] 한때 유럽과 중앙아시아 대륙에서 위대한 어머니, '대모신大母神'을 섬기는 여성숭배는 보편

---

[1] 석기시대 남성상은 극히 적으며, 젊은 남성상들은 불규칙적이고 아주 조야하게 제작되었다. 따라서 남성상들은 숭배의식에서 어떤 중요성이 없었다(에리히 노이만, 박선화 역, 『위대한 어머니 여신』, 살림, 2009, p. 131).

그림 1-2 벨렌도르프 잉부상

적이었다. 여성숭배는 여성생식의 숭배에서 비롯되었다. 각지의 비너스상은 많은 경우 나체상이며, 가슴, 복부, 엉덩이, 성기를 아주 과장되게 묘사하거나, 분만하는 자세의 잉부와 같이 여성적 특징을 표현하였다(그림 1-1, 1-2). 태초에 인간을 낳은 위대한 어머니, '대모신'에는 아이를 낳을 수 있는 여성의 생식력에 대한 고대인의 상상적 사유가 담겨져 있다. 위대한 어머니의 형상은 인간뿐만 아니라 모든 생명체의 어머니였다. 원시인들은 여성의 이러한 생육능력을 토지의 재생, 즉 풍부한 수확, 그리고 동물의 번식과 연관시킴으로써 인류와 생명을 낳고 기르는 대지의 어머니, 지모신地母神으로 신앙하였다.[2]

인류학자들에 의하면, 인류발전의 아주 이른 단계에는 성교와 출산의

2 에리히 노이만, 박선화 역, 『위대한 어머니 여신』, pp. 135-158.

관계를 이해하지 못했으며, 이 과정에서 남성의 역할을 아직 인식하지 못하였다. 이런 단계에서 여성만이 인간을 생산할 수 있으며 생명을 주는 존재로 숭배되었다. 오직 여성이 다음 세대를 생산하는 유일한 존재, 가족의 유일한 어버이였다. 신성한 의식의 기초를 이루었던 조상숭배는 모계를 따라서만 이루어졌으며, 씨족의 어머니, 거룩한 여자 조상, 조모신祖母神이 숭배되었다.[3]

세계의 창조신화는 여신들이 첫 인간들만이 아니라 온 땅과 위의 하늘까지 창조하였다고 한다. 그리스·로마신화의 가이아는 모든 것을 생산해내는 창조의 능력을 지녀 처녀생식으로 하늘과 바다의 신 우라노스와 폰토스를 낳았으며 우라노스와 혼인하여 대지의 신이 되었다. 바빌로니아의 티아마트Tiamat는 대양과 모든 존재의 어머니이다. 티아마트가 죽은 후 몸이 쪼개져 하늘과 땅이 되었다. 티아마트는 죽음과 함께 자신의 몸을 우주창조에 내어 주었다.[4] 우리나라의 선문대할망, 마고할미도 거구의 창세신들이다. 신석기시대에 이들 지역에서 여성 신이 신격화되었던 것은 조상숭배와 모권제의 결과라고 본다. 기원전 5700년경 것으로 추정되는 터키의 유적지 차탈회위크에는 다양한 건물 속에 여신을 숭배하기 위해 마련된 방들이 있다. 이 지역에서 발굴된 사원 건물들에는 뛰어난 벽화나 부조에 여신의 모습만이 새겨져 있다(그림 1-3).

모든 생명의 근원으로서 신앙의 대상이 되었던 '대모신'의 이미지, 나아가 인류의 오랜 역사 속에서 전승된 만물을 창조한 여성 창조주에 대한 사유는 고대 중국사회에서도 일찍이 존재하였다. 특히 한대에 이르면 창

---

3 멀린 스톤, 『하느님이 여자였던 시절』, 뿌리와 이파리, 2005, p. 55.
4 장영란, 『위대한 어머니 여신』, 살림, 2003, p. 50.

그림 1-3 차탈회위크, 표범 옥좌에 앉아 있는 여신

제신화의 서사구조가 체계화되고, 그와 동시에 여성 창제신화의 서사체계 역시 다양한 형태로 나타나게 된다. 예컨대 한대 대표적인 회화자료인 화상석에는 '대모신' 혹은 여성 창제신화를 모티브로 삼은 그림들이 종종 확인된다.

중국신화에서 대표적인 여신으로는 인류를 창조한 여와女媧와 불로장생의 서왕모西王母를 들 수 있다. 이들에 관한 초기기록은 『산해경山海經』, 『회남자淮南子』 등에 수록되어 있다. 『산해경』이 책으로 엮인 것은 대부분의 초기 기록물들의 성서 연대와 마찬가지로 전국시대이며, 연燕, 제齊, 초楚 지역의 방사들에 의해 이루어졌다고 추정된다. 늦게는 위진魏晋시대까지 편찬이 이어졌다. 따라서 『산해경』 내 여와나 서왕모의 기록은 조금씩 그 내용을 달리하나, 이들 여신에 관한 가장 초기의 원형을 볼 수 있다.

한초의 『회남자』는 이러한 전국시대 이래 심화된 기론을 중심으로 우주생성을 비롯한 자연계의 여러 현상과 인간생명 현상을 이해하였다. 즉 음양이 합쳐지고 조화하여 만물이 생성되었다고 한다. 『회남자』는 제왕의 도를 밝히기 위해 천지의 이치를 탐구한 책이나, 신선이 되기 위해 방술을 찾고 신화의 세계에 살던 시대의 사유가 살아 있다. 그러나 여와의 인간창조 서사를 구체적으로 전한 것은 오히려 후한 말에 저술된 『풍속통의風俗通義』이다. 『풍속통의』는 당시 민간의 음사陰祀, 사교邪敎를 바로잡기 위한 것으로 한대 민간의 풍속과 신화의 원형을 전한다.

후한인들은 화상석묘 벽화에 그들이 믿는 신화의 세계를 장식하였으며, 여기에 여와는 즐겨 등장하는 서사였다. 화상석묘는 후한대에 후장풍습에 따라 하급 사인계층에서 유행하였다. 이들은 자신들의 세계관과 사회적 지위를 과시하기 위해 열성적으로 부모의 묘를 치장했으며, 신화의 세계가 곧 현실이었던 한대인들의 사유를 묘장벽화에 도상으로 표현하였다. 한대 사회의 상층, 하층 사회의 사유를 담고 있는 자료들에 의하면, 가부장적 질서가 사회적인 체제로 자리 잡은 이후에도 여성 창제신화의 서사는 더욱 구체화되면서 면면히 이어져 내려오고 있음을 알 수 있다.

1. 대모신 여와

"여와가 세상 만물을 화육하는 본체라면 그녀는 또 누가 만들었을까?"

— 『초사楚辭』「천문天問」 —

열 명의 신이 있는데 이름은 女媧腸이라고 한다. (여와는) 신으로 변하여 栗廣野에 사는데 길을 가로질러 살고 있다.

— 『산해경山海經』 「대황서경大荒西經」 —

여와는 옛날의 신녀이자 제왕이다. 사람 얼굴에 뱀의 몸을 하였으며 하루에도 일흔 번 변한다. 그 배가 이 신들로 변하였다. 율광은 들 이름이다.

— 『산해경』 「대황서경」 곽박郭璞 주注 —

"천지가 개벽하였을 때 아직 사람이 없자, 여와가 황토를 빚어서 사람을 만들었다고 한다. 열심히 일하다가 다 만들 여력이 없자 노끈을 진흙탕 속에 넣었다가 휘둘렀다. 그러자 진흙물이 방울방울 떨어져 인간으로 변하였다. 그래서 부귀한 사람은 황토로 만든 사람이고, 빈천한 사람은 끈을 휘둘러서 만든 사람이라고 한다."

— 『풍속통의風俗通義』[5] —

여와는 인류창조의 여신이다. 여와는 그녀의 창자, 즉 자궁을 통해 인류 뿐만 아니라 우주 만물을 낸 대모신이다.[6] 진흙으로 인간을 빚어 만든 여와의 모습에는, 고대부터 이어 온 여성이 주체가 된 대모신의 원형을 읽을 수 있다. 여와는 황토로 사람을 만들었다. 여와가 사람을 만들 때 사용한 흙은 원시시대 여성들에게 친밀한 물성이다. 여성은 흙에서 곡물을 거두었으며 흙을 빚어 그릇을 만들었다. 그릇을 제작하는 일은 여성의 원시 비의秘儀에 속한다. 그릇은 또한 담고 보호하며 영양을 공급하고 출산하는 여성성의 본성을 담고 있다. 원시사회에서는 여성성을 종종 항아리, 단

---

5 『太平御覽』卷78 引用 『風俗通義』.
6 송정화, 『중국여신연구』, 민음사, 2007, p. 66.

그림 1-4 유만柳灣, 인형 채도호

지 자체로 표현하였다. 여성의 형상으로 만들어진 이러한 토기는 제기로 사용되었으며 그 자체로 초자연적인 힘을 지닌 형상으로 제작되었다.[7]

　유만柳灣의 인형 모양 채도호彩陶壺는 그릇으로서의 여성을 잘 증명한 다(그림 1-4). 이 채도호는 이목구비가 갖춰져 있고 병 복부에 유두를 검 게 칠한 여인상으로, 복부 아래 양 다리 사이에 생식기 형상이 새겨 있는 데, 생식기는 남녀의 성상性狀이 모두 표현되었다. 이 채도호는 여성의 생 식에 대한 주술적 기능과 숭배를 담고 있다. 채도호의 여인상을 개구리문 양이 양옆과 뒤에서 감싸고 있는데, 이 여인상은 와신蛙神이며, 이 인형 채

7 에리히 노이만, 박선화 역, 『위대한 어머니 여신』, pp. 182-186.

그림 1-5 마왕퇴 1호 한묘漢墓, 백화帛畵 여와女媧

도호가 바로 여와를 형상화한 것이라고도 한다.[8]

한대인들은 여와의 모습을 사람의 얼굴에 뱀의 모습으로 형상화하였다 (그림 1-5). 뱀은 여성성과 친숙한 대상이다. 그리스, 로마의 여신들은 종종 뱀을 두른 형상으로 표현되고, 북시리아의 아타르가티스Atargatis 여신, 이 집트의 이시스도 뱀과 함께 형상화된다. 뱀은 매우 여러 가지 상징성을 지니지만, 여성 신성의 한 속성이기도 하며 동시에 여신의 남성(남근)적 동 반자이다. 뱀은 성기의 상징 의미가 있다. 뱀은 양성을 포함하여 자궁이 곧 남성생식기이다. 따라서 세계 각지의 번식과 생육 대모신들은 뱀의 형 상으로 표현된다.

여와의 창조신화는 전국시대 이래 우주생성의 근원을 묻는 철학적 사 유를 만나 재구성되었다. 중국 철학에서 우주의 생성론의 기초는 음양의 기론이 중심에 있다. 즉 음양이 합쳐지고 조화하여 만물이 생성되었다고 한다. 『회남자』는 우주관과 세계질서에 관한 철학의 중심에 있었던 음양 론에 의해 여와의 창제신화를 재구성하였다.

---

8 『說文解字』, 田兆元, pp. 8-11, "媧, 古代神聖女, 化萬物者也, 從女, 聲咼."

"황제는 그녀를 도와 음양의 생식기를 만들었고, 上駢은 그녀를 도와 귀와 눈을 만들었으며, 桑林은 그녀를 도와 팔과 손을 만들었는데, 이것은 여와가 매일 일흔 번 사람을 생성하는 과정이다."

— 『회남자』「설림훈說林訓」—

여와는 인간을 만들 때 여러 남신 짝인 황제, 상병, 상림 등의 보조를 받아 비로소 인간을 탄생시킨다. 그러나 여기에서 사람을 생성하는 주체는 여와일 뿐만 아니라 고정된 남신 짝이 없으며 여러 남신은 여와를 도와 인간을 만드는 데 각기 신체의 일부를 담당하는 부수적인 역할을 하였다. 하남성河南省 당하현唐河縣 호양진湖陽鎭에서 출토된 전한前漢시기 화상석에 묘사된 여와와 복희는 이들의 짝신관계를 회화적으로 명쾌하게 표현하고 있다. 달을 들고 있는 여와는 해를 들고 있는 복희 위에 위치할 뿐만 아니라 더 크고 주요 인물로 그려졌다(그림 1-6).

도상적으로 여와가 복희와 함께 나타나는 시기는 후한 중기 정도이며, 전한 초 마왕퇴 1호묘 백화에는 여와가 단독으로 그려졌다.[9] 그리고 위대한 어머니의 모권적 상징성은 가부장제

그림 1-6
당하唐河 호양湖陽,
여와와 복희

---

9 過文英, 「論漢墓繪畫中的伏羲女媧神話」, 浙江大學博士學位論文, 2007, p. 151.

그림 1-7 무량사武梁祠, 여와와 복희

시각에 의해 재조정되었다. 무량사武梁祠 화상석 그림 속의 복희는 손에 규規를 들고 있고 여와는 구矩를 들고 있다(그림 1-7). 고대인의 '천원지방 天圓地方'의 사유관념에 의하면, 원을 그리는 규를 들고 있는 복희는 하늘을 의미하며, 사각을 그리는 구를 들고 있는 여와는 땅을 상징하였다. 그림 속 여와와 복희의 허리 윗부분은 사람으로 도포를 입고 모자를 쓰고 있으며, 허리 아랫부분은 뱀의 몸으로 두 개의 꼬리가 단단하게 얽혀 있다. 여와가 복희와 꼬리를 교차하는 화상은 이들의 짝신관계, 생식의 의미를 나타낸다. 석관石棺에 복희와 여와를 장식한 피장자는 부부의 화목과 음양이기陰陽二氣의 조화를 통한 평안, 그리고 자손의 번성을 기원하였을 것이다(그림 1-8). 그런데 이후 오늘날까지 여와만이 고매신으로 받들어지는 것으로 보아, 여와가 복희와의 결합을 통해 생식을 이룬다 해도, 이를 보는 이들의 관념 속에 부부화합과 자손번식을 주관하는 능력은 여전히 여와에 있었던 듯하다.

화상석 도상에서 복희는 손으로 태양을 받들고 있는데 태양 속에는 금빛 까마귀 한 마리가 들어 있기도 하며, 여와는 달을 받들고 있고 그 달

그림 1-8 사천四川 장령長寧 2호 석관, 여와와 복희

속에 두꺼비가 들어 있기도 하다. 일반적으로 가부장제에서 태양은 남성적 원리이며 지배적이고 긍정적인 상징으로 자리 잡는다고 한다. 그런데 달의 여신인 위대한 어머니는 시간의 여신이다. 달은 원시시대에 시간을 측정하는 시계 역할을 하기 때문이다. 시간을 결정하는 자는 바로 여성이다.[10] 달은 이지러졌다 차오르고 주기적으로 어두웠다 밝아지는 변화에서, 마치 생명이 있는 듯하다. 달은 죽었다가 다시 소생한다. 이는 올챙이가 개구리로 변화하며 겨울잠을 자고 봄에 소생하는 습성과도 같다. 따라서 소생을 통해 세상을 재앙에서 구원하는 역할은 여전히 여와에게 주어졌다.

"아주 오랜 옛날 사방을 받치고 있던 기둥이 무너지고 온 천하가 찢어져서 산불

---

10 에리히 노이만, 박선화 역, 『위대한 어머니 여신』, pp. 355-356.

이 일어나고 물줄기가 솟아올라 홍수가 터져 물길은 하늘까지 닿을 듯 대지는 그만 드넓은 바다처럼 변해 버리고 맹수들은 선량한 백성들을 먹어 삼켰다. 그러자 여와는 오색 돌들을 녹여 뚫린 하늘의 구멍을 메우고, 큰 거북이의 다리를 잘라 하늘을 받치는 네 기둥을 만들어 세웠다. 또 흑룡을 죽여 백성들을 구제하고 갈대잎을 태워 재로 만들어 쌓아서 하늘까지 닿은 홍수를 막았다."

— 『회남자』「남명覽冥」 —

세상의 재앙은 여와의 손으로 평정되었으며 인류는 마침내 죽음에서 벗어나 구원을 얻었다. 여와는 치유의 신이다. 이러한 특성은 여성이 소유한 세상을 품고 길러 내는 원초적인 능력에 대한 인식에서 나온다. 이러한 여성신화는 가부장제에 예속되기 이전의 여성에 관한 인식의 원형을 제공할 뿐만 아니라, 이를 통해 가부장제하에서도 면면히 이어져 내려오는 대모신 신앙을 읽을 수 있다. 그런데 후한 후기 신선사상의 유행으로 여와와 복희의 지위에 변화가 생겼다. 여와는 만물을 생육하는 최고의 신격에서 서왕모 신선 세계의 일원이 되어 서왕모를 모시고, 때로는 묘주가 선계로 가는 길을 돕는 사자가 되기도 하였다.[11]

2. 장생불사의 여신 서왕모

옥산은 서왕모가 살고 있는 곳이다. 서왕모는 그 형상이 사람 같지만 표범의 꼬리에 호랑이 이빨을 하고 휘파람을 잘 불며 더부룩한 머리에 머리꾸미개를 꽂

---

11 過文英, 「論漢墓繪畵中的伏羲女媧神話」, pp. 137-150.

고 있다. 서왕모는 하늘의 재앙과 다섯 가지 형벌을 주관하고 있다.

─『산해경』 「서산경西山經」 ─

서해의 남쪽, 流沙의 언저리, 적수의 뒤편, 弱水의 앞에 큰 산이 있어 이름은 곤륜의 언덕이라 한다. 어떤 신이 그곳에 사는데, 사람의 얼굴에 호랑이의 몸으로 무늬가 있고 꼬리가 있는데 모두 흰색이다. 그 아래에는 약수의 연못이 둘러싸고 있으며 그 바깥에는 불꽃의 산이 있어 물건을 던지면 곧 타 버린다. 어떤 사람이 머리장식을 꽂고 호랑이 이빨에 표범의 꼬리를 하고 동굴에서 사는데 이름은 서왕모라 한다. 이 산에는 온갖 것들이 다 있다.

─『산해경』 「대황서경」 ─

서왕모는 한대 무덤과 사당을 장식한 화상석 가운데 가장 많이 조각된 주제이며 한대 최고의 여신이다. 오늘날까지도 서왕모는 가장 논쟁이 많으면서도 그 신분과 성격이 가장 불분명한 신화 인물이기도 하다. 서왕모에 관한 기록 가운데 초기기록인 『산해경』에 의하면, 서왕모의 형상은 인간과 동물이 혼합된 반인반수의 괴수로서 곤륜산에 거주하며 재앙과 형벌을 주관하는 산신山神 가운데 하나이다. 『산해경』 속의 서왕모는 이처럼 반인반수의 미분화된 존재로 아직 여신의 여성성과는 거리가 있는, 정형화되지 않은 존재이다. 『산해경』의 신들이 대부분 그러하지만 서왕모나, 이집트와 바빌로니아 신화 가운데 고대 여신들은 반인반수의 괴수형상으로 표현된다. 그리스신화에서 위대한 어머니의 특성을 가진 여신들은 사람과 동물의 합체와 같은 괴물로 형상화되었다.[12] 신화 속의 뱀, 새 등 여

---

12 가이아의 자식인 에키드나는 수많은 괴물의 어머니가 되는데, 상체는 아름다운 젊은 여인의 모습이지만, 하체는 거대한 뱀의 모습을 하고 있다.

인과 합체를 이룬 동물의 형상은 여신의 초월적 능력을 상징한다.[13]

한대에 서왕모는 하늘의 재앙과 형벌을 주관하는 산신에서 벗어나 매우 다채로운 권능을 지닌 최고의 여신으로 일반인에게 숭배되었다. 서왕모가 최고의 여신으로 일반인들에게 숭배된 것은 한대에 유행한 장생불사에 대한 열망과 관계가 있다.[14] "예羿가 서왕모에게 불사의 약을 얻었는데, 항아姮娥가 이를 훔쳐 달로 달아났다."라는 설화에서 보듯, 한대 사람들이 서왕모를 최고 여신으로 경배하게 된 데에는 서왕모가 갖는 생사를 주관하는 능력, 즉 불사의 능력 때문일 것이다. 지상 위의 모든 생명체를 낳는 여신은 다시 그것들을 회수하는 여성과 동일한 존재이다. 태양을 집어삼키는 서쪽은 태어난 모든 것을 파괴하는 죽음의 자궁이다. 태양은 서왕모의 몸을 통과해서 동쪽으로 다시 되돌아간다. 서쪽 곤륜언덕에 사는 서왕모는 죽음을 통해 재생의 문을 여는 여신이다.[15]

한대에 유가 경학이 성행하고 후한시기에 국가적으로 예교주의가 선양된 것은 사실이지만, 벽화에 그려진 당시 한대인들의 삶은 유학의 좁은 예교주의의 속박을 받지 않았고 신화의 자유롭고 활기찬 세계 가운데 사유하였다.[16] 한대인들의 예술과 관념에는 오래전부터 전해 온 여러 신화와 고사가 가득 차 있다. 복희, 여와의 사신인수, 서왕모와 동왕공東王公의 전설, 각종 기괴한 자태의 금수는 각각 심층적인 의미와 신비로운 상징을

---

13 장영란, 『위대한 어머니 여신』, pp. 67-68.
14 무제는 神人을 만나 不死登仙 하려 끝없이 열망하였다. 무제가 서역원정을 통해 천마를 얻으려 갈망했던 것도 흉노정벌이라는 정치적 상황 외에, 날개 달린 천마를 타고 팔방이 바위로 둘러싸이고 불길이 치솟는 곤륜으로 날아오르고자 하였던 것은 아닐까(李成珪,「漢武帝의 西域遠征·封禪·黃河治水와 禹·西王母神話」,『東洋史學研究』72, 2000).
15 에리히 노이만, 박선화 역,『위대한 어머니 여신』, pp. 240-253, p. 345.
16 李澤厚,『美的歷程』, 文物出版社, 1994.

그림 1-9 무량사武梁祠 서벽, 서왕모와 삼황오제

내포하고 있다. 한대에 서왕모는 이미 신화 전설상의 중심적 인물이었다.

산동성山東省 가상현嘉祥縣 무량사武梁祠 화상석 벽화 속의 서왕모에는 한대 숭배된 서왕모의 위상이 유감없이 구현되어 있다. 서왕모는 여신으로 성적 정체성을 갖게 되면서 형상도 봉두난발에 호랑이와 표범의 몸을 한 모습은 완전히 자취를 감추고 권위와 품위를 갖춘 귀부인의 모습으로 묘사되었다. 서왕모는 5층으로 나뉜 화면 제1층의 삼각면 중앙의 용호좌에 정좌하였다. 용호는 좌우로 머리를 내밀어 우인이 내민 선초仙草를 받아먹으려 한다. 주위에는 절구질하는 토끼 한 쌍과 두꺼비, 인면조, 우인들이 있고 이들 사이로 조각구름이 널려 있다. 그 아래에는 만물창조 이래의 역사가 펼쳐지는데, 제2층에는 복희, 여와 이래 삼황오제의 전설상의 신과 제왕들이 배치되었다(그림 1-9).

선계에 자리 잡은 서왕모의 위상은 무엇보다 동서, 좌우, 음양을 상징하는 용호를 자리로 삼고 앉은 모습에서 알 수 있다. 서왕모 곁에서 절구질하는 토끼는 불사약을 조제한다. 두꺼비 역시 겨울에 동면하였다가 봄에 다시 출현하며 번식능력이 강하여 부활과 영원불사의 생명력으로 상징되어 서왕모 주변에 배치되었다. 두꺼비는 장수의 길상吉祥을 상징한다. 서왕모는 음양의 조화와 순환으로 이루어지는 우주적 질서의 주재자이자, 복희, 여와 이래 창조의 역사 너머의 존재로 생명의 창조를 주관하였다.[17]

후한 중기 이후 동왕공이 서왕모의 짝신으로 출현하기 시작하는데, 여성사적 신화 읽기의 관점에서 볼 때, 동왕공의 등장 이후 서왕모의 독자적 지위가 하락하였을 뿐만 아니라 오히려 동왕공에게 종속되었음을 종종 말한다.[18] 그리고 이러한 짝신 동왕공의 출현과 서왕모의 독자성 상실의 원인으로 한대 음양론에 기초한 예교주의적 남녀관의 세례에 혐의를 둔다. 과연 서왕모도 짝신 동왕공이 출연한 이후 독자적 지위를 잃었을까. 후한 후기 151년에 조성된 산동성 가상현의 무량사는 화제가 풍부한 벽화가 완정한 모습으로 남아 있는 화상석 사당으로, 여기에 서왕모는 동왕공과 함께 동서 벽 최상단에 새겨져 있다. 무량사와 비슷한 시기에 비슷한 지역에서 조성된 산동성 미산微山, 등주滕州 지역 화상석묘에서는 동왕공이 등장하지 않는다. 무량은 생전에 자신의 사당을 직접 설계하면서 왜 서왕모의 짝신 동왕공을 채택하였을까.

---

17 전호태,『古代 中國의 西王母像』, 울산대학교출판부, 2005, pp. 61-65.
18 여신과 배우자의 문제는 비단 서왕모와 동왕공뿐만 아니라 그리스신화에서도 결혼한 여신들은 대부분의 남신에 비해 권위와 위신이 땅에 떨어진 채 등장하게 된다고 한다. 가령 헤라는 원래 대모신이었으나 그리스신화에서 제우스의 아내가 되어서는 질투만 일삼는 여신이 된다(장영란,『위대한 어머니 여신』, p. 59; 송정화,『중국여신연구』, pp. 158-159).

그림 1-10 무량사武梁祠 동벽, 동왕공

무량이 자신의 사당을 설계하면서 서왕모와 함께 짝신 동왕공을 채택한 데에는 음양의 우주질서를 믿었던 그의 사상이 반영되었다.[19] 무량은 동왕공을 서왕모의 맞은 편 동벽 제일 상층 중앙에 위치시켜 음양의 조화를 구현하였다. 이때 서왕모와 동왕공은 무량사 동서 벽에서 천계를 동등하게 분점한 것처럼 보인다. 그러나 동왕공의 양편에 배치된 날개 달린 사람, 괴수, 신이神異와 기타 신선의 세계는(그림 1-10), 서왕모 양편의 천계의 식물을 들고 숭배하는 날개 달린 신인, 옥토끼와 두꺼비를 비롯한 '인수조신人首鳥身'의 신수가 날아다니고 운기로 장식된 서왕모 신선의 세계에 미치지 못한다. 후한의 예교주의 세례를 받은 유학자 무량에게 동왕공의 존재는 음양의 조화를 위한 서왕모의 짝신으로 존재할 뿐, 불사를 주관하는 능력은 서왕모 고유의 영역으로 남아 있었으며, 최고 숭배의 대상으로서의 위치도 불변하였음을 확인할 수 있다.

후한 중기 동왕공이 등장한 이후에도 서왕모는 여전히 짝신 없이 독자적으로 표현되기도 하였으며 천계의 주인공이며 불사의 여신이었다. 사

19 무량은 사당의 벽화를 통해, 사당을 드나드는 후손들에게 역사의 흥망과 인간이 죽어 도달하는 천계를 보여 주며 교육하고자 하였다. 무량은 자신의 학문적 배경을『韓詩』에 두고 있다.『韓詩』는 '壹陰壹陽', '壹短壹長', '壹晦壹明'의 변화에 의한 天道觀에 기초한다.

그림 1-11 사천四川 팽산彭山 출토 석관, 용호좌 서왕모

그림 1-12 산동山東 등주滕州, 서왕모

천四川지역의 도상 속 서왕모는 예외 없이 홀로 음양을 상징하는 용호좌龍虎坐에 앉아 있을 뿐만 아니라, 태양과 달을 상징하는 두꺼비와 삼족조를 동반함으로써 일월日月을 장악하여 음양의 통합을 구현하고 있다(그림 1-11). 뿐만 아니라 서왕모가 '인수사신人首蛇身'이 교미交尾하는 복희, 여와를 양옆에 거느린 창세신으로서의 모습도 볼 수 있다(그림 1-12).

서왕모는 한대 유행한 화상경畫像鏡의 주제 문양과 명문으로 즐겨 등장한다. 한대에는 동경銅鏡에 서왕모의 상을 새기고 장생불사, 벽사기복辟邪祈福, 자손번식을 구하는 글귀를 새겨 넣고는 불길한 기운을 제거하고 영혼의 승천을 돕는 부적처럼 지니고 다니는 것이 유행하였다.[20]

그러나 후한 후기 도교가 체계를 갖춰 가면서 신화의 세계가 점차 사람들의 마음에서 멀어졌다. 서왕모의 위계도 한대인의 신앙체계에서 재조정되었다. 후한 헌제기에 만들어진 신수경神獸鏡은 5단으로 구성되어 있는데, 제1단에 주작朱雀과 나란히 중앙에 남극노인南極老人이 자리 잡았다. 제2단에는 백아伯牙가 거문고를 타고 있으며, 그 옆에는 종자기鐘子期의 상이 있다. 그리고 제3단 양측에 서왕모와 동왕공이 나뉘어 있다. 제4단의 '인수조신人首鳥身'의 괴물은 장수를 담당하는 구망句芒으로, 그와 나란히 황제가 있다. 제5단에는 현무玄武와 나란히 북극성을 상징하는 천황대제天皇大帝가 배치되었다. 동진東晉의 『포박자抱朴子』에서 태을원군太乙元君으로 노자老子를 최고신으로 놓음으로써 서왕모는 아름답고 친절한 여선女仙의 자리에 위치하게 되었다.

---

20 서왕모는 자손번영과 집안의 흥함을 초래해 "서쪽에 있는 왕모를 만나면, 내가 九子를 귀여워하고, 동시에 번영할 것을 기뻐하고, 王孫이 萬戶를 호령한다."(『焦氏易林』 卷4, 孔祥星·劉一曼 著, 安京淑 譯, 『中國古代銅鏡』, 주류성, 2003, p. 202)

「공작동남비孔雀東南飛」

공작새는 동남으로 날아가다
5리마다 한 차례 배회하네
열셋에 비단을 짤 줄 알았고
열넷에는 옷 마름질을 배웠지요
열다섯에 공후를 탔고
열여섯에 『시경』과 『서경』을 암송하였습니다
열일곱에 당신 아내가 되었지만
마음은 늘 괴롭고 슬펐어요
당신은 부리府吏가 되시어
부리의 소임을 다하느라 정을 주지 않았어요
천첩은 빈방에 홀로 남아
서로 만날 날이 평소에 드물었지요
닭이 울면 베틀에 올라 비단을 짜느라
밤마다 쉴 수도 없었습니다

사흘에 다섯 필을 짜도
시어머님은 고의로 굼뜨다고 나무라십니다
짜는 솜씨가 더딘 것이 아닌데
당신 집 며느리 노릇하기가 참으로 어렵군요
저는 더 이상 핍박을 견딜 수가 없으니
공연히 머무른들 무슨 소용이 있겠어요
곧바로 시어머님께 말씀드려
때맞춰 친정으로 돌아가게 보내 주세요

부리는 이 말을 듣고
안방으로 올라가 어머니께 말씀드리기를
저는 본래 박복한 상이지만
다행히 이 아내를 얻어
혼인을 하고 부부가 되어
죽을 때까지 함께하기로 하였습니다.
함께 산 지 이삼 년으로
이제 얼마 안 되었는데
처의 행실이 그릇됨이 없거늘
어찌하여 그리 박대하십니까

어머니가 부리에게 이르기를
너는 어찌 그리 구구하냐
이 며느리는 예절도 없고

하는 짓이 제멋대로라서
내 오래전부터 괘씸하게 여겼는데
네 어찌 멋대로 말할 수 있느냐
동쪽 집안에 어진 규수가 있는데
이름은 진나부라고 하며
어여쁜 자태는 세상에 비할 데 없으니
어미가 너를 위해 구혼해 주마
서둘러 친정으로 보내거라
돌려보내고는 다시는 부르지 마라

부리는 끓어앉아 아뢰기를
엎드려 어머님께 말씀드립니다
지금 만일 제 처를 보내시면
늙어 죽을 때까지 다시는 장가들지 않겠습니다
어머니는 이 말을 듣고
침상을 치며 크게 화를 내며
이놈이 두려운 줄 모르고
어찌 감히 제 처 말을 두둔하느냐
난 이미 정이 떨어졌으니
앞으로 다시는 상종하지 않겠다

부리는 아무 말 못하고
인사를 하고 방으로 돌아왔다

아내에게 말을 꺼내려니
목이 메어 말을 하지 못하네
내가 그대를 쫓아내는 것이 아니고
어머님이 핍박하시니
그대는 잠시 친정에 돌아가 있으오
나는 지금 관청에 가 보고하고
머지않아 반드시 돌아올 터이니
돌아오면 꼭 데리러 가겠소
이러니 마음 굳게 먹고
삼가 내 말대로 해 주오

아내가 부리에게 말하기를
다시 번거로운 일은 하지 마세요
재작년 동짓달에
집을 떠나 이 댁으로 시집와
시어머님을 받들어 섬기니
행동을 감히 멋대로 했겠나요
밤낮으로 부지런히 일하면서
외롭고 갖은 괴로움을 겪었습니다
말하자면 아무 잘못도 없으며
봉양해서 큰 은혜를 갚았는데
그런데도 쫓겨나게 되었거늘
어찌 다시 돌아오라고 말씀하시나요

제게는 수놓은 저고리가 있는데

아름다운 무늬가 빛을 발하지요

붉은 비단으로 만든 이중침대 휘장에

네 귀퉁이에 향주머니가 달려 있고

육칠십 개의 상자가 있는데

녹색과 청색 끈으로 묶여 있습니다

물건마다 각각 따로따로

종류별로 그 안에 담았지요

사람이 천해지면 그 물건 또한 천해져

뒤에 올 사람 눈에 차지 않겠지만

남겨 두고 가니 모두 나누어 주세요

지금부터 다시는 만날 수 없다 해도

때때로 기별이나 주시고

오래도록 저를 잊지 말아 주세요

닭이 울고 밖에 날이 밝아오니

신부는 일어나 몸단장을 한다

수놓은 겹치마를 입으면서

하나하나 네댓 번씩 갈아입어 보는구나

발에는 비단신을 신고

머리에는 대모玳瑁 비녀가 빛난다

허리에 두른 가는 비단은 물 흐르는 듯하고

귀에는 명월 같은 귀고리를 달고

손가락은 깎아 놓은 파뿌리 같고

입은 붉은 구슬을 머금은 듯하며

사뿐사뿐 잔걸음 내딛으니

아름다운 자태가 세상에 비길 데 없어라

안방에 들어가 시어머니께 하직인사 올리니

시어머니는 화를 그칠 줄 모른다

지난 어린 시절

시골에서 나고 자란지라

본래 배운 바가 없는 데다가

귀한 댁 아드님을 부끄럽게 하였습니다

시어머님으로부터 돈과 비단을 많이 받았지만

시어머님의 구박을 견디지 못하고

오늘 친정으로 돌아가니

어머님께서 집안일로 고생하실까 걱정입니다

물러 나와 시누이와 작별을 하는데

눈물이 구슬처럼 흘러내리네

제가 처음 시집올 적에

아가씨는 겨우 침대를 잡고 설 정도였습니다

오늘 나는 친정으로 쫓겨 가는데

아가씨는 어느새 저만큼 자라셨네요

마음을 다해 부모님을 봉양하고

스스로도 몸을 잘 보살피세요

칠석날과 열아흐렛날
즐겁게 놀았던 일 잊지 마세요

대문을 나서 수레에 올라 떠나는데
눈물이 한없이 흐르네
부리는 앞서 말을 타고
아내의 수레는 뒤를 따르니
덜커덕덜커덕
큰길 어귀에서 함께 만나
말에서 내려 수레 안으로 들어가
머리 숙이고 귓속말을 하네
맹세컨대 나는 그대와 헤어지지 않을 것이니
잠시 친정에 가 있으시오
지금 나는 관청에 가야 하지만
오래지 않아 돌아올 것이니
하늘에 맹세코 그대를 저버리지 않겠소

신부가 부리에게 이르기를
그대의 세심한 마음에 감동하오니
당신이 저를 잊지 않으신다면
오래지 않아 당신이 오시기를 바라겠습니다
당신이 반석이라면
저는 창포나 갈대입니다

창포와 갈대는 꼬면 실과 같이 질기고

반석은 움직이지 않지요

제게는 오라버니가 계시는데

성정이 천둥같이 사나워

제 뜻대로 되지는 않을까 걱정입니다

제 뜻을 거슬러 저를 들볶을 거예요

손을 들어 오랫동안 흔드니

두 마음이 서로 연연한다네

친정집 문을 들어서 안방에 오르지만

오나가나 몸 둘 곳 없네

친정어머님은 손바닥을 크게 치며

네가 쫓겨 돌아오리라 생각 못했구나

열셋에 비단 짜는 것을 가르치고

열넷에는 옷 마름질을 배워 주고

열다섯에 공후를 타고

열여섯엔 예절을 가르쳐서

열일곱에 너를 시집보냈다

삼가서 어그러지지 말라고 일렀거늘

너는 지금 잘못이 없으면서

마중도 없이 스스로 돌아왔느냐

난지는 어머니께 부끄러우나

저는 사실 아무 잘못도 없습니다

어머니는 크게 슬퍼하였다

친정에 돌아온 지 십여 일이 되자
현령이 중매쟁이를 보내와
말하기를 현령께 셋째 도령이 있는데
점잖기가 세상에 비길 데가 없고
나이는 이제 열여덟 아홉 정도이오
언변도 좋거니와 재주도 뛰어나다오
어머니가 딸에게 말하길
네가 가서 대답하라 하니
딸이 눈물을 머금고 대답하길
저 난지가 처음 친정으로 돌아올 때
남편이 간곡히 당부하기를
헤어지지 않기로 맹세하였으니
이제 애정과 신의를 어긴다면
옳지 못한 일이 될 것이 두렵습니다
제가 중매쟁이를 돌려보낼 테니
천천히 다시 생각해 보아요

어머니가 중매쟁이에게 말하길
빈천한 딸이 있으나
시집을 갔다 이제 막 친정으로 돌아왔습니다
부리의 아내 노릇도 감당하지 못하였는데

어찌 현령님 도령과 짝이 되겠습니까

널리 찾아보는 것이 좋을 듯합니다

청혼을 받아들일 수 없습니다

중매쟁이가 돌아간 지 며칠 뒤

태수가 군승을 보내 방문하여 다시 청혼하였다

난지라는 아가씨가 있다는데

대대로 벼슬을 한 집안이라고 들었습니다

태수님께는 다섯째 아들이 있는데

미남인 데다 뛰어난데 아직 미혼이라오

군승이 중매인이 되고

주부가 말을 전하는데

태수 댁으로 말씀드린다면

이 같은 훌륭한 도령이 있어

혼인을 맺고자 하여

저를 귀댁으로 보내신 것입니다

어머니는 중매인에게 거절하며

딸아이가 이미 언약하였으니

늙은 어미가 감히 무어라 말하겠습니까

오라버니가 이 말을 듣고

속이 상하고 답답한 마음에

누이에게 말하기를

어찌 그리도 생각이 없는가

먼저는 부리에게 시집갔으나

이번에는 태수 댁 도령에게 시집가는 것이니
좋고 나쁨이 천지 차이인데
너 한 몸 족히 영화롭지 않느냐
이런 도령에게 시집가지 않는다면
앞으로 어찌 하겠다는 말이냐

난지가 고개 들어 대답하기를
이치는 실로 오라버니 말씀 대로지요
시집을 가 남편을 섬기다가
중도에 오라버니 집으로 돌아왔습니다
오라버니의 처분대로 따라야지
어찌 제 맘대로 하겠습니까
비록 부리와 언약은 하였으나
그 사람과는 영원히 인연이 없나 봅니다
가셔서 혼인을 허락하여
곧바로 혼인하는 게 좋겠어요
중매인이 자리에서 물러나며
예예 그렇게 합시다

관청으로 돌아가 태수께 아뢰었네
제가 명을 받들어
얘기해 보니 좋은 인연이 있습니다
태수는 이 말을 듣고

마음속으로 기뻐하였다

책력을 보고 점을 쳐 보니

이달에 길일이 있어

육합이 꼭 맞으니

길일은 그믐날이라

오늘이 벌써 스무이레

그대는 가서 혼인을 성사시켜 주시오

말을 주고받아 혼인 준비를 서두르니

떠다니는 구름같이 사람들이 오가네

푸른 공작과 흰 고니 모양의 배에

네 귀퉁이에 용 깃발이

바람에 아름답게 펄럭이고

옥바퀴를 단 금수레를

청총마가 느릿느릿 끌게 하고

금술 달린 말안장을 깔았네

빙금 삼백만 전을

모두 푸른 명주실에 꿰어 달고

빙채 삼백 필의 비단에

교주 광주 산해진미 다 구하였네

사오백 명 되는 하인을 거느리고

성대하게 군 관청 문을 나선다

어머님이 딸에게 이르기를

방금 태수님의 혼서를 받았는데
내일 오셔서 너를 맞아들인단다
어찌하여 옷을 짓지 않느냐
일을 그르치지 마라.
딸은 묵묵히 소리 없이
수건으로 입을 막고 우는데
눈물이 비 오듯 떨어지네
유리로 장식한 평상을 옮겨
창문 아래에 내어 놓고
왼손에는 가위, 자를 들고
오른손에 무늬가 있는 얇은 비단을 잡고
아침에는 수놓은 겹치마를 짓고
저녁에는 비단 홑저고리를 지었다
어둑어둑 날이 저물자
수심에 잠겨 대문을 나서며 운다.

초중경이 이 소식을 듣고
휴가를 내어 잠시 돌아오는데
이삼 리를 남겨 놓고는
애끓는 마음에 말도 슬피 운다.
신부가 말의 울음소리를 알아듣고
신을 신고 마중 나가
슬퍼하며 멀리 바라보니

옛 남편이 오는 것을 알겠다

손을 들어 안장을 치며

탄식하니 마음이 쓰라리네

당신과 이별한 뒤

사람의 일은 헤아릴 수 없어

바라던 바대로 되지 않았습니다

당신은 소상히 알 수 없을 터이나

저에게는 친정 부모님과

저를 핍박하는 오라버니가 계셔서

다른 이에게 시집가기로 허락하였으니

당신이 돌아온들 무슨 소용이 있겠습니까

초중경이 처에게 말하기를

당신이 좋은 곳으로 가게 되니 축하하오

너럭바위 반듯하고 두툼하여서

가히 천 년을 갈 수 있는데

창포와 갈대는 한때 새끼가 되어

겨우 한나절을 버티는구나

그대는 오늘 귀한 몸이 되니

나 홀로 황천길을 떠나리다

신부가 부리에게 말하길

어찌 그런 말씀을 하시나요

우리 함께 핍박받았으니

당신께서 그리하신다면 저도 그러겠어요

황천에서 서로 만나요

오늘의 이 말을 어기지 마세요

손을 잡아 보고는 길을 갈라서 떠나

각자 자기 집으로 돌아가네

산 사람들이 사별하려 하니

이 한 어찌 말로 할 수 있으리

세상을 떠날 생각을 하였으니

결코 다시 온전히 돌아갈 수 없네

초중경은 집으로 돌아가

안채의 어머니께 하직 인사 올렸네

오늘 바람이 몹시 불어 추운데

찬바람에 나무가 꺾이고

된서리에 정원의 난초가 얼었습니다

이 자식 오늘 저승으로 가

어머님을 홀로 뒤에 남기게 되었습니다

일부러 궂은 길을 택한 것이오니

다시 귀신까지 원망하지 마십시오

남산 위의 저 바위처럼 장수하시고

옥체 건강하십시오

어머님이 이 말을 듣고는

말끝마다 눈물을 줄줄 흘리네

너는 대가 집 자식이요

관청에서 벼슬을 하는데

부디 여편네 때문에 죽지 마라.

귀천이 있는 법인데 어찌 박정하다 하겠느냐

동쪽 집에 어진 처녀가 있는데

아리따움이 성안에 소문이 자자하다.

어미가 너를 위해 구혼하였으니

조만간 소식이 올 것이다.

부리는 두 번 절하고 돌아와

빈방에서 길게 탄식하네

갈 길은 이미 정해져 있거늘

고개 돌려 방 안을 둘러보니

서글픈 마음이 점점 가슴을 짓누른다

그날 소와 말이 울부짖는 속에

신부는 초례청에 들어갔다

어둑어둑 황혼이 깃든 뒤

고요하게 인적이 끊어지자.

내 목숨을 오늘 끊으려 합니다

혼은 떠나고 시신만이 오래 남아 있으리라.

치마를 잡고 신을 벗은 뒤

맑은 못에 몸을 던졌네

부리가 이 소식을 듣고

마음으로 영원한 이별임을 알아차리고
정원의 나무 밑을 서성이다가
스스로 동남쪽 가지에 목을 매었다

두 집안에서 합장하기로 하고
화산 기슭에 함께 묻어 주었다
동서에 소나무와 잣나무를 심고
좌우에 오동나무를 심었는데
가지들이 서로 덮어 주고
잎사귀들이 서로 닿아 이어졌다.
그 사이로 한 쌍의 새가 살고 있었으니
자연스레 원앙이라 이름하였다
고개 들어 서로 바라보며
밤마다 오경이 지나도록 운다
지나가는 이 걸음을 멈추어 듣고
과부는 침상에서 일어나 서성이네
후세 사람들에게 경고하노니
이 일을 교훈으로 삼가 잊지 마소서

제 2 부

진한시대 여성 연구

진한 여성 형벌의 감형과 노역

『이년율령二年律令』「구율具律」의 여성에 대한 감형은 당률唐律이나 이후 율령律令에는 존재하지 않는 독특한 규정으로 주목받으면서도, 이에 관한 이해는 전통적인 여성에 대한 시각이나 관점의 범주를 벗어나지 못하였다. 전통시대 여성에 대한 이해는 가부장제에 예속된 존재이거나 혹은 사회적으로 피억압적 존재이면서 때론 약자로서 관용의 대상으로 보는 것이 일반적이었다. 한漢 경제景帝는 조령을 내려, "나이 80 이상이거나 8세 이하 및 임신하거나 젖을 먹이는 아기가 있을 경우, (맹인) 악사樂師나 난쟁이가 국문을 당할 경우는, 형구를 채우지 않도록 하라."[1]고 하였다. 이와

---

1 『漢書』卷23 「刑法志」, "(景帝後) 三年復下詔曰 …… 其著令, 年八十以上. 八歲以下, 及孕者未

같이 형벌에 대한 구체적인 감형은 아니지만 형사심문 과정에서 노약자와 함께 여성을 우대하는 조령은 이후 평제平帝, 후한後漢 광무제光武帝 때에도 반복하여 내려졌으며,[2] 적어도 형사심문 과정에서 여성은 고령의 장로長老나 약자와 같이 일정 부분 보호해야 하는 범주에 포함되었다. 또 전한 후기 여성 형도를 귀가시키고 대신 고산전顧山錢으로 월 3백 전을 내게 한 조치도 태황태후太皇太后가 여성에게 은혜로이 덕德을 베푼 결과라고 하였다.[3] 이러한 여성 형벌에 대한 관형조치는 『이년율령』 「구율」의 여성 범죄의 감형을 이해하는 데 노老, 유약자, 유질자有疾者에 대한 사회적 관형주의寬刑主義의 범주로 파악하는 관점을[4] 뒷받침하고 있다.

그러나 『이년율령』 가운데 가족법은, 가부장권을 옹호하기 위해 부부간의 다툼에서 처妻에 대한 처벌을 가중하였으며, 부가夫家나 처가妻家와의 다툼에서도 사위의 경우보다 며느리의 경우를 엄벌에 처하고 있다.[5] 또 『이년율령』은 한초 여후기呂后期에 시행된 율령으로, 아직 진율秦律의 연장에서 진秦의 통치이념의 틀을 벗어나지 못하였다. 그럼에도 불구하고 「구율」의 감형조치를 가족 내의 존재, 약자에 대한 전통적인 유가의 관형주

乳, 師·朱儒當鞠繫者, 頌繫之."
2 『漢書』「平帝紀」元始 4년, "詔曰 …… 其明敕百寮, 婦女非身犯法, 及男子年八十以上, 七歲以下, 家非坐不道, 詔所名捕, 它皆無得繫. 其當驗者, 卽驗問. 定著令."; 『後漢書』「光武帝紀」 建武 3년, "庚辰, 詔曰 …… 男子八十以上, 十歲以下, 及婦人從坐者, 自非不道, 詔所名捕 皆不得繫."
3 『漢書』 卷12 「平帝紀」, "天下女徒已論歸家顧山錢月三百. 師古曰 爲此恩者, 所以行太皇太后之德, 施惠政於婦人."
4 堀毅,「秦漢寬刑考」,『秦漢法制史論考』, 法律出版社, 1988, p. 210; 翟麥玲·張榮芳,「秦漢法律的性別特徵」,『南都學壇』vol. 25 no. 4, 2005; 賈麗英,「漢代有關女性犯罪問題論考—讀張家山漢簡札記」, jianbo.org 2005. 12. 17(原載『河北法學』2005. 11).
5 「賊律」32-33簡. "妻悍而夫毆笞之, 非以兵刃也, 雖傷之, 毋罪. 妻毆夫, 耐爲隷妾."; 42-43簡, "毆父偏妻·父母男子同產之妻·泰父母之同產, 及夫父母同產·夫之同產, 若毆妻之父母, 皆贖耐. 其夬詈之, 罰金四兩."(張家山二四七號漢墓竹簡整理小組,『張家山漢墓竹簡』,「二年律令」, 文物出版社, 2006)

의 등과 같은 관점에서 파악하는 것은 피상적인 이해이다.[6]

여성에 대한 감형을 국가지배와 관련하여 이해하려는 연구에 의하면, 여성은 가부장에 의해 통솔되는 가家 가운데 존재로, 진한秦漢 율령의 여성 범죄에 대한 처벌은 가족질서를 보호하려는 의도와 관련이 있다고 한다.[7] 이는 진한의 제민지배 체제에서 여성을 제민의 직접 지배에서 배제된 존재로 규정하는 것은 아니라 해도, 가부장을 통한 여성의 지배라는 견해와[8] 궤를 같이한다. 전술한 대로 저자 역시 진한 국가는 가족법에서 가부장권을 지지하여 호戶를 단위로 하는 지배체제를 강화하였다고 생각한다. 그러나 『수호지진간睡虎地秦簡』에는 남편의 죄를 고발한 처는 남편의 죄에 연좌되지 않으며 독립적 재산권을 행사하는[9] 등 진한 율령상에서 여성의 존재는 완전히 가부장에 매몰되지 않는 독립적 존재로 나타나고 있어, 진한시대 여성을 가부장에 의해 통솔되는 가족질서 내의 존재로만 규정할 수 없다. 또 전통 여성의 사회적 지위를 강력한 가부장의 통제 하에 놓인 가내家內 존재라고 인식하는 한, 여성문제의 역사성은 사라지며 정태적인 인식을 벗어날 수 없게 된다.

고대 국가지배의 기초가 노동력의 장악에 있었다면, 제민지배 체제하에서는 제민의 노동력을 어떻게 계수화計數化하고 이를 조세와 요역을 통

---

6 宮宅潔, 「秦漢時代の爵と刑罰」, 『東洋史研究』, 권58 제4호, 2000, p. 649.

7 水間大輔, 「秦律·漢律における女子の犯罪に對する處罰―家族的秩序との關係お中心に―」, 『福井重雅先生古稀·退職記念論集 古代東アジアの社會と文化』, 汲古書院, 2007, p. 115.

8 西嶋定生에 의하면, 남자의 賜爵에 대해 여자에게 牛酒를 내림으로써 里의 질서에 남자만이 아니라 여자도 포섭하여 제민지배의 대상에 포함하고 있지만, 여자는 남자의 爵에 종속하는 존재로 가부장에의 종속성을 내포하고 있다(西嶋定生, 『中國古代帝國の形成と構造』, 東京大學出版會, 1961, p. 457).

9 「法律答問」, p. 133, "夫有罪, 妻先告, 不收. 妻媵(滕)臣妾·衣器當收不當? 不當收."(睡虎地秦墓竹簡整理小組, 『睡虎地秦墓竹簡』, 文物出版社, 1978)

해 거두어들일 수 있는가는 통치의 관건이었다.[10] 사실상 여성은 이러한 국가가 산정하는 노동력 전반에 포함되었으며, 상앙변법商鞅變法에서 1호 戶당 100무畝의 토지를 분급한 것은 노동력의 적정 경작면적을 산정한 결과로, 이때 대남大男 1인 외에도 대녀大女 1인을 포함하였음은 물론이다. 그러나 진한시대 여성 요역의 부과 여부에 관해서는 적지 않게 논란이 있어 왔으며, 고대 국가가 여성 노동력을 얼마나 필요로 했고 또 장악하려 하였는지 등 여성 노동력의 중요성에 관한 평가는 그다지 높지 않았다.[11] 하지만 관영수공업과 같이 국가가 직접 지배하는 형도 노역에 있어서 여성 형도의 용舂은 물론 용사구舂司寇, 백찬白粲, 예첩隷妾도 토공土工이나 담 쌓기와 같은 성단城旦의 노역을 하였다면,[12] 형도 노역에서 남녀 노역의 경계는 사실상 무의미해 보이기도 하나, 실제 예첩이 담당할 수 있는 직역은 한정되었다고 평가한다.[13] 그리고 남녀 형도의 노동 가치를 계량화하여, 여성 형도의 식량과 의복의 소비량은 남성 형도의 70~80%인 데 비해 노동량은 50% 정도밖에 되지 않는다고 산정하기도 하는데, 예신첩의 속면가贖免價, 그리고 진대晉代 호조식戶調式에서 정남丁男, 정녀丁女의 수전액授田額(정남 수전액의 1/2)은 이러한 노동가를 뒷받침한다.[14]

---

10 李成珪, 「計數化된 人間—古代中國의 稅役의 基礎와 基準—」(『中國古中世史研究』 제24집, 2010) 참조.

11 金秉駿은 일찍이 布帛을 통한 징수는 여성 徭役 징발의 또 다른 형태라는 관점에서 국가의 여성 노동력 장악에 접근했으나 일반 여성 노동력에 대한 국가의 필요성은 그다지 크지 않았다고 평가하였다(「秦漢時代 女性과 國家權力—課徵方式의 變遷과 禮敎秩序로의 編入 —」, 『震壇學報』 75, 1993).

12 「倉律」, p. 51, "城旦之垣及它事而勞與垣等者, 旦半夕參. 其守署及爲它事者, 參食之. 其病者, 稱議食之, 令吏主. 城旦舂·舂司寇·白粲操土攻(功), 參食之. 不操土攻(功), 以律食之."; 「倉律」, p. 53, "免隷臣妾·隷臣妾垣及爲它事與垣等者, 食男子旦半夕參, 女子參."

13 辛聖坤, 「'隷臣妾' 身分에 대한 試論的 考察」, 『서울大東洋史學科論集』 9, 1985, p. 67.

14 「倉律」에 의하면, 고된 노동에 속하는 城旦의 담 쌓는 일을 하는 免隷臣이나 隷臣은 城旦과

그러나 예첩 노동 분야에 한정한다면, 즉 예첩 노동의 수요문제를 고려한다면, 예신隷臣에 대한 예첩의 속면가 1/2을 곧 노동량의 비가比價로 환산하는 것은 재고할 필요가 있다. 뿐만 아니라 정남, 정녀의 수전액은 국가가 제민 남녀에 대한 노동력을 산정한 결정적인 근거가 되는 듯하나, 실제로 제민 여성은 농사 이외에 방직노동도 병행한다는 현실을 고려한다면, 여성의 노동력 산정은 좀 더 신중할 필요가 있다. 이처럼 여성의 노동력은 사회적으로 명확하게 드러나지 않을 뿐만 아니라 계량화하기 힘든 측면이 있는데, 이는 남녀분업이 '남경여직男耕女織'으로 대표되듯, 여성의 노동 분야라고 규정한 방직노동이 잉여시간에 수시작업으로 행해지는 속성 때문이기도 하다. 그러나 국가는 어떤 방식으로든 여성 노동력을 계량하여 이러한 여성의 잉여 노동력, 방직 노동력을 수취하였을 것이므로,[15] 여성의 주된 노동 분야인 방직 노동력에 대한 수취와 여성 형도 노동력의 운영은 진한 국가의 여성 노동력 운영이란 측면에서 서로 불가분의 관계에 있었으리라 생각한다.

따라서 이 장에서는 진한 여성의 감형을 전체 사회체제와 유리시켜 여성 특수성의 문제로 이해하려는 여성주의 시각에서 벗어나, 당시 형도 노

같은 양의 식량, '아침에는 半斗, 저녁에는 1/3斗'를 지급받았다. 그러나 담 쌓는 일에 종사한 隷妾의 경우 아침, 저녁으로 1/3斗, 즉 동일한 노동 분야에 종사하는 남자 형도의 80% 식량을 지급받았다. 官府나 밭일을 하는 隷妾의 경우도 동일한 노동에 종사하는 隷臣의 75% 식량을 지급받았는데, 이는 성인 城旦이나 隷臣에 비해 노동력이 떨어지는 小城旦, 小隷臣과 같은 식량지급 기준이다. 그리고 隷臣을 贖免하는 데에는 2인의 壯丁이 필요했으나 隷妾은 壯丁 1인으로 贖免할 수 있었으며, 晉, 戶調式에서는 丁男, 丁女에 占田과 課田을 각각 丁男(70畝, 50畝), 丁女(30畝, 20畝)씩 授田하여, 이에 근거하여 여자의 노동력은 남자의 1/2 이하로 산정하였다(李成珪, 「計數化된 人間─古代中國의 稅役의 基礎와 基準」, pp. 40-43)

15 金秉駿, 「秦漢時代 女性과 國家權力─課徵方式의 變遷과 禮敎秩序로의 編入─」, p. 119.

역과 밀접한 관련이 있는 고대 국가의 형벌체계의 관점에서 「구율」의 여성 감형을 분석하고, 정형正刑에서 형이 경감된 여성이 어떠한 노역에 종사하였는가 하는 문제를 통해 진한 국가의 여성 노동력 운영문제를 이해해 보고자 한다.

1. 여성 형벌의 감형

1) 책형, 요참형, 참지형의 감형

『관자管子』에서는 오정五政의 정책 가운데 하나로 "論幼孤, 舍有罪"라고 하여,[16] 미성년이나 사회적 약자에 대해서는 범죄 처벌을 면제하는 원칙을 제시하였다. 그리고 『수호지진간』에서는 6척尺 이하 미성년의 경우 육형肉刑을 면제하거나 처벌을 보류했으며,[17] 상조上造 이상 유작자有爵者가 형위성단刑爲城旦의 형벌을 받을 경우 귀신백찬鬼薪白粲으로 감형하였다.[18] 『이년율령』 「구율」에서 17세 이하 미성년과 70세 이상의 고령자, 공사公士 이상의 유작자에 대해서는 육형을 면제하고 10세 이하는 형벌을 면제하는 완형緩刑은[19] 전대로부터 이어지는 사회의식의 연장이며 이미 진율에

---

16 『管子』 卷14 「四時」, "是故春三月以甲乙之日發五政, 一政曰論幼孤舍有罪, 二政曰賦爵列授祿位, 三政曰凍解脩溝瀆復亡人, 四政曰端險阻脩封疆正千伯 五政曰無殺麑夭毋蹇華絶芋."

17 「法律答問」, p. 153, "甲盜牛, 盜牛時高六尺, 毃(繫)一歲, 復丈, 高六尺七寸, 問甲可(何)論? 當完城旦."; 「法律答問」, p. 218, "甲小未盈六尺, 有馬一匹自牧之, 今馬爲人敗, 食人稼一石, 問當論不當? 不當論及賞(償)稼."

18 「秦律雜抄」 游士律, p.130, "有爲故秦人出, 削籍, 上造以上爲鬼薪, 公士以下刑爲城旦."

19 「具律」 82簡, "上造・上造妻以上, 及內公孫・外公孫・內公耳玄孫有罪, 其當刑及當爲城旦舂者, 耐以爲鬼薪白粲."; 83簡, "公士, 公士妻及□□行年七十以上, 若年不盈十七歲, 有罪當刑者, 皆完之."; 85簡, "呂宣王內孫・外孫・內耳孫玄孫, 諸侯王子・內孫耳孫, 徹侯子・內孫有罪, 如上造・

존재하는 완형을 확대시킨 결과라는 완형화 과정을 이해할 수 있다.

그러나 진율상에서는 노인의 형벌을 완화하거나 혹은 감형하는 규정은 아직까지 파악되지 않으며,[20] 단지 면로免老가 불효不孝를 고발할 경우는 즉시 구속하여[21] 노인의 가정 내 권위를 지지하였을 뿐이다. 그리고 진율에서 6척 이하의 미성년은 형벌을 면제하거나 처벌을 유예시켰다가 성장한 후 처벌하는 것은[22] 미성년을 범죄행위를 책임질 수 없는 혹은 형벌을 감당할 수 없는 연령으로 인정하였기 때문일 것이다.[23] 그런데 현실적으로 범죄를 저지르는 연령이 70세 이상의 고령자나 17세 이하의 미성년자보다는 일반 성인이라고 하였을 경우, 육형 면제의 주 대상은 공사 이상의 유작자였을 것이다. 『이야진간里耶秦簡』 호적간戶籍簡 가운데 K18에서 호인戶人 대부大夫 1인을 제외한 성인 남자의 작爵은 모두 불갱不更, 미성년 남자의 작爵은 모두 상조上造인 것은 뭔가 특수한 사정을 상정해야 하지만,[24] 한대에는 사작賜爵에 의해 『거연한간居延漢簡』의 수졸戍卒 가운데 공승公乘은 흔히 볼 수 있으며 대부작大夫爵의 수졸도 있어, 「구율」의 상조上造나 공사公士에 대한 육형 감형은 유작有爵의 일반민을 육형에서 면제하

上造妻以上."; 86簡, "有罪年不盈十歲, 除;其殺人, 完爲城旦舂."

20 漢 惠帝가 즉위하여 秦律의 미성년에 대한 감형을 노인에게까지 확대시켜, 비로소 70세 이상과 함께 10세 이하의 肉刑을 면제하도록 하였다. 『漢書』卷2 「惠帝紀」, "爵五大夫吏六百石以上及宦皇帝而知名者, 有罪當盜械者皆頌繫. 上造以上及內外公孫耳孫, 有罪當刑及當爲城旦舂者, 皆耐爲鬼薪白粲. 民年七十以上若不滿十歲, 有罪當刑者皆完之."

21 「法律答問」, p. 195, "免老告人以爲不孝, 謁殺, 當三環之不? 不當環, 亟執勿失."

22 「法律答問」, p. 153, "甲盜牛, 盜牛時高六尺, 毄(繫)一歲, 復丈, 高六尺七寸, 問甲可(何)論? 當完城旦."

23 李均明, 「張家山漢簡所反映的適用刑罰原則」, 『鄭州大學學報』2007-7, p. 121.

24 이성규 교수는 南陽郡에서 천사된 것으로 추정하였으며, 鼂錯가 제안한 변경 천사에 강제된 民에 대한 보상, 즉 高爵 賜與를 秦이 시행한 것으로 이해한다(李成珪, 「里耶秦簡 南陽戶人 戶籍과 秦의 遷徙政策」, 『中國學報』57, 2008, p. 157).

기 위한 조치라고 이해할 수 있다. 즉 유작의 민이 일상의 범죄로 인해 서인 신분 회복이 불능한 형도로 추락하는 것을 억제하기 위한 규정이었다고 이해할 수 있다.

그런데 「구율」의 노약자의 육형 감형에 여성 일반을 포함하지 않아, 형벌 감형에서 적어도 여성은 노약자 우대 범주에 포함되지 않았다. 즉 여성의 감형은 노약자, 유작자의 감형과 같은 사회의식상의 완형의 범주가 아니었다고 이해할 수 있다. 반면 여성에 대한 감형은 「구율」에서 따로 규정하고 있는데, 유작자의 감형과 같이 육형 이상의 형벌에 대한 포괄적인 감형이 아니라 특정 형벌만을 대상으로 감형하고 있다는 점이 주목된다. 따라서 여성 감형의 목적을 이해하기 위해서는 감형의 대상이 되는 형벌과 여성 형도의 관계를 천착해 볼 필요가 있다.

(a) "① 여자가 磔刑이나 腰斬刑에 처할 경우에는 棄市하며, ② 斬爲城旦에 처할 경우에는 黥爲春으로 하며, ③ 贖斬刑에 처할 경우에는 贖黥으로 하며, ④ 耐刑에 처할 경우에는 贖耐로 한다."[25]

여성에서 감형하는 형벌은 책형磔刑, 요참형腰斬刑, 참위성단형斬爲城旦刑, 독참형贖斬刑, 내형耐刑에 한하는데, 진율에서 속국屬國의 군주(臣邦眞戎君長)나 상조上造 이상 유작자가 처벌을 받을 경우 그 형에 해당하는 속형으로 처벌받았음을[26] 고려한다면, 속참형贖斬刑은 참위성단형斬爲城旦刑의 범주

---

25 「具律」簡88, 簡89, "女子當磔若腰斬者, 棄市, 當斬爲城旦者黥爲春, 當贖斬者贖黥, 當耐者贖耐."

26 「法律答問」, p. 200, "可(何)謂「贖鬼薪鋈足」? 可(何)謂「贖宮」? ●臣邦眞戎君長, 爵當上造以上, 有罪當贖者, 其爲群盜, 令贖鬼薪鋈足; 其有府(腐)罪, 【贖】宮. 其它罪比群盜者亦如此."

로 이해할 수 있다. 그렇다면 왜 여성은 시체의 사지를 훼손, 절단하는 책형, 허리를 절단하는 요참형이나 다리를 자르는 참지형, 그리고 내형에 처하지 않고 감형하였을까. (a)① 책형, 요참형은 어떠한 범죄에 대한 처벌이었을까. 진한 율령에 책형과 요참형에 처해지는 범죄에 관해 다음과 같이 구체적으로 적시하고 있다.

(b) ① 城邑亭障을 가지고 반란을 일으켜 제후에게 항복하거나, 城亭障을 지킬 때 다른 제후국 사람이 와서 공격하고 도둑질하는데 견고히 지키지 않고 버리고 도망가거나 항복하거나, 모반한 자는 모두 腰斬이다. 그 부모, 처자, 동산은 어리거나 장년이거나 관계없이 모두 棄市이다. 모반에 연루된 자가 상당수의 체포를 도울 수 있거나 먼저 관리에게 고발하면 모두 죄를 면제한다. 나라 안에 침투하여 유인하거나 간첩질한 자는 磔刑이다. 도망 …….[27]

② 군도나 도망하여 군도를 따라간 자가, 싸우다 사람의 사지를 부러뜨리거나 신체를 상하게 하거나 절름발이를 만들거나, 사람을 묶어 연행해서 강도 짓을 하거나, 투서하거나 다른 사람을 비방하는 글을 붙이거나, 공갈 협박하여 돈과 재물을 구하거나, 강도하다 사람을 상하게 하거나 죽이거나, 도굴하거나, 사람을 납치하여 팔거나 이미 납치하여 아직 팔지 않았거나, 관리라고 속이거나 혹은 관리라고 자칭하여 도둑질을 하면 모두 磔刑이다.[28]

③ 사람을 겁박하거나 겁박하여 돈과 재산을 얻을 것을 모의할 경우, 비록

27「賊律」1-3簡, "以城邑亭障反, 降諸侯, 及守乘城亭障, 諸侯人來攻盜, 不堅守而棄去之若降之, 及謀反者, 皆要斬. 其父母·妻子·同産, 無少長皆棄市. 其坐謀反者, 能偏捕, 若先告吏, 皆除坐者罪. ☐來誘及爲間者, 磔. 亡之☐."

28「盜律」65-66簡, "群盜及亡從群盜, 毆折人枳(肢)·胅體及令仳(跛)寋(蹇), 若縛守將人而强盜之, 及投書·縣人書恐猲人以求錢財, 盜殺傷人, 盜發冢, 略賣人若已略未賣, 橋(矯)相以爲吏·自以爲吏以盜, 皆磔."

얻지 못하였거나 아직 겁박하지 않았어도 모두 磔刑이다.[29]

④ 甲이 乙을 보내 도둑질하거나 살인하도록 모의하고 10錢을 나누어 주었는데, 乙을 심문하였더니 아직 6尺이 되지 않았다면 甲을 어떻게 論罪해야 하는가? 磔刑에 처한다.[30]

⑤ 황제의 信璽나 황제의 行璽를 위조하여 쓸 경우 모두 腰斬하여 돌린다.[31]

⑥ 境外의 사람이 들어와서 도둑질을 하는 경우 腰斬이다.[32]

즉, 책형과 요참에 처해지는 죄는 간첩, 군도群盜, 익명의 투서나 협박, 강도, 살인, 도굴, 인신매매, 관리를 사칭하는 범죄, 강도 살인 교사죄 등 사회혼란을 조성하는 범죄나 반란을 일으키거나 제후에게 항복, 모반謀反하거나 황제의 새璽를 위조하는 등 국가의 안위와 관련한 범죄들이다. 진대에 여성에게 책형이 내려진 사례가 있는데, 이세二世 황제가 전대前代 신하와 공자公子 등 근친들을 제거하면서 공주들을 책磔하여 죽였으나[33] 이는 정치적인 특수한 경우일 것이다. 그리고 한漢 무제武帝 때 유굴리劉屈氂가 창읍왕昌邑王을 옹립하려 모반하였으며 그의 처 초복楚服 역시 무고巫蠱로 인한 대역무도죄大逆無道罪로 각각 요참과 효수梟首에 처해졌다.[34] 유

---

29 「盜律」 68簡, "劫人·謀劫人求錢財, 雖未得若未劫, 皆磔之."

30 「法律答問」, "甲謀遣乙盜殺人, 受分十錢, 問乙高未盈六尺, 甲可(何)論? 當磔."

31 「賊律」 9簡, "僞寫皇帝信璽·皇帝行璽, 要斬以匀."

32 「盜律」 61簡, "徼外人來入爲盜者, 腰斬."

33 『史記』 卷87 「李斯列傳」, "二世然高之言, 乃更爲法律. 於是, 群臣諸公子有罪, 輒下高, 令鞠治之. 殺大臣蒙毅等, 公子十二人僇死咸陽市, 十公主矺死於杜."

34 劉屈氂의 巫蠱사건에서 劉屈氂와 妻 楚服 누가 주모자였는가의 논란이 있으나, 漢律에서는 공범의 경우 주범과 종범 모두 같은 처벌을 받는다. 『漢書』 卷66 「劉屈氂傳」, "是時治巫蠱獄急, 內者令郭穰告丞相夫人以丞相數有譴, 使巫祠社, 祝詛主上, 有惡言, 及與貳師共禱祠, 欲令昌邑王爲帝. 有司奏請案驗, 罪至大逆不道. 有詔載屈氂廚車以徇, 腰斬東市, 妻子梟首華陽街."

굴리가 요참에 처해졌는데 무고에 적극 가담하였던 처 초복이 좀 더 가벼운 효수에 처해진 것은 바로 「구율」에 의한 감형의 예이다.[35]

　여성의 책형 감형에 관해서는 일반적으로 여성에게 잔혹한 형벌을 가하지 않았기 때문이라는 인상이 있으나, 이는 책형을 능지형凌遲刑과 같은 형벌과 간주하는 혼동에서 비롯한다.[36] 능지형은 먼저 사지를 자른 후에 목을 잘라 숨을 끊는, 『요사遼史』에 처음 나오는 극법極法이며,[37] 책형 역시 잘게 찢는 형벌임은 분명하나[38] 그 본래의 시행방법에 관한 이해는 여러 의견이 있다. 『설문해자說文解字』는 "磔, 辜也. 辜之言枯也, 爲磔之. 言磔者, 開也, 張也, 剝其胸腰而張之, 令其乾枯不收."라고 하여, 책磔은 시체에서 가슴과 허리를 갈라 벌리고 잘라서 말리는 형벌이라고 한다. 그러나 좀 더 근원적인 의미는, 『이아爾雅』 「석천釋天」에서 말하는 제의祭儀에서 찾을 수 있는 듯하다. "祭風曰磔" 邢昺疏: "磔, 謂披磔牲體, 若風之散物.", 즉 책磔은 바람이 물건을 흩어 버리는 것같이 희생을 찢는 것을 이른다고 하여, 책형의 본질과 유래는 제사에서 사용되는 희생의 처리방법과 관련한 형벌방법임을 말한다.[39] 그런데 『수호지진간』 「법률답문法律答問」 가운데 희생 제물의 절도에 대한 법률 적용의 예는 제사에서 희생 제물을 진열할 때[40] "祠固用心腎及它支(肢)物, 皆各爲一具"라고 하여 확실히 희생의

35　水間大輔, 「秦律·漢律における女子の犯罪に對する處罰―家族的秩序との關係お中心に―」, pp. 32-36.

36　沈家本 『歷代刑法考』 1, 「刑法分考」 二 "磔"條, "磔有張開二義. 開義與凌遲爲近, 然謂磔卽凌遲, 恐未必然. 惟 「李斯傳索隱」 謂 '裂肢體而殺之', 大似後世之凌遲, 然恐非古義. 楊倞以磔爲車裂, 不知有所本否."(中華書局, 1985, pp. 109-114)

37　앞 글, p. 109. 『遼史』 卷61, 「刑法志」, "死刑有絞, 斬, 陵遲之屬."

38　劉海年, 「秦律刑罰考析」, 『雲夢秦簡硏究』, 帛書出版社, 1986, p. 207.

39　曹旅寧, 「秦漢磔刑考」, 『湖南大學學報』 21-1, 2007, pp. 14-15.

40　「法律答問」, p. 161, " '公祠未闋, 盜其具, 當貲以下耐爲隸臣.' 今或益〈盜〉一腎, 益〈盜〉一腎臧

심장, 신장 같은 장기臟器와 다리를 잘라 각각 진열하였음을 전한다.

상대商代 성행한 상왕商王의 인생人牲제사에서는 희생을 온전히 사용하기도 하였지만, 흔히 두개골만을 잘라 바쳤으며, 이외에 희생의 가슴을 갈라 내장을 꺼내 바람에 건조시키거나, 피를 채취해 제사 지내거나, 인생人牲을 반으로 가르거나 해체하여 지체肢體를 신에게 올렸다.[41] 포로나 희생의 남녀 호칭 구분에 근거하면, 이러한 희생제사에는 '부伕', '인人', '강羌' 등 남성 인생人牲이 사용되었으며 강족羌族 포로들이 주로 희생에 바쳐졌다.[42] 그런데 흥미로운 점은 자연신 제사에는 소, 양과 함께 여성 희생들을 주로 바쳤는데, 홍수방지를 위한 제사에서는 희생을 물에 빠뜨리는 '침沈'법法, 기우제에서는 희생을 장작 위에서 태우는 '교炊'법으로 여성 희생만을 사용했으며, 조상신에 제사 지낼 때에는 희생을 때려죽이는 '고鼓'법에도 여성 희생을 사용하였다.[43] 제사에 여성을 희생으로 사용하는 수량이 분명 적었지만,[44] 적어도 여성 희생에 대해 잔혹한 방법을 사용하는 것을 기피한다든가 하는 의식을 구하기는 어려우며, 단지 여성 희생은 지체肢體를 절단하기보다는 온채로 사용하는 경향을 읽을 수 있다. 진한시대 책형의 기원을 고대 희생제사에서 구한다 하더라도, 진한시대 여성 책형의 회피를 몇 천 년 전의 고대 희생제사 관습과 직접 관련짓기

(臟)不盈一錢, 可(何)論? 祠固用心腎及它支(肢)物, 皆各爲一具, 一[具]之臓(臟)不盈一錢, 盜之當耐. 或直(値)廿錢, 而被盜之, 不盡一具, 及盜不直(置)者, 以律論."

41 姚孝遂,「商代的俘虜」,『古文字研究』제1집, 中華書局, pp. 369-382.

42 卜辭에서 商人들은 전쟁포로로 잡은 적국의 人牲을 '叚', '執', '係', '俘'라고 칭하는데, '叚'는 남자 혹은 여자를 모두 칭하지만, '奴', '妹'는 분명 人牲으로 사용하는 여자 포로에 대한 호칭이며, 羌족의 여성은 姜, 奚족 여성은 婁라고 칭하였다(앞 글, pp. 350-357; 姚孝遂, 肖丁,『小屯南地甲骨考釋』中華書局, 1985, p. 70).

43 Wolfgang Kubin, 王平譯,『甲骨文與殷商人祭』, 大象出版社, 2007, pp. 82-93.

44 姚孝遂,「商代的俘虜」, p. 387.

는 어렵다. 그러나 진한시대 책형 역시 희생제사에서 시체를 처리하는 방법에서 유래한 사형법이라고 한다면, 여성 희생을 해체하는 것을 꺼렸던 고대 관념은 여전히 진한시대에도 유효하였을 수 있다. 그리고『한서漢書』「장창전張蒼傳」에 의하면, 장창이 참형을 받아 부질鈇鑕에 엎드릴 때 옷을 모두 벗었는데,[45] 이는 범저范睢가 "胸當椹質, 要待斧鉞"이라고[46] 하였듯이 정확하게 허리를 자르기 위해서였던 듯하다. 이러한 요참형을 행하는 절차 역시 여성 형도의 요참을 기피한 현실적인 이유가 될 수 있을 것이다. 즉 적어도 여성 책형, 요참형의 회피에서 여성 형도에게 잔혹한 형을 가하지 않는 관형의 관념을 구할 수 없다는 것만은 분명한 듯하다.

그리고 또 다른 여성 감형, (a)② 참위성단형斬爲城旦刑에 처할 경우에는 경위용黥爲舂으로 한다는 감형조치는 여성의 감형을 이해하는 또 다른 실마리를 제공하는 듯하다.『이년율령』「고율告律」과『용강진간龍崗秦簡』에는 여성 참좌지형斬左趾刑의 감형 사례가 있다.

(c) ① 노비가 스스로 고소하면 재판하지 않고 奴의 左趾를 斬하고 婢는 얼굴에 黥하여 주인에게 준다.[47]

② 구멍으로 출입하거나 符傳을 지니지 않고 마음대로 문으로 들어오는 자는 남자는 左趾를 斬하고 여자는 ……[48]

---

45 『漢書』卷42「張蒼傳」, p. 2093, "蒼當斬, 解衣伏質, 身長大, 肥白如瓠, 時王陵見而怪其美士, 乃言沛公, 赦勿斬."; 卷66「王訴傳」, p. 2887, "繡衣御史暴勝之使持斧逐捕盜賊, 以軍興從事, 誅二千石以下. 勝之過被陽, 欲斬訴, 訴已解衣伏質."

46 『史記』卷79「范睢傳」, p. 2404, "今臣之胸不足以當椹質, 腰斬者當 椹質也. 而要不足以待斧鉞."

47 「告律」135簡, "奴婢自訟不審, 斬奴左止, 黥婢顏(顏)頯, 畀其主."

48 『龍崗秦簡』2簡, "竇出入及毋符傳而闌入門者, 斬其男子左趾女「子」☒"(中國文物研究所, 湖北省文物考古研究所編,『龍崗秦簡』, 中華書局, 2001, p. 69) (c)② 『용강진간』에서 여자의 범법행위에 관한 조치는 판독이 어려워 구체적으로 알 수는 없으나, 어쨌든 참좌지斬左趾 하지 않고 다른 형벌을 내렸음은 분명하며, 「구율」에 근거한다면 참지斬趾 대신 경위성단형을 내린 것으로 추정해도 크게 틀리지 않을 것이다. 그렇다면 왜 여성은 참지형에 처하지 않고 감형하였을까. 이 문제 역시 참지형의 연원과 관련하여 실마리를 찾아볼 수 있을 듯하다. 참지형은 다리를 하나 잘라 형도를 불구로 만드는 형벌이다. 참지형과 같이 형도를 불구자로 만드는 형벌은 형도 노역의 노동력을 떨어뜨리는 결과를 초래한다는 점에서, 당시 형벌체계의 본질은 노동형이 아니었다고 말할 수도 있다. 그러나 『주례정의周禮正義』 「추관秋官」에 다음과 같이 규정되어 있다.

(d) 墨刑에 처한 자는 문을 지키며, 劓刑에 처한 자는 關을 지키게 하며, 宮刑에 처한 자는 內宮을 지키게 하며, 刖刑에 처한 자는 囿를 지키게 하며, 髡刑에 처한 자는 積을 지키게 한다.[49]

묵墨, 의劓, 궁宮, 월刖, 곤형髡刑의 육형에 처해진 형도들에게 불구에 따른 각각의 직역이 주어졌는데, 월형에 처해진 형도는 유囿를 지키는 일을 하였다. 청동격靑銅鬲 가운데는 월형을 받은 노예가 문을 지키는 모습을 한 실물이 몇 점 전해지는데(그림 2-1), 청동기의 문지기 형도는 모두 참좌지형에 처하여 왼쪽 발목이 없는 형도들이며, 이처럼 육형을 받은 형도들이 문을 지키는 노역은 남자 형도들의 노역이었을 것이다. 고대 중국의 형벌인 묵, 의, 궁, 월, 곤형의 육형은 사회로부터의 추방을 의미하는 '이형화

---

49 『周禮正義』 「秋官」 "墨者使守門, 劓者使守關, 宮者使守內, 刖者使守囿, 髡者使守積."

그림 2-1 월형노형수문격刖刑奴隷守門鬲(서주 후기, 고궁박물원故宮博物院 소장)

異形化'라고 한다면,[50] 여성에게도 남성 형도와 동일한 형벌을 내리지 않을 이유는 없다. 그러나 생존을 위한 노동이라 하더라도 참지 형도를 문지기로 썼다면, 여성에게는 참지형을 내리지 않았던 이유는 분명해 보인다. 전국戰國 이후 부국강병을 치국의 목표로 하는 국가 통치자에게 노동력의 극대화는 통치와 존립의 근간이었을 것이다. 그런데 문지기로도 쓸 수 없는 여성 형도에게 참지형을 가한다면 정상적인 노역도 할 수 없는 불구자를 만들 뿐이었을 것이다. 즉 참위성단에 해당하는 여성 형도를 경위용黥爲舂으로 감형한 「구율」의 감형조치의 저변에는 참좌지 한 여성 형도의 노동력 활용의 문제가 있지 않을까 추정할 수 있다.

2) 내형의 감형

여성 범법자가 (a)④ '내耐'형을[51] 받을 경우 속내贖耐로 처벌하는 감형

---

50 李晟遠, 「古代中國의 刑罰觀念과 肉刑」, 『東洋史學研究』 67輯, 1999, pp. 4-8.
51 『禮記正義』, "古者犯罪, 以髡其須, 謂之耐罪. 故字從寸, 寸爲法也, 以不虧形體, 猶堪其事, 故謂之耐."

은, 여성 형도에게 수염을 자르는 내형을 시행할 수 없어 속전贖錢으로 대신하는 불가피한 조치인 듯 보이기도 한다. 그러나 「잡률雜律」에서 자신의 집 노비와 혼인한 여성을 '耐其女子以爲隷妾'로 처벌하는 경우,[52] '내耐'는 여자를 목적어로 하는 동사형으로 쓰여 무엇인가 구체적으로 '내耐'의 형벌을 여자에게 시행하였음이 분명하다. 「구율具律」의 내형 감형은 내형이 독립적으로 부과된 것처럼 보이지만, 내형은 독립 형벌로 존재하지 않으며 '내사구耐司寇', '내예신첩耐隷臣妾', '내귀신백찬耐鬼薪白粲'과 같은 노동형이나[53] '내천耐遷' 같은 유배형을 동반한다. 『수호지진간』과 『이년율령』 가운데 내죄耐罪로 처벌받는 범죄 유형은, 자일갑貲一甲에 처해진 자가 사면되었는데 다시 도망하다 체포된 경우, 그리고 체포한 죄인을 서로 이전하여 작爵을 받거나, 선인船人이 사람을 배에 태우고 가다 물결에 쓸려 죽게 하거나, 봉인封印을 훔쳐서 버리고 문서만 올리거나, 이민吏民이 망명하여 만 1년 후 체포되거나, 나이를 3년 이상 다르게 신고하거나, 110전錢의 장물을 숨기거나, 공성전攻城戰에서 거짓으로 관물官物 분실을 신고하거나, 처를 때려 상처를 내거나, 다른 사람의 귀를 찢거나, 싸우다 상해를 입히거나, 공무로 이吏를 구타, 욕설한 경우 등이며, 이들 내죄耐罪는 사구형司寇刑과 예신첩형을 모두 포함한다.[54]

그렇다면 (a)④ 내형 감형은 이들 사구형과 예신첩형을 모두 속내贖耐로 감한다는 것인가 하는 문제가 있다. 그런데 「구율」은 내죄의 적용에 관해

---

52 「雜律」190簡, "奴取主・主之母及主妻・子以爲妻, 若與奸, 棄市, 而耐其女子以爲隷妾."

53 韓樹峰, 「耐刑, 徒刑關係考」, 『史學月刊』 2007-2, pp. 24-25.

54 耐司寇와 耐隷臣을 포함하는 耐罪에 관한 분석은 李成珪, 「秦漢의 형벌체계의 再檢討―雲夢秦簡과〈二年律令〉의 司寇를 중심으로」(『東洋史學研究』 85輯, 2003, pp. 20-25), 任仲爀, 「秦漢의 耐刑―士伍로의 수렴 시스템과 관련하여―」(『中國古中世史研究』 19, 2008)에서 이미 詳論하였으므로 再論을 피한다.

다음과 같이 규정하고 있다.

(e) 죄를 지어 耐刑에 처벌되었으나, 刑名이 규정되어 있지 않은 耐刑의 경우(其法 不名耐者), 庶人 이상이면 耐司寇로, 司寇는 耐隷臣妾으로, 隷臣妾과 收人이 耐 罪를 지으면 繋城旦春 6년을 부가하며, 그 일수를 다 채우기 전에 다시 耐罪 를 범하면 完城旦春으로, 城旦春이 耐罪를 지으면 黥城旦春에 각각 처한다.[55]

내죄에 처벌되었는데 내사구, 내예신첩, 내귀신백찬 등과 같은 내형의 구 체적인 형명 등급이 정해 있지 않을 경우, 서인 이상은 '내사구'가 되며 '사구'는 '내예신첩'이 된다는 것이다. 그렇다면 (a)④ 감형의 '내耐'가 바로 (e) 구체적인 형명이 규정되지 않은 내형('其法不名耐者')에 해당한다고 한다 면, 내형의 감형을 내사구형의 감형에 한정하여 이해할 수 있을 것 같다. 그 런데 『이년율령』 「망률亡律」에서 망죄亡罪를 범한 여성의 내죄를 감형하는 규정은 내죄 감형을 좀 더 구체적으로 이해할 수 있는 실마리를 제공한다.

(f) 관리나 民이 도망하여 1년이 되면 耐刑에 처한다. 1년이 못 되면 繋城旦春에 처한다. 公士, 公士妻 이상은 관부에서 일을 하며 모두 도망친 일수로 보상한 다. 자수할 경우, 笞刑 50대에 처하고 회피하여 도망한 일을 다시 시키며, 도 망친 날수를 모두 적는데, 연장하여 날수가 1년 이상이 되면 역시 耐刑이다. 여자가 이미 도망죄에 연좌되어 贖耐刑을 받았는데 또다시 도망하여 贖耐에 해당할 경우는 耐以爲隷妾에 처한다.[56]

55 「具律」 90-91簡, "有罪當耐, 其法不名耐者, 庶人以上耐爲司寇, 司寇耐爲隷臣妾. 隷臣妾及收 人有耐罪, 繋城旦春六歲. 繋日未備而復有耐罪, 完爲城旦春. 城旦春有罪耐以上, 黥之."

56 「亡律」 157-158簡, "吏民亡, 盈卒歲, 耐; 不盈卒歲, 繋城旦春; 公士, 公士妻以上作官府, 皆償

도망한 지 1년이 되어 처벌받는 내죄는 1년이 못 될 경우에 처하는 계성단용繫城旦舂의 상급 1급으로 내사구에 해당함이 분명하여, 망죄에 의한 내형은 내사구라고 할 수 있다.[57] 그런데 망죄, 즉 내사구형에 처할 여자가 속내형贖耐刑을 받은 것은 (a)④ 「구율」의 감형 규정에 의해 내형을 속내형으로 경감받은 결과이며, 내사구형을 속내형으로 하는 감형이 도망죄에 한정하였다고 할 이유는 없다. 그리고 (a)의 감형, 즉 책형, 요참형 →기시棄市, 참지성단→경성단縣城旦(속참贖斬→속경贖縣)으로의 감형은 1등급 경감이라고 할 수 있는데,[58] 가령 내형에 예신첩형과 사구형 모두를 포함시킨다면, 각기 다른 등급의 형벌을 속내贖耐의 동급으로 감형시키는 문제뿐만 아니라, 관부 노예의 주축인 예첩 형도로 처벌하지 않는다는 문제가 생긴다. 따라서 (a)④의 '내형耐刑'의 감형은 '내사구'의 감형으로 이해가 가능하다.

그런데 「망률」에서 내사구형에 처해진 여성이 감형받아 속내형贖耐刑을 받았으나 재범再犯하여 속내형에 처할 경우 내이위예첩형耐以爲隸妾刑을 받는다는 규정은 몇 가지 흥미로운 문제를 제기한다. 우선 내형을 속내형으로 감형받은 여자가 재범할 경우에는, 내형을 받은 사구의 재범과 동일하게 내예신첩으로 처벌된다는 것이다. 즉 여성 형도의 경우 내죄를 감형함으로써 사구 형도가 되는 것을 회피하였을 뿐, 내죄를 재범할 경우 남성의 재범과 마찬가지로 예신첩으로 처벌되는 길을 열어 놓았다.

그렇다면 왜 여성을 '내사구'로 처벌하는 것을 회피하였을까. 사구는

亡日. 其自出殹也, 笞五十, 給逋事, 皆籍亡日, 軯數盈卒歲而得, 亦耐之. 女子已坐亡贖耐, 後復亡當贖耐者, 耐以爲隸妾.'

57 李成珪, 「秦漢의 형벌체계의 再檢討─雲夢秦簡과 〈二年律令〉의 司寇를 중심으로」, p. 21.
58 任仲爀, 「秦漢律의 贖刑」(『中國學會』 54輯, 2006, p. 225) 참조.

분명 예신첩보다 한 단계 가벼운 형벌임에도 불구하고 형기刑期에 관한 특별한 규정이 없으며 자식이 사오士伍가 되는 것으로 보아 무기 강제노역의 신분이었음에 틀림없다. 그리고 예신첩의 자식이 예신첩이 되는 것과 달리 사구의 자식은 서인일 뿐만 아니라 사구는 은관隱官과 마찬가지로 서인의 반분半分의 전택田宅을 지급받아 신분적으로 서인과 관노비의 중간으로 추정할 수 있다.[59] 그런데 사구형에 대한 회피는 비단 여성 형도만이 아니었던 듯하다. 『이년율령』「도율」에 의하면, 절도액에 따라 형벌이 660전을 초과하면 경성단용에서 시작하여 그 이하 100전까지는 완성단용, 내예신첩으로 경감되는데, 100전 이하는 벌금 4량에 처하여[60] 절도범죄 형벌체계에서 가장 일상적인 소액의 절도에서 귀신백찬과 함께 사구형이 제외되어, 남성 형도의 사구 역시 억제하였던 것이 아닌가 하는 의혹이 있다.

그렇다면 국가가 예신첩과 마찬가지로 무기 강제노역을 시킬 수 있는 사구의 창출을 억제하였다면 그 이유는 어디에 있었는지에 관해서, 일단 사구의 노역에서 찾아볼 필요가 있다. 사구의 복역 내용은, 『한구의漢舊儀』가 전하는 문제文帝 개혁 이후에는 '비수備守'인데,[61] 『수호지진간』, 『이야진간』의 사구에 관한 업무에 의하면, 성단사구城旦司寇에게는 성단을 감시하는 고유의 업무가 주어졌던 것으로 보아, 사구는 형도를 감독하는 일

---

59 李成珪, 「秦漢의 형벌체계의 再檢討—雲夢秦簡과 〈二年律令〉의 司寇를 중심으로」, pp. 38-45.

60 『二年律令』「盜律」 55-56簡, "盜贓直過六百六十錢, 黥爲城旦舂; 六百六十到二百廿錢, 完爲城旦舂; 不盈二百廿到百一十錢, 耐爲隸臣妾; 盈百一十到廿二錢, 罰金四兩; 不盈廿二錢到一錢, 罰金一兩."

61 『漢舊儀』, "罪爲司寇 男備備守 女爲作女司寇 皆作二歲."

종의 경찰업무에 종사였다.[62] 그런데 사구는 본래의 직무 이외에는 (수레를 모는) 복복(僕), (취사를 담당하는) 양양(養), 관부의 수비 및 다른 일을 시키지 말게 하여,[63] 사구의 복역이 예신첩과 달리 형도를 감독하는 일에 한정되었다면, 관부는 일정 수 이상의 사구를 필요로 하지 않았을 것을 추정할 수 있다.

이러한 사구에 관한 이해를 여성 사구에 적용했을 때, 오늘날 여성의 범죄율이 15% 정도라고 한다면,[64] 진한시대에는 연좌제에 의해 여성 형도의 수가 많았다 하더라도 남성 형도에 비해서는 적었음에 틀림없다면, 여성 형도를 감시하는 여성 사구의 수요는 남성 사구에 비해 더욱 적었을 것임에 틀림없을 것이다. 따라서 국가는 절도형벌 체계에서 사구형을 제외하는 외에도, 사구형에 처한 여성 형도의 감형을 통해 여성 사구의 창출을 더더욱 억제할 필요가 있지 않았을까.

여성의 내형 감형이 제기하는 또 다른 문제는 속내형으로 감형된 여자의 신분과 지위의 문제이다. 정형正刑으로 과형된 속내형은 신분을 유지한 채 속내의 속금을 납부하는 것이지만, 내형을 속내형으로 감형받은 여자는 내형에 대한 감형이므로 내사구에서 한 등급 감형한 서인 신분의 속내형을 받았을 것이라는 추정이 가능하다. (f)「망률」의 속내형으로 감형받은 여자가 또다시 재범할 경우 내위예첩이 되는 규율은 이를 확인해 줄 뿐만 아니라, 속내로 감형된 서인 여자의 지위가 사실상 사구와 동일

---

62 「司空律」, p. 89, "毋令居貲贖責(債)將城旦舂. 城旦司寇不足以將, 令隸臣妾將. 居貲贖責(債)當與城旦舂作者, 及城旦傅堅·城旦舂當將司者, 廿人, 城旦司寇一人將. 司寇不足, 免城旦勞三歲以上者, 以爲城旦司寇."

63 「司空律」, p. 91, "司寇勿以爲僕·養·守官府及除有爲殹(也). 有上令除之, 必復請之."

64 『범죄백서』 2008, 통권 제25호, 법무연수원, 2008, p. 127.

하다는, 속내형으로 형을 경감받은 서인 여자의 신분 지위의 문제가 제기
된다. 즉 내형을 감형받은 여자는 서인이면서도 실제로는 사구와 같은 규
제를 받는 불안정한 지위의 서인이었던 것이다.

내형을 속내형으로 감형받아 서인이었을 여성이 실질적으로는 사구와
같은 신분적 위치에 있었다는 문제는, 육형을 받은 여성 형도나 여비女婢
가 서인으로 속면贖免, 면천免賤하는 과정에서도 일맥상통한 문제를 제기
한다.

(8) ① 庶人 이상이나 司寇, 隷臣妾이 城旦舂·鬼薪白粲罪 이상의 죄가 없는데, 관
리가 고의로 혹은 과실로 刑을 주어 (肉刑을 받을) 경우, 모두 隱官으로 삼는
데 여자는 庶人으로[65] 하여, 算賦와 요역을 면제하고 '自尙'하게 한다.[66]

② 노비가 선하여 주인이 免賤시키고자 하는 자는 허락하여, 奴는 私屬으로
명하고 婢는 庶人이 되어 다시 주인에게 사역하며 算賦와 요역은 노비와 같
이 한다. 주인이 죽거나 죄를 지을 경우, 私屬은 庶人이 되며 (이때) 형을 받은
사람은 隱官이 된다.[67]

(8)① 육형을 받은 형도에서 속면贖免 되어 서인이 된 여자나 (8)② 비婢
에서 면천免賤되어 서인이 된 여자 모두 산부算賦와 역사役事를 면제받았

---

65 '女子庶人'에 대한 해석은, '隱官이 된 여자와 庶人'(專修大學『二年律令』研究會,「張家山漢簡
「二年律令」譯注(三) 具律」,『專修史學』 37, 2004, p. 176), 혹은 '女子庶人'(富谷至編,『江陵張
家山二四七號墓出土漢律令の研究, 譯注篇』, 朋友書店, 2006, p. 81)이라고도 한다. 그러나
'女子庶人'은 (과실에 의한 형을 받은) 여자는 庶人으로 회복한다는 의미로 해석해야 한다.

66 「具律」 124簡, "庶人以上, 司寇·隷臣妾無城旦舂·鬼薪白粲罪以上, 而吏故爲不直及失刑之,
皆以爲隱官; 女子庶人, 毋筭事其身, 令自尙."

67 「亡律」 162簡, "奴婢爲善而主欲免者, 許之, 奴命曰私屬, 婢爲庶人, 皆復使, 及筭事之如奴婢.
主死若有罪, 以私屬爲庶人, 刑者以爲隱官."

다는 점이 주목된다. 왜 육형을 받은 여자는 은관隱官으로 삼는 대신 서인으로 속면 하면서 산부와 요역을 면제시켰을까. 노비의 경우 이들에게 생활의 터전이 없었던 때문이라고도 하며,[68] 육형을 받은 억울한 형도의 경우 무고한 육형 처벌에 대한 보상은 아니었는지 고려해 볼 수도 있다. 그러나 (g)② 면천된 노비의 산부와 요역의 면제가 원주인의 사역에 동반하듯,[69] 속면 된 서인 여자의 산부와 역사 면제는 결코 혜택이 될 수 없을 뿐더러 오히려 열등한 신분을 의미하는 듯하다.

산부와 요역은 대남, 대녀가 되는 15세부터 면로免老가 될 때까지 국가가 제민에게 부과하는 주요 세목稅目이었다. 즉 은관은 사속私屬과 함께 적민謫民의 범주라고 할 수 있으며, 수전授田에서 서인의 반분半分의 전택을 받아 서인보다는 한 단계 낮은 신분일 뿐만 아니라, 여전히 국가에 예속된 신분으로 응당 산부나 요역은 없었다. 1가구 100무의 수전은 5인 가족의 노동력에 의한 생존과 전조 수취를 위한 경작면적이었으며, 잉여 노동력은 산부, 요역으로 국가에 의해 수취되었다면, 은관이나 사구에게 서인 반분의 수전을 하면서 산부, 요역을 수취하지 않은 것은 바로 무기 강제노역의 신분인 이들의 잉여 노동력을 국가에 예속시키는 조치와 상부한다.

한편 (g)① 육형을 받은 형도에서 속면贖免 된 서인 여자의 '자상自尙'의 의미가 분명치 않으나 '자급自給'의 의미로 해석한다면,[70] 자신의 생존

---

68 王煥林, 『里耶秦簡校詁』, 中國文聯出版社, 2007, pp. 112-113; 任仲爀, 「秦漢律의 庶人」, 『中國古中世史研究』 22, 2009, p. 217.

69 趙旅寧은 奴婢에서 면천된 私屬은 물론 庶人 여자 역시 원주인에게 여전히 복역하는 依附性이 있다는 것을 庶人의 隷屬性을 증거하는 例로 들고 있다(「秦漢法律簡牘中的"庶人"身分及法律地位問題」, 『咸陽師範學院學報』 22-3, 2007, p. 14).

70 劉國勝은 '自謀職業'의 의미로 해석하였다(中國文物研究所, 湖北省文物考古研究所編, 「雲夢

과 생활을 주체적으로 영위하는 신분으로 이해할 수 있다. 그런데 여기에다 서인으로 속면 된 여자가 받은 산부와 요역의 면제를 혜택으로 이해할 경우 남자 은관에 비해 속면의 형평을 잃는 문제가 제기된다. 그런데 여기에서 서인으로 면천한 비婢가 산부와 요역을 면제받으며 계속 주인에게 사역하는 규율은, 육형에서 속면 된 서인 여자의 산부와 요역의 면제를 이해하는 실마리를 제공한다. 즉, 여비女婢에서 면천한 서인 여자가 산부와 요역을 노비율로 면제받은 것은 곧 주인에 대한 예속성 때문인 것과 마찬가지로, 면천한 서인 여자는 사실상 남노男奴 사속私屬과 마찬가지의 신분적 위치에 있었다. 육형 형도에서 속면 한 서인 여자 역시 사실상 은관과 동일한 신분적 지위로 속면 되었다고 한다면, 서인 여자에게 주어진 산부와 요역의 면제는 서인 여자의 잉여 노동력에 대한 국가의 예속성을 의미하는 것이 되어야 한다. 나아가 속내형으로 감형한 서인 여자가 사실상 사구와 같은 위치에 있었다면, 여비나 형도에서 면한 서인 여자와 마찬가지로 산부와 요역을 면제받았을 것이라는 추정도 가능할 듯하다. 즉 내형에서 속내형으로 감형받은 서인 여자가 산부와 요역이 면제되었다면, 이들 서인 여자의 노동력을 국가가 필요로 하는 노동력으로 활용한다는 것을 의미하였으며, 이는 이들 속내형으로 감형받은 서인 여자 노동력의 예속성을 의미한다.

龍崗簡牘考釋補正及其相關問題的探討」, 『龍崗秦簡』, 中華書局, 2001, p. 165).

2. 속내형 '서인 여자'의 노역과 관영방직작방

1) 속내형 '서인 여자'[71]의 방직

내형을 감형한 속내형은 금전의 납부에 의해 변제가 가능한 형벌로, 속전을 낼 수 없을 경우 1일 8전의 관부 노역으로 갚을 수 있다. 속형은 본래 받은 형벌을 재화 납입으로 대체하는, 형을 경감하는 수단이기도 하지만,[72] 속형이 정형正刑으로 과형되어 재화의 납부에 의해 갚는 형벌이라고 한다면, 내형을 속내형으로 감형받은 서인 여자 역시 정형으로 속형죄를 받은 이들과 마찬가지로 속금을 납부하였을까. 『수호지진간』 「사공률司空律」은 속형죄의 복역 형태에 대해 좀 더 구체적인 내용을 전한다.

(h) 벌금형이나 贖刑 및 관부에 채무가 있을 경우 판결이 결정된 날에 따라 신문을 하는데, 벌금이나 채무를 납부하지 못하거나 형벌을 면하는 贖錢을 내지 못할 경우는 판결일로부터 노역을 하는데, 하루에 8전을 배상하는 것으로 노역한다. 관부에서 노역하면서 관부의 음식을 먹을 경우 남자는 하루에 1/3斗, 여자는 1/4斗이다. 公士 이하로서 贖刑罪, 贖死罪에 복역하는 자는 城旦舂에 복역하며 赤衣을 입히지 않으며 칼, 차꼬 등 형틀을 채우지 않는다. 鬼薪白粲, 여러 下吏로서 耐刑을 받지 않은 자들, 私家의 노비들로서 贖刑과 貲錢과 채무로 성단에 복역하는 자들은 모두 赤衣를 입히며 차꼬나 칼, 형틀을 채워 감독을 한다. 혹 도망을 가면 감독자의 죄이다. 葆子 이상이 贖刑 이상 贖

---

71 이 책에서 칭하는 贖耐刑 '庶人 女子'는 正刑으로 課刑된 贖耐刑이 아닌, 耐刑에서 감형되어 庶人 신분의 贖耐刑을 받는 女子에 限한다.

72 角谷常子, 「秦漢時代の贖刑」, 『前近代中國の刑罰』, 京都大學人文科學研究所, 1996, p. 67.

死에 복역하는 경우는 관부에서 복역하며 모두 감독하지 않는다.[73]

즉 속금을 내지 못한 공사公士 이하의 속형죄 형도의 노역은 벌금형이나, 관부에 대한 채무 변상이 관부에서 노역하는 것과 달리, 성단용의 노역으로 복역해야 한다고 규정하였다. 속형은 금전으로 갚을 수 있는 형벌이라 할지라도, 응당 받아야 할 노역형의 대속代贖이라는 의미를 포함하고 있기 때문이 아닐까. 「구율」에서는 속형의 속전가에 관해 다음과 같이 규정한다.

(i) 贖死, 金二斤八兩. 贖城旦舂·鬼薪白粲, 金一斤八兩. 贖斬·府, 金一斤四兩. 贖劓·黥, 金一斤. 贖耐, 金十二兩. 贖千(遷), 金八兩. 有罪當府者, 移內官, 內官府之.

즉 정형에 대해 형벌의 가형加刑 혹은 감형 혹은 대체형의 원칙을 정한 「구율」에서 속전가를 규정하였다는 것은 곧 속내형을 속전으로 납부할 수 있다는 대체형을 제시한 것이다. 그런데 만약 이를 노역으로 변제하는 경우 속내형은 12량을 1일 8전의 노역으로 복역한다면 938일, 약 2년 반[74] 동안 성단용의 노역을 해야 하였다. 그런데 진율晉律에서 『이년율령』의 속형인 속성단용, 속참, 속경贖黥, 속내가 각각 속오세贖五歲, 속사세贖四歲, 속삼세贖三歲, 속이세贖二歲의 명칭으로 바뀐 것은, 곧 속형이 갖는 노역형으

---

73 「司空律」, p. 84, "有罪以貲贖及有責(債)於公, 以其令日問之, 其弗能入及賞(償), 以令日居之, 日居八錢; 公食者, 日居六錢. 居官府公食者, 男子參, 女子駟(四). 公士以下居贖刑罪·死罪者, 居於城旦舂, 毋赤其衣, 勿枸櫝欙杕. 鬼薪白粲, 群下吏毋耐者, 人奴妾居贖貲責(債)於城旦, 皆赤其衣, 枸櫝欙杕, 將司之; 其或亡之, 有罪. 葆子以上居贖刑以上到死罪, 居於官府, 皆勿將司."

74 金 1斤을 萬錢으로 환산하여 12兩은 7500錢이며, 1일 8錢씩 변제한다면 937.5일을 복역해야 한다.

로서의 원형과 현실이 구체적으로 반영된 결과가 아닐까. 즉 현실적으로 일반민들은 속내형의 12량을 금전으로 변제하기 어려웠으며 노역으로 대신했다면, 속내형을 비롯한 속형은 오히려 유기 노역형의 성격을 구축하였을 것임을 추측할 수 있다. 그렇다면 내형을 속내형으로 경감받은 서인 여자가 노역으로 납부할 경우, 정형으로 속내형을 받은 이들과 마찬가지로 성단용의 노역을 하였을까.

이들 서인으로서 국가에 노역하는 여자에 대한 이해는 관영수공업작방의 공인工人에 대한 규정인 「공인정工人程」과 「창률倉律」의 공인에 대한 규정에서 실마리를 구할 수 있을 듯하다.

(i) ① 隷妾이나 여자가 바늘로 수를 놓을 수 있는 경우, 여자 1인은 남자 1인에 해당한다.[75]

② 隷臣은 壯丁 2인으로 贖免 하려 하면 허락한다. 늙어서 免老가 된 隷臣이나 키가 5척 이하의 小隷臣, 그리고 隷妾은 장정 1인으로 贖免 하려 하면 허락한다. 贖免에 사용된 자는 모두 남자여야 하며 贖免에 사용된 자를 隷臣으로 삼는다. 복잡한 문양을 방직하거나 製服에 종사하는 여자는 贖免 할 수 없다.[76]

(j) ① 예첩과 함께 일을 하는 자수기술이 있는 '여자'는 신분적으로는 서인 여공女工임에 틀림없으나, (i)② 복잡한 문양을 방직하거나 제복製服

---

75 「工人程」, pp. 74-75, "隷妾及女子用箴(針)爲繒綉它物, 女子一人當男子一人."
76 「倉律」, p. 54, "隷臣欲以人丁粼者二人贖, 許之. 其老當免老·小高五尺以下及隷妾欲以丁粼者一人贖, 許之. 贖者皆以男子, 以其贖爲隷臣. 女子操叝紅及服者, 不得贖."

에 종사하는 '여자'는 속면 될 수 없었다면 서인 여자로 규정하기 어려우나 (j)①와 비교한다면 예첩을 포함하는 공인 여자에 대한 규정인지도 알 수 없다. 또 (j)①의 '여자' 역시 방직작방에서 일하는 공인인지, 요역에 동원된 일반 여자인지[77] 분명치 않다. 그런데 『장가산한묘죽간張家山漢墓竹簡』「주얼서奏讞書」의 사례 17에서 원래 악인樂人이었던 강講이 요역으로 함양咸陽의 외악外樂에 천경踐更 하는 것에 미루어 볼 때[78] 예전에 공인이었던 일반 여자의 요역도 가능하다고 할 수 있다. 그러나 (j)② 높은 수준의 방직이나 제복 기술이 있는 여공을 속면 시키지 않았다면, 예전에 공인에서 속면 된 여자의 요역일 가능성은 적다.

(j)② 형도 및 관부에 예속된 노역자들의 속면 규정은 '여자'의 신분을 좀 더 확실하게 할 수 있을 듯하다. 즉 속면 대상에 따른 속면가를 예신, 면로免老 된 예신, 소예신小隸臣, 예첩, 그리고 여자 등으로 각각 규정하면서, 고난도의 문양을 짤 수 있는 기술이나 제복기술이 있는 '여자'의 속면은 금하였다. 따라서 (j)② 속면이 금지된 '여자'에는 예첩을 포함하지 않음이 분명하며, 또한 이들 '여자'는 속면의 대상이 되는 관에 예속된 서인 여공임을 확인할 수 있다. 그렇다면 (j)②의 복잡한 문양을 방직하거나 제복기술이 있는 "관에 예속된 서인 여자"는, 앞서 고찰한 "산부와 요역을 면제받는 예속적인 서인 여자"를 상기시킨다. 즉 육형을 받았으나 속면 한 서인 여자, 내형에서 감형되어 속내형을 받은 서인 여자가 바로 이들에 해당하지 않을까. 즉 내형을 감형받은 속내형의 서인 여자는 국가에

77 金秉駿, 「秦漢時代 女性과 國家權力—課徵方式의 變遷과 禮敎秩序로의 編入—」, pp. 104-105.

78 「奏讞書」, "四月丙辰黥城旦講乞鞫, 曰: 故樂人, ……. 今講曰: 踐十一月更外樂, 月不盡一日下總咸陽 ……."

예속한 서인 신분으로 방직노역에 종사하였을 가능성을 추정할 수 있다. 그리고 국가는 이들 방직, 제복 기술을 가진 여공의 속면을 금하여 이들의 노동력을 항구적으로 장악하려 하였음을 알 수 있다. 그렇다면 이들 내형을 감형받은 속내형의 서인 여자는, 정형으로서의 속내형의 경우 성단용의 노역으로 변제할 수 있었던 것과 달리 방직에 종사하였다고 추정할 수 있다. 즉 국가는 이들 강제노역 신분의 서인 여자들을 방직작방에 노역시켰을 뿐만 아니라 속면 금지를 통해 고급 방직기술의 여공을 안정적으로 확보할 수 있었음을 이해할 수 있다.

그러나 (j)①에서 알 수 있듯이 고급 방직에 서인 여자 외에도 예첩이 여공으로 노역했다면, 필요로 하는 충분한 여공을 확보할 수 있었을 것임에도 불구하고, 왜 속면이나 감형을 통해 예속적인 서인 여자를 여공 기술자로 확보하려 하였는가 하는 문제가 제기되며, 이러한 문제를 이해하기 위해서는 관영방직작방의 운영을 살펴볼 필요가 있다.

2) 관영방직작방의 운영

최근 출토문물 등을 통해 관부에서 운영하는 수공업작방 운영의 일부 면모가 확인됨에도 불구하고 방직작방에 관한 것은 알려지지 않았을 뿐만 아니라, 관영수공업작방 운영에 관한 「공인정」에서도 대규모 방직작방 운영의 흔적을 찾기 어렵다. 가장 이른 시기 관영방직작방의 운영에 관해 알 수 있는 바는, 『주례周禮』에 전부공典婦功 외에 전사典絲, 내사복內司服, 봉인縫人, 염인染人 등 제사製絲, 제복制服, 염색染色의 조직이 있는 것과 전국시대에 관부의 수요를 공급하기 위해 빈부嬪婦와 내인內人에 의해 행해진 방직작방 면모의 일단을 전한다. 한초 유방이 중국을 통일하기 전에도 직실織室이 존재하였으며,[79] 한 문제 13년 여성 방직을 독려하기 위한 황후의 친상의례親桑儀禮가 회복되었다고 하는데,[80] 한 장안성 유지에서 출토된 '崇蛹嵯峨', '□桑□監'와瓦는 모두 양잠 궁관宮官이며 잠사蠶事를 관리하던 관서에서 사용된 것이다.[81] 『한서』 「백관공경표百官公卿表」에 의하면, 미앙궁未央宮에 설치된 동서 양직실兩織室에서[82] 소부少府의 관할하에 황실의 방직수요를 공급하였으며,[83] 이외에 진유군陳留郡 양읍현襄邑縣과 제군齊郡 임치현臨淄縣에 설치된 복관服官 역시 황실의 수요를 위한 것이었다.[84] 처음 삼복관三服官이 설치된 당초에는 삼복관에서 보내는 물품의 양이 10사笥에 불과하여 한정되었던 듯하나,[85] 원제 때에 삼복관의 직공이 수천 인, 방직과 여공에 드는 비용이 1년에 수數 거만鉅萬이었으며 공임工賃으로 고용한 여공 노동에 의하는 정도로 확대되었다.[86] 이후 기근을 이유로 황실의 절검정책과 함께 제齊 삼복관이 폐지되는 조치가[87] 반복되었는데, 애제哀帝 원화媛和 2년의 상소문을 통해 관영방직작방의 실태를 엿볼 수 있다.

---

79 『史記』 卷49 「外戚列傳」, "漢使曹參等擊虜魏王豹, 以其國爲郡而薄姬輸織室, 豹已死漢王入織室見薄姬, 有色詔內後宮."
80 『漢書』 卷4 「文帝紀」, "十三年春二月甲寅詔曰朕親率天下農耕以供粢盛, 皇后親桑以奉祭服, 其具禮儀."
81 陳直, 『兩漢經濟史料論叢』, 中華書局, 2008, pp. 76-91.
82 『三輔黃圖』 卷3, "織室在未央宮, 又有東西織室, 織作文繡郊廟之服, 有令史."
83 佐藤武敏, 『中國古代工業史の硏究』, 吉川弘文館, 1962, p. 142.
84 王子今, 「西漢"齊三服官"辨正」, 『中國史硏究』 2005-3, p. 40.
85 『漢書』 卷72 「貢禹傳」, "故時齊三服官輸物不過十笥, 方今齊三服官作工各數千人, 一歲費數鉅萬, 蜀廣漢主金銀器歲各用五百萬, 三工官官費五千萬. 東西織室亦然." 李斐의 해석에 의하면, 삼복은 春夏冬 세 계절에 필요한 絲織品을 가리켜 말한 것이라고 하나, 『漢書補注』에 吳仁傑에 의하면 齊三服官의 공인은 각각 수천 인으로 齊三服官은 세 곳의 服官을 이른다고 할 수 있다.
86 佐藤武敏, 『中國古代工業史の硏究』, p. 146.
87 『漢書』 卷9 「元帝紀」 初元 5년, "罷角抵, 上林宮館希御幸者, 齊三服官, 北假田官, 鹽鐵官, 常平倉."

(k) 齊 三服官과 諸官이 화려한 무늬가 있는 비단을 방직하는데, 이는 제작하기 어려워 女工들의 생산을 해치니 모두 제작을 금지시키고 보내지 말게 하십시오.[88]

　제齊 삼복관과 함께 제관諸官에서 수공이 많이 드는 정교한 고급 직물을 방직하느라 일반직물을 제대로 방직하지 못하는 폐해를 지적한 것이다. 장사長沙 마왕퇴馬王堆 1호 한묘漢墓에서 출토된 한 건의 소사素紗 선의 禪衣는 옷의 길이가 128cm, 긴 소매의 길이가 190cm에 달하는데 무게는 49g밖에 되지 않아[89] 흔히 일컫듯이 잠자리 날개와 같아 당시 사직絲織기술의 높은 수준을 전하며, 1982년 호북湖北 강릉江陵 마산馬山 1호 전국戰國 초묘楚墓에서 발굴된 다양한 직물에는 용문龍紋, 봉황문鳳鳥紋, 동물문, 인물문 및 각양의 기하문이 여러 색조의 배색과 직조 혹은 자수로 다양하게 구사되었다.[90] 이들 마산 전국 초묘와 마왕퇴 한묘의 사직품들이 바로 「공인정」과 「창률」의 문양을 자수하고 화려한 문양을 직조하는 기술을 가진 예첩과 여자가 제작한 '織綺繡, 難成, 害女紅之物'의 현물이라고 할 수 있다. 장탕張湯의 아들 안세安世의 부인이 가동家童을 거느리고 방직으로 가산을 일으킨 예는 민간에서도 역시 고급 직물을 생산하는 대규모 작방이 존재하였음을 말한다.[91] 그러나 한초 봉황산鳳凰山 8, 9, 167, 168호 묘 여비女婢 노동 가운데 방직에 종사하는 여비가 보이지 않는 것이 우연이 아니라면, 전한 초까지 민간에서 고급 직물 방직이 제한적이었

---

88 『漢書』卷11 「哀帝紀」, "齊三服官, 諸官, 織綺繡, 難成, 害女紅之物, 皆止無作輸."
89 湖南省博物館, 中國科學院考古研究所編, 『長沙馬王堆1號漢墓』上, 文物出版社, 1973, p. 69.
90 荊州地區博物館, 『江陵馬山一號楚墓』, 文物出版社, 1985. pp. 30-71.
91 『漢書』卷59 「張湯傳」, "安世尊爲公侯, 食邑萬戶, 然身衣弋綈, 夫人自紡績, 家童七百人, 皆有手技作事, 內治產業, 累積纖微, 是以能殖其貨, 富於大將軍光".

을 가능성이 있다.[92] 즉 고급 방직기술을 가진 여공의 속면을 금지하는
「창률」에 의해 진, 한초에는 고도의 방직기술이 관영방직작방에 장악되어
한정하여 전수되었기 때문일 가능성이 있다.

한편 관부에서는 형도나 관리, 수졸 등의 의복을 위해 많은 직물이 필
요하였으며, (k) 애제 연간의 상소는 바로 관영방직에서 까다로운 기술에
인력이 많이 드는 고급 방직품을 생산하므로 인해 관에서 필요로 하는 형
도나 수졸을 위한 저급한 직물의 방직이 원활하지 못한 상황을 노출하는
것 같다. 그런데 관영작방에서 布를 제작한다면 응당 생산능률이 월등
한 답판직기踏板織機를 사용하였을 것임에 틀림없으며 방직 공인으로서 여
성 형도들의 노역이 활용되었을 것이다. 그러나 방직은 물론이지만 방사에
서도 방차紡車가 작업효율이 높지만 방차로 실을 자을 경우 기술이 없으
면 힘을 조절하기 쉽지 않는 등, 고유의 기술을 갖춘 방직 공인의 노동력
이[93] 필요하였을 것임에도 불구하고 「공인정」 가운데는 고급 방직 외에 일
반 방직을 위한 여성 형도 공인의 노동력에 관한 규정을 찾기 어렵다.

(1) ① 隷臣·下吏·城旦이 工人과 일을 할 때, 겨울에는 생산규정을 완화하여 3일
    에 여름 2일 치를 부과한다.
    ② 冗隷妾 2인은 工人 1인에 해당하며, 更隷妾 4인은 工人 1인에 해당하며, 7
    세 이상의 小隷臣妾 5인은 工人 1인에 해당한다.[94]

---

92 趙承澤主編,『中國科學技術史—紡織卷』, 科學出版社, 2002, p. 27.
93 劉興林,「漢代的紡紗和繞線工具」,『四川文物』2008-4, pp. 91-93.
94 「工人程」, p. 73, ① "隷臣·下吏·城旦與工從事者冬作, 爲矢程, 賦之三日而當夏二日." p. 74,
    ② "冗隷妾二人當工一人, 更隷妾四人當工【一】人, 小隷臣妾可使者五人當工一人."

관영 수공업작방에서 노역하는 형도들의 계절에 따른 노동을 규율하는 「공인정」에는 형도들의 노동량을 환산하면서 공인과 함께 노역하는 남자 형도인 예신, 하리下吏, 성단들의 노역만 규정하였다. 여성 형도 공인은 자수하는 예첩 외에는 용예첩冗隸妾, 갱예첩更隸妾, 소예신첩小隸臣妾과 같은 보조적 인원만이 공인 노역으로 규정되었다. 여공으로서의 여성 형도의 존재는 (i)① 자수를 하는 여공, (i)② 복잡한 문양을 방직하는 기술을 가진 여공에 대한 규정뿐으로, 여성 형도가 주요 공인으로 노역하였을 방직작방 경영에 관해서는 고급 직물 방직의 흔적만을 엿볼 수 있다.

그러나 관부에서는 관리의 의복은 물론이지만, 변방에 근무하는 수졸, 형도들의 의복도 공급해야 하였다. 변방 근무 수졸들은 각 출신지의 관부에서 미리 의복을 지급하였는데, 『거연한간』에 의하면 각 지역의 사정에 따라 지급되는 종류와 양은 달랐던 것으로 보인다.

(m) ① 戍卒濟陰郡定陶池上里史國

　　縣官帛□袍一□□三斤　　縣官枲履二兩

　　縣官帛裘襲一領四斤四兩　縣官糸末二兩

　　縣官帛布二兩一領　　　　縣官□□二兩

　　縣官帛布絝一兩七斤　　　縣官革履二兩不閑

　　縣官裘一領不閑　　　　　　　　　　　　　　『合校』509.26[95]

② 淮陽郡□平第十五車襄平里陳尊

　　襲一領

　　復絝一兩

95 謝桂華, 李均明, 朱國炤, 『居延漢簡釋文合校』, 文物出版社, 1987(이하 『合校』로 略稱).

臬履二兩　　　　　　　　　　　　　　　　　　　　　　『合校』498.13

③ 田卒淮陽郡長平北利里公士陳世年廿三

　　襲一領　　犬糸末一兩　　貫贊取

　　絝一兩　　私糸末一兩　　　　　　　　　　　　　　　　『合校』509.6

④ 戍田卒受官袍衣物, 貪利貴賣, 貰予貧困民, 吏不禁止, 浸益多又不以時驗問.

　　　　　　　　　　　　　　　　　　　　　　　　　　　　『合校』4.1

　　㈢② 회양군淮陽郡에서 온 진존陳尊이란 자는 겉옷(襲), 바지, 신 두 켤레만을 지급받았는데, ㈢③ 같은 군에서 온 진세陳世의 물품과 비교했을 때, 회양군 출신 수졸들이 갖춘 의복의 수량은 개인 휴대품이 포함되기는 하나 어쨌든 동일하였음을 알 수 있다. 그러나 ㈢① 제음군濟陰郡의 사국史國은 백포帛袍, 백구습帛裘襲, 백포帛布, 백포고帛布絝, 가죽옷, 신발, 버선, 가죽신 등을 모두 관에서 지급받아, 지역에 따라 관에서 지급하는 수졸들의 의복에는 차이가 있었다. 그리고 회양군의 위尉 충充은 관에서 지급하는 외에 자신이 마련한 의복을 더하여 가져가기도 했으며,[96] 어떤 이는 고향에서 부쳐 오기도 하고,[97] 때때로 관에서 지급받은 의복을 서로 팔고 사기도 하였으나,[98] 어쨌든 기본적으로는 자신의 거주지 관부에서

---

[96] 『合校』509.7 田卒淮陽郡長平東洛里公士尉充年卅

　　襲一領　　　　　私單絝一　　犬絑一兩

　　絝一兩　　　　　私絝練　　　私絑一兩　　貫贊取

[97] 雲夢睡虎地4號墓에서 출토한 두 건의 목독에 의하면, 黑夫라는 士卒은 돈과 함께 옷을 보내 달라는 편지를 내, 현지에서 의복의 조달이 여의치 않았음을 알 수 있다. "黑夫前奇盖就書曰 遺黑夫錢, 母操夏衣來. 今書節(則)到, 母視安陸絲布賤, 可以爲蟬裙襦者, 母必爲之, 今與錢借來. 其絲布貴, 徒以錢來, 黑夫等直佐淮陽, 攻反城久, 傷未可智[知]也. 愿母遺黑夫用勿少."(湖北孝感地區第二期亦公亦農文物考古訓練班, 「湖北雲夢睡虎地十一座漢墓清理簡報」, 『文物』1976-9, p. 61)

[98] 『合校』49.10, "第卅四卒呂護買布復袍一領直 四百又從部卒李忠買皁布□."

지급받았음을 확인할 수 있다.[99]

관에서는 이외에 형도들에게도 의복을 지급하였는데,『수호지진간』「사공률」,「금포율」과『장가산한간』「금포율」에서는 형도들에게 지급하는 직물량을 상세하게 규정하고 있다.

(n) ① 隷臣妾·城旦舂之司寇·居貲贖責(債)骰(繫)城旦舂者는 衣食을 책임 지우지 않는다. 이들이 城旦舂과 함께 노역할 경우는, 城旦舂과 같이 衣食을 지급한다. 隷臣에게 妻가 있을 경우, 妻가 更隷妾이나 밖에 거처한다면 의복을 책임 진다. 人奴妾이 구속되어 城旦舂으로 노역할 경우, 衣食을 관에서 대여하며, 날수를 다 채우지 못하고 죽을 경우는 그 衣食을 취소한다.[100]

② 옷을 지급할 경우, …… 囚人의 경우 추울 때는 갈옷을 만들어 입힌다. 두건 하나를 만드는 데 모시풀 3斤을 사용한다. 갈옷을 만들어 옷을 지급할 때, 대갈옷 1벌에 모시풀 18斤을 사용하며 60錢짜리이다. 중갈옷 1벌에 모시풀 14斤을 사용하며 46錢짜리이다. 소갈옷 한 벌에 모시풀 11斤을 사용하며 36錢짜리이다.[101]

③ 옷을 지급할 경우, 隷臣, 府隷 가운데 처가 없는 자 및 城旦은 겨울에는 110錢, 여름에는 55錢짜리이다. 小에 속하는 자는 겨울에는 77錢, 여름에는 44錢짜리이다. 舂은 겨울에는 한 사람에 55錢, 여름에는 44錢짜리이며 小舂

99 趙蘭香,「漢代戍邊士卒衣裝來源問題再探討」,『敦煌學輯刊』2006-1, pp. 119-124.
100「司空」, p. 87, "隷臣妾·城旦舂之司寇·居貲贖責(債)骰(繫)城旦舂者, 勿責衣食; 其與城旦舂作者, 衣食之如城旦舂. 隷臣有妻, 妻更及有外妻者, 責衣. 人奴妾骰(繫)城旦舂, 貣(貸)衣食公, 日未備而死者, 出其衣食."
101「金布」, p. 66, "受(授)衣者, 夏衣以四月盡六月稟之, 冬衣以九月盡十一月稟之, 過時者勿稟. 後計冬衣來年. 囚有寒者爲褐衣. 爲巾冢布一, 用枲三斤. 爲褐以枲衣:大褐一, 用枲十八斤, 直(值)六十錢; 中褐一, 用枲十四斤, 直(值)卌六錢; 小褐一, 用枲十一斤, 直(值)卌六錢. 已稟衣, 有餘褐十以上, 輸大內與計偕."

은 겨울에는 44錢, 여름에는 33錢짜리이다.[102]

④ 縣官에서 노역하는 자 및 刑徒와 官奴婢의 경우, 大男은 겨울에는 도포 안감과 겉감으로 布 7丈, 풀솜 4斤과 바지감 2丈과 풀솜 2斤을 준다. 大女 및 使小男은 겨울에는 도포 감 5丈 6尺, 풀솜 3斤, 바지감 1丈 8尺, 솜 2斤을 준다. 未使小男 및 使小女는 겨울에는 도포 감 2丈 8尺, 솜 1斤半을 준다. 未使小女는 겨울 도포감으로 2丈, 솜 1斤을 준다. 여름에는 홑옷을 주는데, 각각 반을 주며 바지는 주지 않는다. 여름은 4월에서 6월 말까지, 겨울에는 9월에서 11월 말까지 준다. 布는 모두 8稯나 7稯이다. 가죽바지로 솜바지를 대체할 수 있다.[103]

갱예첩更隷妾이나 밖에 거처하는 처妻가 있는 예신의 경우 의복을 자급했으나, 성단용이나 성단용의 일을 하는 형도들에게는 의식衣食을 지급했으며, 벌금형이나 속형, 채무로 인해 관에서 복역하는 자들도 의복을 마련할 수 없는 경우에 관에서 지급하였다.[104] (n)④ 한 금포율에서는 관부에서 형도에게 지급하는 직물의 양을 규정한 반면 (n)③ 진 금포율에서는 형도들의 옷값을 규정하였는데, 겨울옷값으로 110전, 여름옷값은 55전이다. 진 금포율이 규정한 1포布의 값 11전에[105] 근거하면, 포布 1필匹은 55

---

102 「金布」, pp. 67-68, "稟衣者, 隷臣·府隷之毋(無)妻者及城旦, 冬人百一十錢, 夏五十五錢; 其小者冬七十七錢, 夏卌四錢. 春冬人五十五錢, 夏卌四錢; 其小者冬卌四錢, 夏卌三錢. 隷臣妾之老及小不能自衣者, 如春衣. ●亡·不仁其主及官, 衣如隷臣妾."

103 『張家山漢簡』「金布」418간-420簡, "諸內(冗)作縣官及徒隷, 大男, 冬稟布袍表里七丈·絡絮四斤, 絝二丈·絮二斤; 大女及使小男, 冬袍五丈六尺·絮三斤, 絝丈八尺·絮二斤; 未使小男及使小女, 冬袍二丈八尺·絮一斤半斤; 未使小女, 冬袍二丈·絮一斤. 夏皆稟襌, 各半其丈數而勿稟絝. 夏以四月盡六月, 冬以九月盡十一月稟之. 布皆八稯·七稯. 以裘皮絝當袍絝, 可."

104 「司空」, p. 85, "有罪以貲贖及有責(債)於公, …… 凡不能自衣者, 公衣之, 令居其衣如律然. 其日未備而被入錢者, 許之. 以日當刑而不能自衣食者, 亦衣食而令居之."

105 「金布」, p. 56, "布袤八尺, 福(幅)廣二尺五寸. 布惡, 其廣袤不如式者, 不行."; "錢十一當一布.

전이다. 즉 성단이 여름옷값으로 납부해야 하는 55전은 곧 1인의 의복을 지을 수 있는 직물 1필 값이며, 겨울옷값 110전은 겹옷을 지을 수 있는 직물 2필 값이었음을 알 수 있다.

그런데 (n)② 진 금포율은 겨울 갈옷에 한정한 것이기는 하나 수의囚衣 제작에 소비되는 모시풀 재료의 양과 값을 규정하여, 관에서 수의제작을 위해 방직하였음을 시사한다. 겨울 갈옷은 대, 중, 소의 크기에 따라 각각 제작에 드는 모시풀의 양과 값이 100:77:60(61)의 비율로 차이가 있었으며, 모시풀 1근은 약 3.3전이다. 반면 (n)④ 한 금포율에 의하면, 당시 형도와 관노비의 1년 의복으로 대남은 12.5장丈, 대녀와 사소남使小男은 10장 2척, 미사소남未使小男과 사소녀使小女는 4장 2척, 미사소녀未使小女는 3장을 지급했으며,[106] 형도 수의는 조포粗布인 칠종포七稯布나 팔종포八稯布로 한정하여 규정하고 있는데, 경제 때에는 포의 공급이 원활하지 못해 수의를 칠종포로 제한하기도 하였다.[107] 수졸들은 칠종포, 팔종포 이외에도 구종포九稯布를 매매하기도 했으며,[108] 관리의 녹봉으로 십종포十稯布를 지급하기도 한 것으로[109] 보아, 형도나 수졸의 의복은 일반 유통되는 직물이나 혹은 이보다 저급한 직물을 사용하였던 듯하다. 따라서 관에서는

其出入錢以當金・布, 以律."

106 성인 남자 囚人은 겨울 도포와 바지 7丈 + 겨울 바지 2丈 + 여름 도포 3.5丈 = 12.5丈; 성인 여자, 使小男은 5丈 6尺 + 1丈 8尺 + 2丈 8尺 = 10丈 2尺; 未使小男, 使小女는 겨울 도포 2丈 8尺 + 여름 도포 1丈 4尺 = 4丈 2尺; 未使小女는 겨울 2丈 +1丈 = 3丈의 옷감이 지급되었다.

107 『史記』 卷11 「景帝紀」, p. 448, "令徒隸衣七稯布."

108 『居延新簡』, EPT56: 10, "戍卒東郡聊成昌國里糸言糸何齊, 貰賣七稯布三匹直千五十 …… "; 合校 287.13, "惊虜戍卒東郡臨邑呂里王廣, 卷上字次君 貰賣八稯布一匹直二百九十 ……"; 合校 282.5, "終古燧戍卒東郡臨邑高平里召勝字游翁 貰賣九稯曲布三匹匹三百卅三凡直千 ……"

109 『漢書』 卷99 「王莽傳」, "國用不足 民人騷亂, 自公卿以下, 一月之祿, 十稯布二匹, 或帛一匹."

일반적인 포 외에, 형도 수의의 겨울 갈포나 7종포의 저급한 직물을 방직할 필요 또한 여전히 있었을 것이다.

거연居延지역에서 수장隧長이 모시풀로 방직한 것을 부部에 보고하여[110] 군대 내에서의 관영방직을 시사하기도 하며, 이외에 관부에서 견류絹類의 실을 매입한 기록이 있다.[111] 서변西邊 사졸士卒들의 직물매매 거래에서 파는 사람은 주로 수졸이고 사는 사람은 대부분 영사令史, 수장隧長 등 수소隧所의 저급 관리들이며 견백絹帛을 거래하고 있어, 수졸들이 파는 겸련縑練 등의 직물은 수졸의 처妻나 딸들이 방직한 직물로 추정할 수 있어,[112] 이러한 자료들로 관영방직을 입증하기는 어렵다. 반면『염철론鹽鐵論』「본의本議」는 관부의 포백布帛 징수와 관련하여 관에서 포백을 일반 백성들로부터 거두어들이는 폐해를 지적하고 있다.

(ㅇ) 근래 어떤 군국에서는 백성들에게 모시와 비단 솜을 만들게 하고, 관리는 멋대로 트집을 잡아 백성들과 흥정을 하기도 합니다. 관리들이 거두는 것 가운

---

110 『居延新簡』, EPT52: 131, "□六隧長馮良辭部治枲織□."(甘肅省文物考古研究所, 甘肅省博物館, 中國社會科學院歷史研究所編, 文物出版社, 1990)

111
              白素三匹未入   繩少九十五斤
  甲溝   練二丈未入,
              橐少枲枚,
              緒絮一斤三兩未入,   EPT56: 342

縹一匹直八百,
代素丈六尺直三百六十八
白練二匹直千四百, 練一匹直千
                       巳
皁二丈五尺直五百, 馬君卒.   『合校』284.36

112 『合校』35.6, "減虜隧戍卒梁國蒙東陽里公乘左咸, 年卅六, 自言: 責故樂哉隧長張中實皁練一匹, 直千二百, 今中實見爲甲渠令史."(林甘泉, 「漢簡所見西北邊塞的商品交換和賣買契約」, 『文物』1989-9, p. 28)

데는 단지 齊와 陶 지방에서 생산된 합사비단이나 촉한에서 생산된 모시뿐만 아니라, 민간에서 만든 직물도 있습니다. 간사한 방법으로 물건값을 깎아 내려, 농민들은 이중의 고통을 겪고 여공은 이중으로 세금을 내는 것이 되니 均輸는 볼 수 없습니다.[113]

관부에서 제齊, 도陶의 비단이나 촉蜀, 한漢의 모시 같은 특산품 외에도 일반 농가의 방직이 납세할 정도로 충분치 않았음에도 불구하고 때로는 일반 가정의 방직물을 거두어들였음을 전한다. 한대 산부는 물론 전납錢納이었지만, 진대에 이미 전조田租를 포로 납부하였던 것으로 추정하기도 하며,[114] 진 금포율에서 포의 크기와 값을 '布袤八尺, 幅廣二尺五寸', '錢十一當一布'로 규정한 것도 포로 대신하여 조세를 납부하는 경우에 대한 환산, 공정가의 규율일 것이다.

전국시대 포 징수의 연원에 관해, 『맹자孟子』 「진심盡心 하下」편 "有布樓之徵, 粟米之徵, 力役之徵"의 조기趙岐 주註에 의하면, 정征은 부賦이며 전쟁이 있을 경우 징발하는 것으로 징발된 포布는 군졸의 의복을 만든다고 하였다.[115] 전한시기만 해도 아직 상세常稅로서 포백 징수는 행해지지 않았다. 제노齊魯지역은 "人民文采布帛", "齊郡世刺繡, 恒女無不能", "襄邑俗織錦, 鈍婦無不巧"라고도 하여 가내방직의 지역적 격차와 불균형이 분명

---

113 『鹽鐵論』 「本議」, "間者郡國或令民作布絮, 吏恣留難, 與之爲市. 吏之所入, 非獨齊陶之縑, 蜀漢之布也, 亦民間之所爲耳. 行奸賣平, 農民重苦, 女工再稅, 未見輸之均也."

114 『龍崗秦簡』, "入(人)及虛租布(希)程者耐城旦舂□□□□"(129簡)에 관해 山田勝芳은 '租布程'은 田租를 布로 납부한 것과 관련이 있다고 한다(『秦漢財政收入の硏究』, 汲古書院, 1993, pp. 52-54). 그리고 140簡 "租索不平一尺以上, 貲一甲, 不盈一尺到□"에서도 징수의 단위가 尺이었다는 것은 布의 수취를 암시한다.

115 『孟子注疏』 卷14下, "注 征, 賦也. 國有軍旅之事則橫興此三賦也. 布軍卒以爲衣也."

있었으며, 전한대까지 산부 구당口當 120전을 전납으로 규정한 배경은 이러한 가내방직의 상대적인 불균형 때문이었을 것이다.[116] 그러나 전한시기까지 포백의 징수가 상세常稅로 행해지지 않았다 하더라도 관부에서 포가 전을 대신한 관부의 출납화폐의 역할을 하였다면, 관부에서 형도나 수졸들의 의복을 위해 포를 직접 방직할 필요성은 훨씬 절감되었을 것이다. 전납을 대신하여 징수한 포로 관리나 형도, 수졸의 의복재료를 확보하거나 혹은 의복비로 징수한 전으로 포를 구입할 수도 있었을 것이다.

그런데 과연 당시 일반 가내방직에서 이졸을 비롯해 형도의 의복 등 관官의 수요를 충족시킬 수 있을 만큼의 잉여 방직품을 낼 수 있었을까. 방륜紡輪은 신석기시대부터 사용하였으며 휴대하기 간편하여 가내수공업에서 보편적으로 사용한 제사製絲공구로, 방륜으로 제사製絲할 경우 시간과 장소에 구애되지 않으며 심지어 걸으면서도 손에 휴대하고 작업할 수 있었다. 한대에 방차가[117] 보급된 이후 방륜의 사용이 감소하였지만, 방륜은 여전히 일반 가내수공업에서 상용하는 방사紡絲공구로 지속되었다.[118] 하지만 방직기의 경우, 종섭직기綜躡織機가 전국 이후 출현하여[119] 한대에 종

---

116 後漢시대 화폐경제가 원활하지 않은 상황에서 布帛 징수가 행해지기도 한 배경으로 당시 가내수공업에 의한 布帛 생산의 일반화를 든다(金秉駿, 「秦漢時代 女性과 國家權力─課徵方式의 變遷과 禮敎秩序로의 編入─」, pp. 117-120). 또 元封 4년(B.C. 107년) 정부가 均輪官을 통해 각 현에서 500여만 필의 帛을 거두어들였으며, 202년 曹操가 戶마다 絹 2匹, 綿 2斤을 거두어들이는 戶調制를 반포할 수 있었던 것은 후한대의 가내방직의 보편성을 전한다(管紅, 「論秦漢女織」, 『河南敎育學院學報』 제68기, 1999-2, p. 76).

117 徐州 銅山 洪樓 紡織畵像石 등 漢代 畵像石상의 紡織圖에 실을 잣는 緯車가 보이는데 이것이 곧 紡車이다.

118 劉興林, 「漢代的紡絲和繞線工具」, 『四川文物』 2008-4, pp. 92-93.

119 『列子』 「湯問」 紀昌學射의 고사 가운데 "偃臥其妻之機下, 以目承牽挺"이라고 하는데, 牽挺은 고증에 의하면 踏板이라고 한다(趙承澤主編, 『中國科學技術史─紡織卷』, 科學出版社, 2002, p. 188).

섭직기가 광범하게 사용된 이후 원시직기原始織機는 무대에서 퇴출된 것으로 이해한다.[120] 방직기 사용의 보편성과 관련하여,『수호지진간』「봉진식封診式」의 재산목록 가운데에도 직기織機를 소유한 경우가 있다.

(p) 以某縣丞某書, 封有鞫者某里士五(伍)甲家室·妻·子·臣妾·衣器·畜産. ●甲室·

人: 一宇二內, 各有戶, 內室皆瓦蓋, 木大具, 門桑十木.[121]

라고 하여 정리소조整理小組는 의기衣器를 의물衣物이라고 하였으나, '門桑十木'과 관련하여 직기로 이해하는 것이 타당하지만,[122] 이 역시 노비를 소유한 중농 이상 가정의 경우일 것이다.

산동성 비성肥城 효당산孝堂山 곽거사郭巨祠, 가상嘉祥 무량사武梁祠, 등현滕縣 굉도원宏道院, 등현滕縣 용양점龍陽店, 강소성 패현沛縣 유성진留城鎭, 동산銅山 홍루洪樓 등에서 출토된 후한 화상석 방직도紡織圖에는 낙차絡車, 위차緯車, 답판직기踏板織機가 보이며, 이들은 비교적 간단한 소형 직기로 한 대 종답직기의 광범한 사용을 방증하는 자료로 활용된다(그림 2-2).[123] 후한의 거록巨鹿 진보광가陳寶光家에서 정교한 포도금蒲桃錦과 산화릉散花綾 1 필씩을 짜는 데 120섭을 사용하여 60일日이 걸렸으며 가격이 만 전에 달하였다고 하여,[124] 방직기술의 발달과 확대로 민간에서도 방직공에 의한

---

120 앞 글, p. 187.
121 『睡虎地秦墓竹簡』「封診式」, p. 249.
122 林東憲, 「中國 古代 家內 紡織經營의 성장과 그 의의: 漢代의 小農家庭을 중심으로」, 『古代 中國의 理解』 2, 지식산업사, 1995, p. 296.
123 『中國科學技術史—紡織卷』, p. 85.
124 『西京雜記』卷1, "霍光妻遺淳于衍蒲桃錦二十四正, 散花綾二十五正, 綾出鉅鹿陳寶光家, 寶光妻傳其法. 霍顯召入其第, 使作之, 機用一百二十鑷, 六十日成一正, 正直萬錢."

그림 2-2 화상석畵像石 방직도紡織圖(후한後漢. 강소江蘇 동산銅山 홍루洪樓 출토)

고급 직물이 생산되었음을 알 수 있으며, 후한대에 작방의 규모가 확대되면서 고용된 공인에 의한 작방이 운영되었다.[125] 오히려 이러한 화상석 방직도는 후한대 상류 가정에서의 작방 운영의 상징이라고도 이해할 수 있으며, 일반 소농가에서도 이러한 답판직기를 사용하였을지는 의문이다.

한대 여성 방직에 대해 이야기할 때 빈번히 인용되는 『한서』「식화지食貨志」의 부녀들이 겨울에 모여 함께 방적을 하는 풍경은[126] 휴대가 간편한 직기에 의한 방적이라야 가능한 모습이다. 오늘날에도 해남海南의 여족黎族, 묘족苗族, 이족彝族, 고산족高山族, 하니족哈尼族 등의 여성들은 원시직기를 사용하여 방직을 하는데, 전국시대 전演문화 청동기상에 부인들이 모

---

125 佐藤武敏,『中國古代工業史の硏究』, p. 150.
126 『漢書』「食貨志」, "冬, 民旣入, 婦人同巷相從夜績, 女工一月得四十五日. 必相從者, 所以省燎火, 同巧拙而合習俗也."

그림 2-3 방직고형저패기紡織鼓形貯貝器(전한前漢)

여 앉아 방적하는 모습과 흡사할 것이다(그림 2-3). 그리고 처妻가 있는 예
신의 경우 의복을 자급하여 책임진다는 「사공률」은 일단 가내방적의 보
편화를 전제로 하며, 이들 예첩이나 예신의 처에 의한 방직은 결코 소가
정 수공업, 원시직기를 이용한 방직을 벗어날 수 없었을 것이다.

　일반 가내수공업에서 당시 여자들의 방직생산의 생산량을 추측할 수
있는 자료는 매우 적은데,『구장산술九章算術』권3「쇠분衰分」과『산수서算
數書』「부직婦職」, 「여직女織」의 계산문제에서 여성 방직에 관해 다음과 같
은 생산량을 제시한다.

(9) ① 初日織一寸三十一分寸之十九, 次日織三寸三十一分寸之七, 次日織六寸三十一
　　　分寸之十四, 次日織日尺二寸三十一分寸之二十八, 次日織二尺五寸三十一分寸之
　　　二十五.(『九章算術』「衰分」)[127]

　　② 鄰里有女惡自喜也,織曰:自再五日織五尺. 問始織日及其次各幾何. 曰:始織一

127『九章算術』卷3「衰分」, 遼寧教育出版社, 2004, pp. 107-108.

寸六十二分寸卅八;次三寸六十二分寸十四;次六寸六十二分寸廿八;次尺二寸六十二
分寸五十六;次二尺五寸六十二分寸五十:(『算數書』「女職」)

③ 有婦三人, 長者一日織五十尺, 中者二日織五十尺, 少者三日織五十尺. 今織有
功五十尺, 問各受幾何尺.(『算數書』「婦職」)[128]

『산수서』「부직」의 방직량은 『산수서』「여직」과 『구장산술』「쇠분」의
생산량과 20배 정도 차이가 나, 대체로 한대 여직女織의 생산량을 산정할
때 사실을 반영한 자료로 이용되지 못하였다. 그러나 한대 답판직기의 생
산능률은 평직물을 짤 경우 원시직기에 비해 20~60배의 생산율을 내어
시간당 0.3~1m의 포를 짤 수 있었다면,[129]『구장산술』보다 20배 정도의
생산량을 제시한 『산수서』「부직」의 방직량은 답판직기에 의한 생산으로
볼 수 있지 않을까. 반면 『산수서』「여직」과 『구장산술』이 제시한 방직 생
산량은 진한시대의 일반 소농小農의 원시직기에 가까운 생산형태에 의한
생산이었다고 이해할 수 있다.

오늘날 운남雲南 소수민족 여성들은 여전히 원시직기를 사용하여 방직
하는데, 이들은 농사일 이외에 육아 및 가사를 하는 가운데 여가시간을
이용하여 방직을 한다. 연중 일반적으로 가을철 추수 후 봄철 파종 전까
지의 농한기가 이들 여성들이 집중적으로 방직하는 계절이다.[130] 『한서』
「식화지」에 여성 방직이 주로 동절기에 1.5배의 생산을 하였다는 것도 마

---

128 彭浩, 『張家山漢簡 『算數書』 註釋』, 科學出版社, 2001, p. 56, p. 64.
129 『中國科學技術史—紡織卷』, p. 188.
130 오늘날 우리나라 안동포와 같은 상업적 베짜기에서도 마찬가지로, 農事와 家事와 병행하
여 여가시간에 방적하여, 1필을 방적하는 노동시간을 '5~6일 수시작업'으로 산정한다
(안동 안동포마을 홈페이지http: //andongpo.invil.org).

그림 2-4 묘족苗族 베짜기대회

찬가지이다.

(r) 冬, 民旣入, 婦人同巷相從夜績, 女工一月得四十五日. 必相從者, 所以省燎火, 同

巧拙而合習俗也.

『한서』「식화지」의 여성 방직에 관한 묘사는, 마치 오늘날 운남 소수민족 여성들은 어린아이 때부터 눈과 귀로 익혀 어른이 될 때에는 일반적으로 방직기술을 습득할 수 있는데, 여성들 간의 각종 교류를 통해 방직기술을 익힐 뿐만 아니라 일반적으로 농한시기 청소년 여자들이 '공방公房'에 모여 방직기술을 교류하고 연마하는 것과[131] 매우 흡사하다(그림 2-4).

『구장산술』이 제시한 방직량, 하루에 2척 5촌여(57.75cm), 약 60cm를

---

[131] 金少萍,「雲南少數民族女性與傳統紡織文化」,『雲南民族學院學報』17-6, 2000, pp. 67-68.

짤 수 있는 숙련된 기술은 5일에 걸쳐 숙달할 수 있는 방직기술이라기보다, 어려서부터 익혀 온, 그리고 청년기의 수련을 거친 숙련된 성인 여성의 방직 생산량이라고 보아도 좋을 것이다.[132] 그런데 여성의 방직에는 단순히 방직작업만이 있는 것이 아니라, 마麻의 재배, 수확, 가공, 제사製絲 등 20여 공정을 거쳐야 하였으므로, 실제로 여자가 방직을 할 수 있는 시간은 많아야 1년 200일 정도라고 산정하면, 1년에 12.5필 정도의 생산은 아마 최대 생산량으로 기대할 수 있을 것이다.

그런데 『관자』에 의하면 "上女衣五, 中女衣四, 下女衣三"이라고 하여,[133] 숙련된 여자는 5인을 입힐 직물을 방직할 수 있다고 하는데, 1인이 1년 필요한 의복량은 (n)④ 수인囚人의 의복을 기준으로 한다면, 남자 성인의 의복은 최소한 12.5장, 성인 여자와 사소남使小男은 10장 2척, 미사소남未使小男과 사소녀使小女는 4장 2척, 미사소녀未使小女는 3장으로 산정할 수 있다. 『관자』에서 '상녀의오上女衣五' 5인을 성인 남성을 기준으로 한다면, 12.5장×5=62.5장, 즉 15.6필을 생산해야 성인 남성 5인을 입힐 수 있다. 그러나 5인 가족의 구성을, 성인 남성 1인(12.5장), 성인 여자 1인과 사소남使小男(10.2장×2), 미성년 2인(5.1장×2)이라고 가정한다면 1년에 43.1장, 즉 11필 정도를 최소한 소비하여, 1년에 12.5필을 생산하는 숙련된 여자의 방직으로 가내수요를 충족할 수 있었을 것이다.

오늘날 운남 소수민족 여성의 경우처럼, 어려서부터 방직을 익히고 또

---

132 黃守亨은 일반적인 여성의 방직 생산량을 보수적으로 1일 생산량 2尺으로 잡아, 연 200일의 방적으로 1년 400尺, 10匹을 생산하는 것으로 산정하였다(「漢代自耕農經濟的初步探釋」,『秦漢經濟史論考』, 中國社會科學出版社, 2000, p. 33). 徐暢은 이에 동의하면서 이 가운데 2匹의 생산은 夜作을 통해 이루어졌음을 추정하였다(「秦漢時期的'夜作'」,『歷史研究』2010-4, p. 82).

133 『管子』卷23 「揆度」, "上農挾五, 中農挾四, 下農挾三, 上女衣五, 中女衣四, 下女衣三."

혼인하여 가족을 입힐 직물을 평생 쉼 없이 방직해 온 여성의 방직능력을 '상녀上女'의 기술로 상정하는 데는 무리가 없을 것이나, 이들의 쉼 없는 방직으로 겨우 가족의 의복을 해결할 수 있을 뿐이었음을 이해할 수 있다. 그러나 이제 막 혼인을 한 청년 여자, '하녀下女'의 기술로는 세 사람을 입힐 수 있다고 하나, 이 경우 동거하는 성인 여자가 있었다고 한다면 오히려 청년 여자, '하녀下女'의 방직은 잉여 산품이 될 수 있었을 것이다. 즉 가족 가운데 여자는 사소녀使小女, 미사소녀未使小女를 막론하고 어려서부터 방직했다면, 이들은 적극적으로는 '하녀下女'의 생산량, 즉 '상녀上女'의 3/5을 생산할 수도 있었겠지만 그 이하라 할지라도 이들의 방직으로 인해 잉여 방직품이 가능하였을 것이다. 제민 여자에 의한 가내방직은 농업 노동력의 손실 없이 특정한 노동 시간이나 장소에 구애되지 않고 잉여 시간, 잉여 노동력을 활용하여 방직함으로써, 제민의 기본적인 의복생활을 충족시키면서도 잉여 방직품을 생산할 수 있었다. 당시 가내 원시방직은 『거연한간』에서 수졸들이 관에서 지급된 의복을 일반민에게 매매했던 것처럼,[134] 의복의 자급이 가능하지 못한 지역, 즉 방직에 필요한 원료를 확보하기 어려운 지역 역시 존재하였으리라는 것 또한 분명하다. 그러나 소농가정의 여자는 농사와 가사와 병행하여 가정에서 필요한 직물과 납세를 위한 포를 방직하였으며, 관에서는 이러한 가내수공업에 의한 직물을 조세를 통해 흡수할 수 있었을 것이다.

한편 진과 한초에 답판직기가 일반 직물 방직에까지 널리 보급되지 않았다면, 관부에서 필요한 포의 공급을 위해서 예첩노역으로 원시직기를 이용한 방직작방을 운영한다 하더라도, 서인 여자의 야간작업까지 불사

---

134 EPT 11: 3, "陽友賣同燧卒榮薏官裘綺遮虜季游君所, 直千六百五."

한 방직생산을 크게 상회할 수 없었을 것이다. 더욱이 제민 여자들이 농업 노동이나 가사 노동 외의 시간을 활용하여 생산하는 가내방직품을 조세수입에 의해 흡수할 수 있었다면, 굳이 농업 노동력을 포기한 형도노역에 의한 방직작방을 운영하는 것은 오히려 비효율적이었을 것이다. 처가 있는 예신의 의복을 자급하게 한 것 역시 이러한 이유이며, 따라서 대규모의 방직작방의 흔적을 찾을 수 없는 이유이기도 하다. 또 관부에서 노역하는 형도나 관노비들에게 지급할 여름과 겨울 의복의 경우 직물원료의 양이 아닌, 직물의 양과 값을 규정하였던 것도, 관에서 필요한 직물을 구매한 것을 이해할 수 있는 근거가 된다.

진과 한초 관부에서 필요로 하는 일반 관리, 수졸, 형도의 의복을 위한 직물을 가내수공업에 의해 생산한 방직품에 의존할 수 있었던 반면, 관영수공업작방의 운영은 상층 계층의 수요를 위한 작방 운영의 전통에서 정교한 고급 직물 방직에 주력하였다. 이를 위해 고도의 기술을 가진 방직여공을 안정적으로 확보할 필요가 있었으며, 내형의 감형을 받은 서인 여자를 관에 예속시켜 고급 방직기술 여공으로 노역시킴으로써 관부의 고급 직물 수요를 충족시킬 수 있었다면, 여성의 내형 감형은 진한 국가의 여성 노동력 운영과 밀접한 관계가 있음을 이해할 수 있다.

3. 맺음말: 진한의 여성 노동력 운영

책형, 요참형, 참지형, 내형의 여성 형도 감형은 여자에게 잔혹한 형벌을 가하지 않는다는 관형寬刑의 인상이 있다. 그러나 책형이 희생을 잘라 말리는 고대 희생제사에서 유래했으며, 고대 희생제사에서 여자 희생은 주로 불에 태우거나 물에 빠뜨리거나 때려죽이는 등 온 채로 사용했다면, 진한시대에도 책형과 요참형으로 여성의 신체를 절단, 분해하는 것을 꺼렸던 관념은 여전히 존재하였을 가능성이 있다. 그렇다면 적어도 여성에 대한 책형, 요참형의 회피를 곧 약자에 대한 관형의 관념으로만 이해할 수 없음은 분명하다. 그리고 참지형의 여성 감형 역시 참지斬趾를 당한 남성 형도가 문지기의 직역을 담당하였던 데 비해, 다리를 절단한 불구의 여성 형도는 사역시킬 수 없는 불구로 만든다는 형벌과 함께 형도노역의 노동력 운영 문제를 제기한다.

내형을 감형받아 속내형에 처한 서인 여자는, 이들이 또다시 속내의 처벌을 받을 경우 예신첩이 된다면, 사구와 마찬가지로 예속적인 신분의 위치에 있었다는 신분의 문제와 함께 노역문제를 제기한다. 즉 여비女婢에서 면천한 서인 여자와 육형의 형도에서 면한 서인 여자가 산부와 요역을 면제받아 원주인이나 국가에 예속한 신분이었던 것과도 상통한다. 즉 국가는 여자 내형의 감형을 통해, 실제 관부의 수요가 많지 않았던 여성 사구 형도는 회피하면서 강제노역을 하는 예속적인 서인 여자의 노동력을 획득할 수 있었던 것이다. 「공인정」과 「창률」 가운데는 속면贖免이 금지된 예속적인 서인 여자의 존재가 있는데, 이들은 고급 방직기술을 갖춘 여공으로 노역하였으며, 내형의 감형을 통해 공급되는 예속적인 서인은 이들 고급 방직기술 여공의 주요 내원來源 가운데 하나가 될 수 있었을 것이다.

그런데 관부에서는 관리나 수졸 형도의 의복에 대한 수요가 있었음에도 불구하고 「공인정」이나 「사공률」 등에서는 여성 형도를 사역시킨 대규모 방직작방 운영의 흔적을 찾기 어렵다. 뿐만 아니라 밖에 거주하는 처妻

혹은 갱예첩更隸妾의 처가 있는 예신의 경우 의복을 자급시켰는데, 이는 가내방적의 보편화를 전제로 하며, 이들 예첩이나 예신의 처에 의한 방직은 결코 원시직기를 이용한 가내방직을 벗어날 수 없었을 것이다. 이러한 진과 한초의 관부에서 필요한 직물의 공급과 관영방직작방의 운영은 당시 방직기술의 수준과 방직 노동력 운영과 관련하여 이해할 필요가 있다.

사회적 통념상 또 현실적 분업상 남경여직이라고 하지만, 여성은 방직 외에 농경에도 물론 참여했으며, 여성의 방직은 농사와 가사 노동을 하는 틈틈이 시간과 장소를 가리지 않고 모든 여가시간과 잉여 노동력을 투입하여 이루어졌다. 당시 여성 방직은 가족의 의복 생활을 책임지는 외에, 산부는 물론 때로는 전조田租까지도 포의 납부로 가능하였을 것이다. 남자 요역이 때와 장소를 정하여 과징하는 잉여 노동력의 징수라면, 포백의 수취 혹은 전납은 여성 잉여 노동력에 대한 과징인 것이다. 여성의 요역이 제도상 분명 존재하였으면서도 그 실체가 보이지 않는 것은 이러한 이유이며, 여성의 노동력을 남녀 수전비授田比에 의해서만 산정할 수 없는 이유이기도 하다.

원시직기에 의한 가내방직은, 농업 노동력의 손실 없이 특정한 노동 시간이나 노동 장소에 구애되지 않고 잉여 시간, 잉여 노동력을 활용하여 방직함으로써, 숙련된 여자가 1년에 12.5필 정도를 방직한다면 5인 가족의 의복을 자급할 수 있을 뿐이나, 가내의 또 다른 여성의 방직은 숙련도에 따라 잉여 방직품을 생산할 수 있었을 것이다. 수졸을 비롯해 형도, 관노비 등의 의복을 위한 대규모 방직작방운영의 흔적을 찾기 어려운 이유는 바로 제민 여성의 가내방직품의 수취를 통해 관부에서 필요한 방직품을 공급할 수 있었기 때문이라는 추정도 가능하다.

반면 진한 방직작방의 운영은 관영수공업작방 전통의 연장에서 상층에서 필요한 고급 직물의 생산에 주력하였으며, 따라서 고급 직물 방직기술을 가진 여공을 안정적으로 확보할 필요가 있었던 것 같다. 「창률」 가운데 속면을 금한 고급 방직기술을 가진 서인 여자의 존재는 바로 육형 형도에서 속면 한 서인 여자와 함께 내형 감형을 받은 서인 여자의 방직 노역을 시사한다. 따라서 국가는 여성의 내형을 감형하여 속내형의 예속적인 서인 여자를 창출하여 국가의 필요에 따라 사역할 수 있는 예속적 노동력, 즉 고급 방직에 종사할 여공을 확보할 수 있었을 것이다. 즉 여성 형벌의 감형은 진한 국가의 여성 노동력 수요 및 그에 따른 운영과 밀접한 관계가 있었다.

역사가, 정치가 반소

1. 『한서』 완성의 명을 받다

후한後漢 93년, 화제和帝는 반고班固가 『한서漢書』 편찬을 마치지 못하고 세상을 떠나자, 그의 여동생 반소班昭를 동관東觀 장서각藏書閣에 불러들여 팔표八表와 「천문지天文志」의 완성을 명하였다.

『한서』는 일찍이 반고의 부친 반표班彪가 사마천司馬遷 『사기史記』 이후의 역사를 이어 서술하기 위해 열전列傳 수십 편을 지었으며,[1] 반표 사후

---

1 班彪는 『史記』가 武帝시대로 끊어졌으며, 여러 설을 모두 싣는다거나 혹은 생략하는 방식

반고가 고향으로 돌아와 한사漢史 저술을 계승하였다. 반표는 성정이 심중深重하고 옛것을 좋아했는데, 반고 역시 어려서부터 글을 잘 지었으며 성장해서는 많은 서적을 섭렵했을 뿐만 아니라 사상의 학파에 구애되지 않고 그 뜻을 취할 줄 알았으며 성품 또한 관대하였다고 한다.[2] 반소는 이러한 집안의 학문적 배경 가운데 성장하였는데, 54년 반표가 세상을 떠났을 때 반소의 나이는 5세였으니, 사실상 반소의 학문적 소양은 23세 터울의 이복형 반고의 훈도 가운데 길러졌음을 알 수 있다.

반소는 49년에 부풍扶風 안릉安陵(오늘날 섬서陝西 함양咸陽 동북)에서 태어나 어려서부터 재주가 많고 학문이 깊었으며, 14세에 조세숙曹世叔에게 시집갔으나 남편이 일찍 죽었다. 황제가 반소를 동관에 불러들였을 때 반소의 나이가 44세였다고 하니, 이때 이미 시집간 지 30년의 세월이 흘렀다. 그럼에도 불구하고 반소는 반고의 뒤를 이어 『한서』의 완성을 명 받았을 뿐만 아니라, 같은 군의 청년이며 이후 대학자로 성장하는 마융馬融에게 『한서』를 강의하였던 것으로 보아,[3] 반소는 이미 반고 생전에 『한서』 편찬에 참여하여 『한서』의 내용을 익히 알고 있었음을 짐작할 수 있다. 그런데 「천문지」에 의하면 마융의 형 마속馬續이 「천문지」를 완성했다고 하지만, 반소가 등태후鄧太后에게 천문을 가르친 것으로 보아 「천문지」의 완성 역시 반소와 결코 무관하다고 할 수 없다.

반소는 여훈서 『여계女誡』를 짓는 외에도 유향의 『열녀전列女傳』을 주석

혹은 老子를 추숭한 태도, 貨殖을 앞세우는 경제관, 遊俠의 道를 인정하는 사마천의 현세관과 역사의식에 근거한 서술을 비속하게 여겼으며, 항우나 진섭을 세가로 세우는 역사인식이 공평하지 못하다고 여겨, 오직 치우침이 없는 '平易正直'한 서술로 역사의 의미를 드러내고자 하였다(『後漢書』 卷40上 「班彪列傳」, pp. 1323~1327).

2 『後漢書』 卷40上 「班固列傳」, p. 1330.
3 『後漢書』 卷84 「列女傳」, p. 2785.

하였을 뿐만 아니라, 등태후의 동생 등즐鄧騭을 위해 상소문을 올려 등태후의 마음을 돌려놓았듯이 문장에도 능하여, 궁중에 신기한 공물이 헌상될 때마다 부송賦頌을 지었다고 한다. 반소는 반고의 「양도부兩都賦」를 주석하는 데 그치지 않고 스스로도 「동정부東征賦」를 지어 아들 조성曹成이 113년 장원長垣의 현령縣令으로 부임하는 데 따라가면서 느낀 소회를 풀었다. 이외에도 명銘, 뇌誄(조문), 문問, 애사哀辭, 서書, 논論, 유령遺令 등을 남겼는데, 120년에 반소가 세상을 떠난 후 자부子婦 정씨丁氏는 16편의 저술을 모아 「대가찬大家讚」을 편찬하였다.

2. 팔표를 완성하다

사실 「천문지」와 팔표의 기본틀은 이미 반고에 의해 계획되었을 것이다. 그럼에도 중요한 사실은 「천문지」의 완성은 몰라도 팔표는 반소에 의해 완성되었다는 것이다.

『한서』 팔표는 『사기』 십표十表의 체제를 계승하였으나, 십표에는 없는 「이성제후왕표異姓諸侯王表」, 「외척은택후표外戚恩澤侯表」, 「백관공경표百官公卿表」, 「고금인표古今人表」를 만들었다. 『사기』 십표는 황제黃帝에서 한대에 이르는 중국의 길고 복잡한 역사를 시세의 변천에 따라 추이를 간결하게 표현하였을 뿐만 아니라, 사마천 자신의 역사관을 표출하여 『사기』의 공功은 십표에 있다고도 한다.[4] 그런데 『한서』 팔표는 십표를 따르면서도 왜

---

4 鄭樵, 『史通』 總序.

새로운 표를 구성했으며, 이를 통해 무엇을 말하려 하였을까.[5]

『한서』는 한대 제후왕들의 역사를 「이성제후왕표」와 「제후왕표諸侯王表」
로 나누어 표로 만들었다. 「제후왕표」는 다른 표들과 마찬가지로 제후와
국명을 가로로 나열하고 세로로는 세대를 단위로 7세까지의 계승을 정리
하여, 각 봉후封侯들이 몇 대에 걸쳐 존속했는지를 파악할 수 있게 하였다.
반면 표 가운데 제일 앞에 둔 「이성제후왕표」는 다른 표들과 달리, 국명을
세로로 하고 봉건과 존속연도를 가로로 작성했을 뿐만 아니라 고조 4년까
지의 연도는 월 단위로 작성하였다. 이는 마치 사마천이 「진초지제월표秦
楚之際月表」를 만들어 진한秦漢 왕조가 바뀌는 격동기에 시시각각 급변하는
역사적 사건의 추이를 월 단위로 작성한 역사적 시간의식을 연상케 한다.
이로써 고조高祖 연간에 대거 봉건 된 이성제후들이 고조 연간이 끝나기
도 전에 대부분 폐해졌으며, 혜제惠帝 연간 여후呂后 외척들에게 봉해진 제
후왕들 역시 여후 통치가 끝나면서 주살誅殺과 함께 막을 내리는, 이성제
후국의 정치적 사건에 의한 짧은 흥망을 웅변적으로 표현할 수 있었다.

「외척은택후표」 서문에서 밝혔듯이, 한이 세워진 이후 "유씨劉氏가 아니
면 왕이 될 수 없으며 공이 없는데 왕후王侯에 봉해진 자는 천하가 함께
주멸誅滅한다."라고 하였다. 그럼에도 불구하고 여후 통치기간에 외척들이
공에 따라 후작侯爵을 받았으나, 「외척은택후표」는 이러한 외척들의 봉작
封爵 역시 손자 대에까지 이르기도 어려웠음을 한눈에 보여 준다. 뿐만 아
니라 여후 여씨 일가의 반주反誅가 이어졌으며, 시대마다 외척의 안위安危
가 다르지만 무제武帝시대 외척 역시 위태로워 9인의 외척과 그 자손 가

---

5 십표를 팔표로 재구성한 『漢書』 팔표는 사기의 뛰어난 구성법을 개악하였다는 혹평을 받기
   도 한다(呂祖謙, 『大事記解題』 卷10).

운데 10인이 모반주살反誅, 기시棄市, 자살, 요참腰斬으로 죽음에 이르거나, 완위성단完爲城旦의 형도가 되거나, 혹은 주금법酎金法에 걸려 봉작을 박탈당하였음을 한눈에 파악할 수 있다.

십표에는 없는 새로운 창안으로 꼽히는 「백관공경표」는 승상 이하 중앙관직과 군수, 현승縣丞 이하 지방 속리와 정亭, 향鄕의 지방 말단의 행정 단위에 이르기까지의 관제의 연혁을 기록하였으며, 승상 이하 중앙 관직에 임명된 백관공경의 천遷, 면免, 사死를 표로 만들었다. 「백관공경표」에 의하면, 한대 관리는 승상 이하 좌사佐史에 이르는 이원吏員 12만285인이라고 한다. 사마천은 「한흥이래장상명신연표漢興以來將相名臣年表」에서 일부 항목의 글자를 거꾸로 썼는데, 이는 무제시대 승상의 폐치가 무상하고 많은 어사대부가 재난을 당한 사실을 표현하는 무언의 수법이었다고도 한다.[6] 그런데 이러한 「한흥이래장상명신연표」를 확대하여 왜 「백관공경표」로 만들었을까.

팔표의 또 하나의 새로운 창안은 「고금인표」이다. 「고금인표」를 지은 목적은 경전經傳이 전하는 선인先人들, 즉 요순堯舜, 성현聖賢에서부터 이들을 보좌한 신하들에 이르기까지 이들의 선악善惡을 밝혀 후인들을 권계勸戒하기 위해 널리 모은 것이라고 밝히고 있다.[7] 그러나 사실 '고금古今'은 실제로는 '고古'만 표로 만들었으며 '금今'은 표로 만들지 않았다. 단대사斷代史를 목적으로 하는 「고금인표」는 오히려 사마천이 사실의 역사에서 배제한 신화의 세계를 역사의 시작으로 삼아, 복희宓羲, 신농神農, 황제黃帝, 소호少昊, 전욱顓頊, 제곡帝嚳, 요, 순의 삼황오제에서 시작하여 오광吳廣, 진

---

6 伊藤德南, 『史記十表に見る司馬遷の歷史觀』, 平河出版社, 1944.
7 『漢書』 卷20 「古今人表」.

승陳勝으로 맺음으로써 「오광진승항적열전吳廣陳勝項籍列傳」에서 시작하는 열전과 서로 수미를 잇는다. 따라서 단대사로서의 『한서』는 「고금인표」로 인해 삼황오제에서 시작하여 한의 종말에 이르는 통사의 형식을 갖추게 되었다고 할 수 있다.

역사의 시작을 삼황오제에서 시작하는 한대인들의 역사인식은 무량사武梁祠 역사고사歷史古事 화상석에서도 나타난다. 무량사를 설계한 무량武梁이 역사 변화를 통사적으로 이해하려 한 것은, 사마천이 고금의 변화를 관통하는 원리를 밝혀 '일가지언一家之言'을 이루고자 한 것과 마찬가지 이유였으며, 무량이 배우고 익힌 한시韓詩의 역사관은 음양陰陽, 장단長短, 회명晦明이 교차하여 일음일양一陰一陽이 순환하는 변화의 역사였다. 이는 하, 은, 주 왕조가 흥망興亡 하여 순환하는 『역易』의 역사관이다. 한대인에게 과거의 역사란 옛 제도를 따른다는 의미에서의 과거가 아니라, 흥망성쇠와 인간의 길흉이 담긴 인류의 경험치의 축적으로, 현재 인간사를 판단하는 기준이 되었다. 한대인들에게 과거의 역사란 현재를 바로 알기 위한 교훈이라는 보편적인 역사의식이 있다. 「고금인표」는 선인들의 선악을 드러내어 후인들을 권계하기 위한 것이었다. 선인들을 '상상上上'에서 '하하下下'까지 9등급으로 나누어 표로 만들었는데, 이는 공자가 인간을 상중하로 등급을 매기면서[8] '상지上智'와 '하우下愚'의 인간은 바뀔 수 없다고 한 것에 근거하였으며, 인간의 등급을 나누는 기준은 선, 악의 실천에 있었다.[9] 그러나 실제 「고금인표」는 공자를 '상상上上'등等의 성인에, 그의 제

---

8 "生而知之者, 上也. 學而知之者, 次也. 困而學之, 又其次也. 困而不學, 民斯爲下矣."; "中人以上, 可以語上也."; "唯上智與下愚不移."

9 『漢書』卷20 「古今人表 第八」, p. 861.

자들을 '상중上中', '상하上下'등等에 위치시킨 반면, 노자老子는 공자보다 후대 사람으로 '중상中上'등等에 배치하여 유교적 관점을 분명하게 관철시키고 있다.

반소는 이러한 팔표의 개조를 통해 무엇을 말하려 한 것일까.

3. 반소와 등태후

황제는 반소를 자주 불러 입궁하여 황후와 귀인貴人들을 가르치게 했으며 그녀를 존경하여 '대고大家'[10]라고 칭하였다. 이즈음 15세의 등수鄧綏가 입궁하여 이듬해 귀인貴人이 되어 반소에게서 경서經書, 천문天文, 산수算數를 배웠다. 등수는 키가 7척 2촌(약 166cm)에 자태와 얼굴이 주변을 놀라게 할 만치 뛰어나고 수려했으나, 귀인이 되어서는 소심하고 공손하며 정중하였다. 음후陰后를 모시는 데 밤낮으로 전전긍긍하였으며 가까이할 때는 나란히 서지 않았으며 항상 자신의 사욕을 누르고 낮추었다. 연회 때마다 여러 귀인은 경쟁하여 치장하였으나 등귀인鄧貴人만이 홀로 무늬 없는 옷에 장식을 달지 않았다. 음후와 함께 황제께 나아가 뵙게 될 때에는 감히 정좌하지 않고 떨어져 섰으며, 움직일 때에는 몸을 굽혀 자신을 낮추었다. 황제가 물을 때마다 항상 머뭇거린 후에 대답하였으며, 음후보다 감히 먼저 말하지 않았다. 황제는 등귀인이 자신을 낮추려 마음 쓰는 것을 알았다.

---

10 大家는 대고라고 읽으며, 조대고曹大家는 조씨집의 큰 마님이라는 뜻으로 당시 여성에 대한 존칭이다.

그러나 음후는 오히려 등귀인을 저주하는 비방으로 등귀인을 해치려 하였으며, 이러한 무고巫蠱사건으로 음후는 폐해지고 등귀인이 황후의 자리에 오르게 되었다. 이때에도 사양하기를 세 번 한 후에 즉위했다고 하며, 황제가 매번 등씨鄧氏 형제들에게 관작官爵을 주려 할 때마다 등황후鄧皇后는 애청하여 겸양謙讓했기 때문에, 형 등즐은 황제가 살아서는 호분중랑장虎賁中郞將에 불과하였다.

그러나 입궁 전 어릴 적 등수에 관한 기록은 사뭇 다르다. 등수는 6세에 사서史書를 읽을 줄 알았으며, 12세에 『시詩』, 『논어論語』에 능통하여, 남자 형제들이 경전을 읽을 때마다 어려운 질문을 하곤 하였다. 전적典籍에 뜻이 있었으며 집안일은 묻지 않아, 어머니는 여공女工을 익혀 의복을 짓지는 않고 오히려 학문에만 힘을 쓰는 등수를 나무라기를, "너는 여공을 익혀 의복을 짓지는 않고 오히려 학문에 힘쓰니 (그런다고) 어찌 박사博士가 되기나 하겠느냐."라고 하였다. 이에 그녀는 어머니의 말을 거듭 어기며, 낮에는 부업婦業을 닦고 저녁에는 경전을 읽어 집안사람들이 '제생諸生(태학생이나 박사의 제자)'이라고 불렀다. 아버지는 등수를 남다르게 여겨 일의 대소를 가리지 않고 함께 상의할 만큼,[11] 그녀는 이미 자신의 식견을 갖춘 재원이었다.

등수가 입궁하여 황후가 되기까지 이 여인을 수식하는 단어는 노심勞心, 자비自卑, 겸양이었는데, 반소가 그의 딸들을 위해 지었다는 『여계女誡』를 관통하는 가장 큰 명제 역시 겸손과 자신을 낮춤이다. 『여계』 첫 편 「비약卑弱」에서, "여자는 낮고 약한 존재로 다른 사람의 아래에 처해야 한다."라고 하여, 겸양과 공경으로 다른 사람을 먼저 하고 나를 뒤로 해야

11 『漢書』 卷10上, 「鄧皇后傳」, p. 418.

한다고 하였다.[12] 음후가 폐해지고 등귀인이 등황후가 되는 정치적 사건의 역정에는 굴신屈身의 처신이 있었으며, 이는 바로 반소가 가르친 '자비自卑'의 실천이 아니었겠는가.

등귀인이 황후의 자리에 오르는 데는 결정적으로 음후의 질투로 인한 무고사건이 있었다. 등수가 입궁했을 때 44세 즈음이었던 반소는 이미 가정 내에서의 연륜뿐만 아니라 가족의 경험으로 궁정 후궁들 간의 정치적 암투에 관해 익히 잘 이해하고 있었다. 반소의 고조모 반첩여班婕妤는 전한 성제成帝 때 입궁하여 첩여婕妤가 되어 황제의 총애를 받았다. 성제가 후원에서 함께 수레를 타려 했을 때에 반첩여는, "고대 성왕의 옆에는 항상 명신名臣이 있었으나 삼대三代 말왕末王 곁에는 폐녀嬖女가 있었다."는 말로 왕에게 권하였다고 한다. 이를 보고 들은 태후은 "예전에 번희樊姬가 있었다면 오늘에는 반첩여가 있다."라고 칭찬하였다. 이후 조비연趙飛燕 자매가 황제의 사랑을 독차지하여 허황후許皇后를 참소讒訴하여 허황후가 폐해질 때에, 태후의 신뢰를 받은 반첩여는 물러나 장신궁長信宮에서 태후를 모시며 지내 화를 면할 수 있었다.[13]

『여계』「곡종曲從」,「화숙매和叔妹」에서, "부인이 남편의 뜻을 얻을 수 있는 것은 시부모가 나를 아끼기 때문이다. 시부모가 나를 아끼는 것은 시동생과 시누이가 나를 좋게 여기기 때문이다."라고 하였다.[14] 반첩여가 조비연 자매의 화를 태후의 그늘에서 면할 수 있었던 경험은, 암투가 난무하는 궁정에서 지위를 확고히 하는 데는 황실 친속들의 공고한 신뢰와 지

---

12 『列女傳』卷1「卑弱」.
13 『漢書』卷97「外戚傳」, pp. 3983-3984.
14 『女誡』第7「和叔妹」.

지가 필요하며, 가정이라는 울타리 안에서 자신의 위치를 확고히 하는 데는 남편 이외에 시가 부모 형제들과의 관계가 중요하다는 규율을 이끌어 주었을 것이다. 반소는 이러한 고조모의 인생에서 '유순柔順', '경신敬慎'의 성공의 길을 보았을 것이며, 반씨 가족의 자랑이었던 반첩여는 반소가 등귀인을 가르치며 지켜 내어 궁정의 암투에서 황후 자리에 오르게 하는 데 큰 지침이 되었을 것임은 말할 것도 없다.[15]

「등황후전」에 의하면, 음후가 어찌할 바를 몰라 저주를 비는 무술巫術을 쓴 배경에는 등후의 덕德을 칭하는 소리가 날로 성해졌다는 데 있었다. 『여계』에 의하면, 여자가 실천해야 할 사항 가운데 부언婦言, 부용婦容, 부공婦功과 함께 부덕婦德을 제일 앞세우고 있다. "부덕은 그윽하고 고요하게 처신하며, 절제하고 정돈하며, 염치 있게 행동하며, 행하고 멈추는 데 법도에 맞게 하는 것이다."라고 한다.[16] 덕을 좀 더 일반적으로 말하자면 겸손은 덕을 행하는 근본이며,[17] 바로 등귀인의 겸양의 행적은 그녀를 등황후의 자리에 오르게 한 덕의 근본이 아니었겠는가.

105년 화제가 죽은 후, 등후는 황태후가 되어 임조칭제臨朝稱制 하게 되었으며 이때 반소가 함께 정사政事를 들었다. 그리고 반소가 70여 세에 세상을 떠나자 황태후는 소복을 입고 복상했으며 사자使者를 보내 장례를 지키게 하였다. 등귀인이 등황후가 되고 또 칭제稱制하기까지 늘 반소가 함께하여 등태후의 궁중에서의 행보와 정치에는 반소의 지도가 깊숙이 영향을 미쳤음을 알 수 있다.

---

15 蔡荷芳, 「論班昭「女誡」的創作背景」, 『華北煤炭師範學院學報』 30-4, 2009, p. 78.
16 『女誡』 第4 「婦行」.
17 『女誡』 第7 「和叔妹」.

4. 「고금인표」와 등태후의 임조칭제

화제 사후 등태후는 생후 백일 된 어린 상제殤帝를 세웠으며, 이듬해 상제가 죽자 등즐 등과 함께 또다시 13세의 안제安帝를 세워 20여 년 오랜 세월을 임조칭제 하였다. 반소는 등황후가 임조칭제 할 때 함께 정사를 보았다고도 하지만, 확실히 등황후의 정치참여를 지지하고 있었던 듯하다. 「고금인표」의 편중된 구성을 통해, 백호관白虎觀 회의에서 확인한 후한 사회의 유교적 가치뿐만 아니라 당시 등후鄧后의 임조칭제 정치에 대한 지지를 확인시키고 있다.

「고금인표」에 올라 있는 신화시대에서 시작하여 전국시대까지 1,947인의 인물 가운데는 49인의 여성이 포함되어 있는데, 이들 여성은 달기妲己와 포사褒姒와 같은 '하하下下'등等을 포함해 '중하中下'등等 이하 인물 8인을 제외한 41인의 여성 대부분이 상급의 여성들이다. 「고금인표」의 제일 첫 여성인 여와女媧는 본래 인간창조의 여신이지만, 한대에 들어와 복희伏犧와 짝을 이루어 인류를 창조하는 것으로 변모하였다. 「고금인표」는 여와를 복희의 배필로 위치시켰을 뿐만 아니라, 복희를 인류의 시조로 '상상上上'급級에 분류하는 반면 여와는 성현 배필의 지위인 '상중上中'에 위치시켰다.

후한시대 예교를 정리한 『백호통白虎通』에 의하면, "부부는 무슨 뜻인가, 부夫는 지탱한다의 뜻이다. 인도를 지탱한다는 것이다. 부婦는 순종한다의 뜻이다. 가사에 따르며 사람을 섬기는 것이다."[18]라고 하였다. 『여계』에서도, "부부의 도는 음양의 원리에 부합하여, 인류의 중요한 관례이다.

---

18 『白虎通』 卷8 「三綱六紀」.

남편이 현명하지 못하면 부인을 통솔하지 못하고, 부인이 현명하지 못하면 남편을 제대로 섬길 수 없다."라고[19] 하여, 반소의 부부관에는 부인은 남편을 따르고 섬기는 자라는 『백호통』의 후한 예교주의 부부관이 관철되어 있다. 여기에서 『백호통』이 형 반고에 의해 정리되었으며 반고에 의해 훈육되고 반고의 뒤를 이어 『한서』를 완성하라는 명을 받았다는 반소의 학문적 계보를 상기할 수 있다.

그런데 특기할 만한 사실은 「고금인표」의 49인의 여성 인물은 여와에서 시작하여 달기까지 서주시기까지가 35인이나 분포하고 있다는 사실이다. 이는 전체 고금인표의 시대에 따른 인물분포와는 크게 거리가 있다. 전체 「고금인표」 1,947인 가운데 신화시대에서 서주시대까지 인물은 535명으로 전체의 약 27%를 차지할 뿐 대부분 춘추전국시대 인물들이나, 여성 인물의 경우는 서주까지가 70%에 달한다. 그러나 이들 서주시대까지 여성 인물 가운데는 순의 동생 과수敤手, 여애女艾, 후기현처后夔玄妻, 밀모密母를 제외하고는 모두 남성 인물의 배필의 자격으로 상등上等 혹은 하등下等의 지위에 놓인 여성들뿐이다. 더욱이 여성 최상위 등급인 '상중上中'에 위치한 여와 이하 태사太姒까지 23인의 여성은 모두 전설상의 성현의 배우자들이다.

이들 '상상上上'등等의 성인에 위치한 고성현古聖賢의 배우자는, 주 무왕武王의 비妃 읍강邑姜과 대희大姬가 배우자보다 두 단계 아래 '상하上下'등等 지인智人의 지위에 위치한 것을 제외하고는, 모두 '상상上上'등等 성인 배우자보다 한 단계 아래인 '상중上中'등等의 인인仁人에 위치하였다. 또 주목할 만한 사실은 고성왕古聖王 이외 인물의 배우자는 배우자와 동일한 지위에

<hr>

19 『女誡』卷2「夫婦」.

위치하여, 소강小康의 비妃인 이요二姚는 소강과 같은 '상하上下'등等 지인智人의 단계에 위치하며, 소강의 부모인 상相과 후민后緡은 함께 '중하中下'등等에 위치하며, 걸桀의 비인 말희末嬉는 걸과 함께 '하중下中'등等에 위치하며, 주紂의 비인 달기妲己는 주와 함께 '하하下下'등等 우인愚人에 위치시킨 사실이다. 이러한 인물평가를 통해, 반소는 여성의 신분은 물론 사회적 성취까지도 남편에 종속시키는 결과를 초래하였다고 할 수도 있으나, 한편 여비女妃들은 성인 배우자와 동등한 '상중上中'등等의 인인仁人의 반열을 획득할 수 있었다.

서주시대까지 여성이 자신의 공로를 인정받은 경우는 '중상中上'등等에 위치한 여장군 여애女艾뿐이다. 「고금인표」 전체 1,947인 가운데 1,412인이 춘추전국시대에 속해 시대적으로 현세에 가까운 인물이 많은 데 비해, 「고금인표」에 오른 춘추전국시대 여성은 14명뿐이다. 이 가운데 덕을 베풀어 가정을 지킨 쇠처衰妻가 '상하上下'등等에 위치했으며, 『열녀전列女傳』 「현명전賢明傳」, 「인지전仁智傳」에 정치적 지혜와 식견으로 입전된 허부인許夫人, 부인강씨夫人姜氏, 백종처伯宗妻를 포함한 7인의 여성이 중등中等에 위치하였다. 그러나 유향의 『열녀전』에는 춘추전국시대 훌륭한 여인들의 계보가 줄지어 있으며 반소는 『열녀전』을 주석했음에도 불구하고, 『열녀전』의 101인 여인들 가운데 「고금인표」에 등재한 인물은 9인에 불과하였으며, 자신의 지혜와 인품과 희생에 의해 능력과 품덕을 인정받은 여인들이 「고금인표」에 오르지 않았을 뿐만 아니라, 「고금인표」에 오른 『열녀전』 인물 가운데 5인은 「모의전母儀傳」에 속한 고성왕의 부인들이라는 사실이다. 이러한 편중된 기록은 반고 자신이 『열녀전』의 주석자임에 비추어 볼 때 더더욱 이해하기 힘들다. 이러한 당혹스런 편향적 여성관은 공자와 그의 제자, 그리고 노자의 등위에서 볼 수 있었던 사실과 더불어, 「고금인표」가 다분히 이념적이었음을 재확인시켜 준다. 이와 더불어 역사적 현실을 왜곡하여 편향적으로 서술하면서까지 반소가 「고금인표」를 통해 드러내고자 하였던 이념에 관한 궁금증을 불러일으킨다.

팔표의 체제가 혹은 이 가운데 「고금인표」가 이미 반고에 의해 이루어졌던 것은 아닌가 생각한다 하더라도, 20여 년의 오랜 세월에 걸쳐 반소의 필筆에 의해 완성되었다는 점에서 역시 「고금인표」의 공功은 반소에게 돌려야 한다. 「고금인표」에 오른 상등上等의 여성들 대부분이 고성왕의 배우자이며, 이들 여성 배우자의 사회적 지위와 역사적 평가는 남편의 사회적, 역사적 지위를 공유한다는 사실이다. 즉 반소는 「고금인표」에서 고성현과 고성현의 배우자의 인물평가를 통해, 현재적 가치평가의 잣대가 되는 고대 이상사회의 성현의 통치의 전범을 통해 통치자의 배우자에게까지 통치권의 당위성을 부여하려 하였던 것이다. 바로 황제의 배우자인 황후에게 황태후 임조臨朝의 통치권을 행사한 등태후 임조칭제에 대한 역사적, 이념적 보장을 제공하려 하였음을 이해할 수 있다. 사마천이 무제시대를 비판하기 위해 「한홍이래장상명신연표」를 작성하였다면,[20] 「고금인표」는 반소가 등후의 임조칭제를 정당화하기 위해 만들었다고 이해할 수 있지 않겠는가.

---

20 伊藤德男, 『史記十表に見る司馬遷の歴史觀』, p. 217.

5. 「외척은택후표」와 등태후의 외척정치

후한 200여 년의 역사는 화제에서 헌제獻帝에 이르는 기간 동안 6황후의[21] 정치참여가 있었으며 그 기간도 86년에 이를 만큼 후비들의 임조청제로 점철되었다. 그러나 여성에게는 관작 질서로부터 배제되어 사회적 지위가 주어지지 않았을뿐더러 정치적 참여가 금지되었던 사회에서, 궁중 깊숙이 머무르는 황후가 황제권을 제압하고 자신의 정치를 장악하기에는 많은 장벽과 제한이 있었음은 물론이다. 이를 보완하기 위해서는 자신의 종족집단 외척의 역량에 의존할 수밖에 없었으며,[22] 그 대표적인 사례로 바로 10세에 즉위한 화제를 대신하여 두태후가 임조 하면서 형제인 두헌竇憲, 두경竇景 등이 요직을 점거하고 실권을 장악한 예를 들 수 있다. 당시 두씨일문竇氏一門의 부귀는 하늘을 찔러, 흉노 격파 후에 두헌은 대장군에 임명되어 권세가 더욱 융성했으며, 두환竇瓌을 제외한 두씨 형제는 모두 방종과 불법을 일삼았으며, 심지어 노복조차도 미약한 사람들을 업신여겨 침범하고 재화를 강탈하고 죄인을 강탈하고 부녀를 겁략했으며, 두씨 부자 형제들이 줄지어 조정에 가득하였다고 한다.[23] 그러나 이들 외척의 권세는 92년 화제가 환관의 도움으로 실권을 장악한 후 나락으로 떨어져 두환을 제외한 두헌 형제 모두에게 자살이 명해졌다.

두씨의 실각은 반소에게도 큰 영향을 주었다. 반고는 두헌의 막부에 속하였는데, 그의 제자들이 법도를 잘 지키지 않아 관리들이 고통스럽게 여

---

[21] 章帝의 竇太后, 和帝의 鄧太后, 安帝의 閻太后, 順帝의 梁太后, 桓帝의 竇太后, 靈帝의 何太后.
[22] 문현실, 「천하를 지배한 여인들, 후한의 여섯 황후」, 『중국 여성, 신화에서 혁명까지』, 서해문집, 2005, pp. 57-75.
[23] 『後漢書』 卷23 「竇憲傳」, p. 819.

졌다. 낙양령洛陽令 종긍種兢이 행차한 적이 있었는데, 반고의 노예가 그의 거기車騎를 가로막자 이졸吏卒이 방망이로 내리치며 소리를 질렀더니 노비가 취하여 욕을 하여 긍兢이 크게 노하였으나, 두헌을 두려워하여 감히 드러내지 못하고 마음에 품고 있었다. 두씨와 그 빈객들이 모두 체포되어 조사받자, 긍은 이 일로 반고를 체포하여 반고는 끝내 옥중에서 죽었다.[24]

등태후는 임조칭제 하면서 전대前代 여후와 같이 외척에게 전권을 주어 권력을 유지하지는 않았던 드문 여주女主이다. 등황후는 화제 생전 등후 형제에게 관작을 주려 할 때마다 겸양했기 때문에 등즐은 호분중랑장에 불과했다고 하나, 이는 사실상 화제의 신임을 얻기 위한 처신에 불과하였다. 등태후는 임조 하면서 형 등승鄧勝을 평원왕平原王에 봉했으며, 등즐은 거기장군車騎將軍에 임명하였다.[25] 그러나 「등즐전」에 의하면, "화제가 죽은 후 등즐 등 형제를 궁에서 거처하게 했으나, 등즐은 겸손하여 궁에 오래 머물려 하지 않아 연이어 집으로 돌아가기를 구하니 연말이 되어서야 태후가 허락하였다. 다음 해, 등즐을 상채후上蔡侯에, 등회鄧悝는 엽후葉侯에, 홍弘은 서평후西平侯에, 창閶은 서화후西華侯에 봉하여 식읍食邑은 각각 만호萬戶를 주었으며, 등즐은 정책에 공이 있어서 삼천호三千戶를 더해 주었다. 그러나 등씨 형제들은 사양하고 받지 않았다."라고 한다.[26] 이러한 등씨 형제의 처신은 아마도 조부 우禹가 자손들에게 법도를 지키도록 교훈하였으며 두씨의 일을 깊이 경계하여 종족들을 단속하고 타일러 문을 닫고 조용히 거하도록 한 결과였던 듯하다. 또 바로 전대 두태후 외척의

---

24 『後漢書』卷40下「班彪列傳」, p. 1386.
25 『後漢書』卷4「孝殤帝紀」, pp. 195-196.
26 『後漢書』卷16「鄧騭傳」.

전횡과 그 말로를 겪은 지 10여 년이 지난 후라 모든 사람의 기억 속에 당시 상황이 아직 생생히 살아 있었다. 따라서 무엇보다 등태후의 임조와 함께 태후를 도와 정권을 장악할 등씨 형제들에 대한 경계가 떠올랐을 것이다.

그러나 등태후가 임조하여 안제를 제위에 올리는 데 등씨 형제들과 함께 도모했으며, 등즐은 서주西州에 강족羌族의 반란이 있자 한양漢陽에 주둔하면서 강족과 싸우다 대패大敗하였음에도 불구하고, 등즐이 돌아올 때 "조정은 태후 때문에 오관중랑장五官中郎將을 보내 등즐을 맞아 대장군 관작을 주었다. 군이 하남에 도착하자 대홍려大鴻臚를 보내 친히 맞게 하였으며, 중상시中常侍가 술과 고기를 갖추어 교외에서 위로하는데, 왕王 이하 후侯들이 도로에서 바라보았다. 도착하자 군신들을 모아 놓고 비단과 말을 내렸다."[27]는 정도로 위세가 있었음 또한 분명하다.

110년, 어머니 신야군新野君이 병들자 등즐 형제는 (사직하고 고향으로) 돌아가 어머니를 모시기를 청했으며, 이때 등태후는 형제의 사직을 허락하지 않으려 하였다. 그러나 이에 반소가 상소하였다.

"…… 妾이 듣자오니, 겸양의 모습은 덕이 이보다 더 클 수 없다 합니다. 옛 서적에 그 아름다움을 기록하고 신이 복을 내립니다. 지난날 백이, 숙제가 나라를 떠나니 천하가 그 겸손과 고결함에 감복하였습니다. 太伯이 邠을 떠난 것을 공자께서는 세 번 천하를 사양했다고 칭송하였습니다. …… 논어에 '禮讓으로 나라를 위한다면 정치에 무엇이 더할 게 있겠는가.'라고 하였습니다. …… 이로 말하자면, 남을 밀어 나아가게 하고 자신을 사양하는 정성은 멀리까지 이른다는

27 『後漢書』 卷16 「鄧騭傳」, p. 614.

것입니다."[28]

반소가 등즐 형제가 정치를 그만두고 고향집으로 돌아갈 수 있도록 상소하여, 태후가 마음을 바꿔 허락하였다. 그러나 이후 결국 등즐은 등태후의 명으로 보정輔政했으며, 지위는 삼공 다음에 있었으나 특진하여 후侯의 위가 되어, 국가에 큰 의논이 있으면 조당朝堂에 가서 공경과 함께 모의에 참여하였다.[29]

112년, 등태후가 화제의 동생, 제북濟北, 하간왕河間王의 자식 남녀 5세 이상 40여 인과 등씨의 근친 자식 30여 인을 불러들여 저제邸第를 열어 경서를 가르치고 친히 시험감독을 하였다고 하여, 당시 등씨 가문이 황실과 함께 특권을 누리고 있었음을 이해할 수 있다. 이에 대해 종형從兄 강康은 태후가 오래 임조하는 것에 대해 마음에 두려움을 품고 병을 칭하고 조회에 나아가지 않았다고 하여, 오랜 등태후의 임조칭제는 주변 사람들의 우려를 나았던 듯하다. 그리고 121년 태후가 죽은 후 등씨 종족은 모두 면관免官되고, 등회는 대역무도大逆無道로 고발되었으며, 등질은 재산을 몰수당하고 멀리 나후羅侯(장사군長沙郡)로 사봉徙封 되어 아들 봉鳳과 함께 음식을 먹지 않고 굶어 죽었다.[30] 반소가 「외척은택후표」를 통해서 경계하고자 하였던 것이 바로 이러한 외척정치의 결말이 아니었겠는가.

---

28 『後漢書』卷84「曹世叔傳」, p. 2785.

29 『後漢書』卷16「鄧騭傳」, p. 615.

30 『後漢書』卷16「鄧騭傳」, p. 617.

6. 「백관공경표」와 이치

중랑장中郎將 임상任尙이 등즐의 아들 봉鳳에게 말을 보낸 적이 있는데, 이후에 임상이 군량을 훔친 죄가 들통이 나 (죄수를 가두는) 함거檻車로 정위廷尉에게 불려가게 되었다. 등봉은 말을 받은 일이 새어 나갈까 두려워 먼저 등즐에게 자수하였다. 등즐이 태후가 두려워 처와 봉의 머리를 깎아 보내 사죄한 일을 천하가 칭송하였다고 한다.[31] 등태후의 형제 가운데 가장 정치참여가 활발하였던 등즐조차도 태후의 권위 아래 지위가 위태로웠던 것을 이해할 수 있다.

이처럼 등태후가 외척 세력 정치에 전적으로 의존하지 않을 수 있었던 것은 바로 본인이 뛰어난 정치적 재능을 갖추었기 때문이기도 하지만, 정치는 몇몇 '장상명신將相名臣'에 의해 이루어지는 것이 아니라 중앙의 승상 이하 좌사의 관료체계와 지방 군현조직하의 속리에 이르는 말단 행정 조직에 의해 운영된다는 이치吏治에 대한 믿음이 있었던 것이 아닐까. 이는 바로 반소가 『사기』의 「한흥이래장상명신연표」를 「백관공경표」로 확대한 연유와도 일맥상통한다.

등태후는 정치 공적이 탁월한 군현관리에 대해 항상 장려하였다. 화제 때 낙양령洛陽令 왕환王渙에 대해 "공정하게 처신하며, 관대하고 엄함이 마땅하다.", "몸을 깨끗이 하고 수고롭게 하여 밤낮으로 애쓴다.", "무분별하게 세금을 걷지 않으며, 억울한 일을 잘 다스리는 데 생각을 두었다.", "억울하고 의혹이 있는 사건은 오래 재판을 하였으며 판단하지 못하는 사건을 두루 바로잡았으며, 법리法理로는 공평하기 어려운 것은 진실과 거짓을

---

31 『後漢書』 卷16 「鄧騭傳」, p. 616.

마음과 힘을 다하지 않음이 없어 여러 의혹을 잠재우고 막았다."라고 평가하여, 왕환이 죽은 후 등태후는 조詔를 내려 왕환을 표창하고 환의 자식 석石을 낭중郎中으로 삼았다. 이러한 왕환의 선정善政에 대한 표창은 곧 한 왕조의 군현의 관료정치를 통해 구현하려는 이치吏治의 이상을 강화하려는 데 있었다.[32]

「백관공경표」는 『한서』에서 처음 창안되어, 이후 백관지의 선례가 되었다. 사마천이 국가를 통치하는 데 황제를 보필하는 제왕諸王, 열후와 뛰어난 공신의 공이 있었다고 보았다면, 『한서』의 편자는 한제국의 통치에는 열후, 공신 외에 국가 통치조직의 운영이 중요하다고 보았던 듯하다. 「백관공경표」는 한대 관료정치 체계의 성숙의 결과인 동시에 등태후의 이치吏治에 기초한 정치 이상의 표상이기도 하다.

7. 누구를 위해 『여계』를 지었는가

반소가 『여계』를 지은 것은 시집온 지 어언 40여 년의 세월이 흐른 50여 세 때였다. 서문에 의하면, 조씨 집안에 시집와 그동안 "쫓겨나 부모에게 치욕을 드려 시가와 친정에 누를 끼칠까 봐 항상 전전긍긍하며 살아왔다. 밤낮으로 애쓰고 수고로움을 드러내지 않으려 노력하며 살아왔으나 이제야 벗어나게 되었음을 알았다. 그런데 딸들이 시집을 가 더 이상 가르침을 줄 수 없는데, 부인의 예를 몰라 다른 가문의 체문을 잃게 하고 자기 집안을 수치스럽게 할까 두렵다." 이에 『여계』 7편을 지었다고 한다.

---

32 王鑫義, 「女政治家: 東漢和帝皇后鄧綏」, 『安徽史學』 1995-2, p. 11.

그러나 실상 반소가 시집온 지 40여 년의 세월이 흐른 이때는, 그의 딸들은 이미 출가하여 며느리를 맞이하였을 시점이라고 추정할 수 있다. 그런데 『여계』의 저술은 시어머니가 집안을 어떻게 다스릴 것인가보다는 시종 며느리가 시집에 어떻게 적응할 것인가에 관한 훈계로 일관하고 있다. 그렇다면 『여계』는 누구를 위해 저술하였는가.

49년에 태어난 반소가 14세에 출가하여 40여 년이 흐른 뒤 『여계』를 지었다면, 반소가 화제의 부름을 받고 궁정에서 황후와 여러 귀인을 가르치기 시작한 지 10여 년이 지난 때이며, 이때는 15세에 입궁한 등귀인을 가르치기 시작하여, 등귀인이 나이 22세에 이제 막 황후의 지위에 오른 직후이다. 오히려 『여계』는 어쩌면 그간 등황후와 함께 반소가 겪었던 궁내의 역경과 여인들의 일상을 총정리하는 잠언이라고 하는 것이 합당하지 않을까. 등황후는 반소의 잠언서 『여계』의 실천자였으며, 또 『여계』는 등수 인생 성공 경험의 일대 총결산이라고도 할 수 있으며,[33] 이러한 등황후의 임조칭제는 『여계』의 지침이 정치적 야심을 이루는 처세술이었음을 웅변하는 것은 아닐까.

---

33 蔡荷芳, 「論班昭「女誡」的創作背景」, p. 80.

「이건여정장쟁전자상화종서」를 통해 본 후한 장사지역 사회의 일면

1. 서언

『장사동패루동한간독長沙東牌樓東漢簡牘』「이건여정장쟁전자상화종서李
建與精張諍田自相和從書」[1] 문건은 후한後漢 영제靈帝 광화光和 6년(183년)에 감
림상監臨湘 이영李永과 예독도적例督盜賊 은하殷何가 소송 안건의 처리에 관
해 보고한 문서이다. 이 문서는 두 부분으로 나뉘어 있는데, 이 안건을 처

---

1 長沙文物考古研究所, 中國文物研究所, 2006, 『長沙東牌樓東漢簡牘』, 「光和六年(183年)監臨湘
李永・例督盜賊殷何上言李建與精張諍田自相和從書」, 文物出版社. 이하에서 「李建與精張諍田
自相和從書」로 略稱한다.

리할 책임을 진 장사군長沙郡 중부독中部督이 격檄을 보내 소송의 내용을 조사하도록 독촉한 내용과, 격檄을 받고 예독도적 은하가 이를 집행하여 직접 조사하고 그 결과를 보고한 내용을 하나의 문서로 작성하였다. 즉 안건처리 책임자의 명령과 이에 관한 집행 결과 보고를 함께 기록하여 상부에 보고하였음을 보여 주는 행정문서의 구체적인 형식을 전할 뿐만 아니라 행정집행의 구체적인 과정을 보여 주는 귀중한 자료이다.

이 소송 안건에서 이건李建은 외할아버지 정종精宗의 동생과 조카를 상대로 외할아버지의 유산반환을 소송하였으나 화해하여 외할아버지의 유산 전田 8석石을 나누어 가졌다. 따라서 이건이 외할아버지 정종의 유산에 대해 자신의 상속권을 주장한 근거는 무엇이며, 정종의 동생은 어떤 법률적 혹은 관습적 상속권을 근거로 정종의 유산을 나누어 받을 수 있었는지 분명치 않다. 한편 이건의 소송과 이를 조사하는 과정에서 후한시대 장사지역 사회와 가족경제에 관한 몇 가지 새로운 사실들을 보여 준다. 이건의 어머니 정정精娗은 토지를 소유하고 있으나 남편 이승李升은 정정의 재산에 대해 어떤 권리도 없었다는 사실이다. 중국학자 왕소王素는 『장사동패루동한간선석長沙東牌樓東漢簡選釋』에서 이 문건을 석독釋讀 하면서, 이승의 신분이 췌서贅壻일 가능성에 관해서 언급하였다.[2] 그러나 이승과 정정의 혼인관계는 장사지역의 토착적 관습과 관련하여 검토할 필요가 있다.

또 「이건여정장쟁전자상화종서」의 토지분쟁 과정에서 '석石', '석종石

---

2 李升의 신분에 관해 王素는 李升이 贅壻일 가능성을 제기하고 있지만 판단은 유보하고 있다 (王素, 「長沙東牌樓東漢簡釋」, 『文物』 2005-12, p. 74; 黎石生, 「長沙東牌樓東漢簡牘《李建與精張諍田自相和從書》初探」, 『湖南省博物館』 第3期, 2006, pp. 346-347).

種'등 토지 면적단위를 사용하고 있다. 진시황秦始皇의 도량형 통일은 원래 전국戰國 진秦에서 사용된 도량형을 전국에 엄격하게 시행한 것임은 『운몽수호지진간雲夢睡虎地秦簡』「공률工律」의 도량형기度量衡器 관리규정에서도 확인된다.[3] 그러나 상앙변법商鞅變法에 의한 240보步 1무제畝制의 확대가 한 무제 이후에 전국적으로 시행된 것으로 보아 진秦의 전국 통치기간이 짧아 통일 도량형의 전국적인 시행에는 시간이 걸렸음을 알 수 있다. 더욱이 이러한 도량형의 통일이 납세나 관영수공업작방과 같이 관부에 의해 통제되는 경우 외에 민간의 거래에서도 얼마나 철저히 시행되었는가는 여전히 의문이다. 그런데 이건의 쟁전諍田 안건에서 사용된 토지면적단위 '석石', '석종石種'은 도량형의 통일 이후 민간에서의 전통적, 지역적 도량형의 사용을 보여 주는 새로운 예임이 분명하다. 이에 관해 일찍이 조여녕曹旅寧은 20세기 장사지역과 그 주변지역에서 통용되었던 토지의 면적단위로서 전田 1석은 구제舊制 육무삼분六畝三分에 해당한다고 하였으나,[4] 20세기 초 장사지역의 전田 1석 '육무삼분六畝三分'의 환산을 그대로 후한시대에까지 소급 적용할 수 있는가에 관해서는 더 이상 논증하지 않았을 뿐만 아니라, 그 환산의 근거에 대해 제시하지 않았다. 여기에서는 '석石', '석종石種'의 구체적인 단위면적과 그 근거에 관해서도 고찰해 보고자 한다. 이러한 연구는 후한 남방 장사지역의 가족관계 및 경제생활에 관한 구체적인 이해와 함께 한대 제민지배 체제가 각 지역에서 관철된 실상을 밝힐 수 있으리라 기대한다.

---

3 『睡虎地秦墓竹簡』「工律」, "縣及工室聽官爲正衡石羸(纍)・斗用(桶)・升, 毋過歲壺〈壹〉. 有工者勿爲正. 叚(假)試卽正."(睡虎地秦墓竹簡整理小組, 『睡虎地秦墓竹簡』, 文物出版社, 1978)

4 曹旅寧, 『長沙東牌樓東漢簡牘 "李建與精張爭田案"中』石"的解釋』, 武漢大學簡帛研究中心 簡帛網, http://www.bsm.org.cn, 2007년 6월 17일.

2. 「이건여정장쟁전자상화종서」 석독

「光和六年監臨湘李永·例督盜賊殷何上言李建與精張諍田自相和從書」

光和六年九月己酉[朔][卅]日戊午, 監臨湘李永·例督盜賊殷何叩頭死罪敢言之.

中部督郵掾治所檄曰 : [民]大男李建自言大男精張·精昔等. 母精有田十三石, 前置三歲, [田]稅禾當爲百十七[5]大[6]石. 持喪葬皇宗事以, 張·昔今强奪取[田]八石; 比曉, 張·昔不還田. 民自言, 辭如牒. 張·昔何緣强奪建田? 檄到, 監部吏役攝張·昔, 實核[田]所, 界付彈, 處罪法, 明附證驗, 正處言.

何叩頭死罪死罪. 奉按檄輒徑到仇重亭部, 考問張·昔, 訊建父升辭, 皆曰: 升羅, 張昔縣民. 前不處年中, 升娉[7]取張同産兄宗女妞爲妻, 産女替·替弟建·建弟顔·顔女弟條. 昔則張弟男. 宗病物故, 喪尸在堂. 後妞復物故. 宗無男, 有餘財, 田八石種. 替·建皆尙幼小. 張·升·昔供喪葬宗訖, 升還羅, 張·昔自墾食宗田.

首核張爲宗弟, 建爲妞敵男. 張·建自俱爲口分田, 以上廣二石種與張, 下六石悉界

---

5 原簡上에는 '□'로 되어 있는데, '□'는 '□□'과 비교했을 때 '二' 字로 석독 하기에는 획 간의 폭이 너무 넓다. 더욱이 同一 文件에서 '二' 字는 '□□'로 쓰여 있다. 따라서 '二' 字로 석독 하기 어려우며, 간독상 五 字 '□'의 용례로 볼 때, 가운데가 지워졌을 경우 '□'와 같은 형태가 될 수 있다는 점에서 보면, 五 字로 석독 할 수 있다. 그러나 한편 간독상에 十, 七 字가 각각 '十', '十'의 형태이고 각각의 횡선이 지워졌을 경우라면 이 역시 '□'와 같은 형태가 될 수가 있다. 그러나 105石, 117石이 田十三石의 3년 치 田稅라는 점과 관련하였을 때, 鄔文玲의 의견과 같이 13으로 나누어지는 117石일 경우가 더 합당하다.

6 王素는 '下' 字로 석독 하면서 『齊民要術』 卷2 大豆條云: "丁夫一人可治五畝, 至秋收, 一畝中十六石."에 근거해 '石'에는 上·中·下之分이 있는 듯하다고 하였으나 '一畝中十六石'의 의미는 '中石'의 의미가 아니라 一畝에서 16석을 얻는다는 의미이다. 따라서 '石'에 上·中·下石의 용례는 없으며 石의 용량 단위에는 大石과 小石이 있을 뿐이며, 일부 자획이 지워졌을 경우라면 '大' 字의 형태에 근사하다.

7 原簡에 '□'이라고 하나, 王素는 이를 '婢(?)'으로 석독 하면서 뜻이 분명치 않다고 하였다. 그러나 鄔文玲에 의하면 '□' 字을 '娉' 자로 석독 하였는데, 字形이나 내용상 보다 합당하며 '娉取'는 '聘娶'로 해석할 수 있으며 이는 예의를 갖추어 장가가는 것이다.

還建. 張·昔今年所畍建田六石當分稅. 張·建·昔等自相和從, 無復證調, 盡力實核.

辭有後情, 續解復言. 何誠惶誠恐, 叩頭死罪死罪敢言之.

監臨湘李永·例督盜賊殷何言實核大男李建與精張諍田自相和從書　　　　詣在所

九月　其廿六日若

원문 내용

光和 6년 9월 己酉 朔 10일 戊午, 監臨湘[8] 李永과 例督盜賊[9] 殷何는 叩頭死罪 하
며 감히 보고합니다.

中部督郵掾 治所에서 다음과 같이 檄을 보냈다. "民大男 李建이 大男 精張, 精
昔 등을 고소하여 말하기를, 어머니 精婭은 田 十三石을 소유하였는데, 전에 3년
동안의 田稅가 禾 117大石에 해당한다. 돌아가신[10] 할아버지 精宗의 장례를 지
내고, 지금까지 精張과 精昔은 田 八石을 강탈하였다. 精張과 精昔은 田을 돌려

---

8 中部督郵掾에 속하여 臨湘縣을 감찰할 임무를 맡은 郡吏이다.『長沙走馬樓吳簡』9262簡,
"□□□督郵書掾傳泛言部臨湘絞"에서 部臨湘絞가 郡屬吏로 보이는 사례로 참고할 수 있다.

9 『長沙東牌樓東漢簡牘』釋讀은 例督盜賊을 臨湘縣尉라고 추정하나, 여기에서 例督盜賊 殷何
는 직접 사건을 취조하는 일을 하는 屬吏이므로 長吏인 縣尉가 될 수 없다. 督盜賊은 郡國
이상에 설치되나(嚴耕望,『中國地方行政制度史 上編 卷上 秦漢地方行政制度』,臺灣商務印書
館, 1961, pp. 127-128, p. 227), 例督盜賊 殷何는 中部督郵로부터 檄을 통해 명령을 받아
실행하였던 것으로 보아 縣吏였던 듯하다. '例'를 관직명의 머리에 덧붙인 경우는,『隷續』卷
16「繁長張禪等題名」중 '縣月公例掾', '夷淺口例掾'이 있다. 이에 관해 李成珪 敎授는 '縣月
公例掾', '夷淺口例掾'을 각각 月公과 夷淺口를 관장하는 例掾일 것이라고 추정하면서, 例掾
은 일정한 규칙 또는 前例에 의해 정원 외에 별도로 임용한 掾 정도로 추측하였다(李成珪,
「中國郡縣으로서의 樂浪」,『낙랑문화연구』, 동북아시아역사재단 研究叢書 20, 2006, p. 21).

10 原簡에 '皇'이라고 하여, '皇考'와 같이 돌아간 이에 대해 제사 지낼 때의 경칭으로 쓰였다.
그러나 한편『香港中文大學文物館藏簡牘』가운데에는, 가족들이 어머니의 병을 낫게 해달
라고 기도하면서 어머니를 비롯해 스스로를 皇母, 皇男, 皇婦, 皇子로 부르는 예가 있어, 반
드시 죽은 이에게만 쓰였던 것은 아니며 산 자들을 높이는 경칭으로도 사용하였음을 알
수 있다.『香港中文大學文物館藏簡牘』226簡, "建初四年七月甲寅朔, 皇母序寧, 病. 皇男皇婦
皇子共爲皇母序寧禱炊, 休. ……."陳松長,『香港中文大學文物館藏簡牘』, 香港中文大學文物
館, 2001, p. 97)

주지 않은 것으로 드러났다. 民이 말한 것은 牒과 같다. 精張, 精昔은 어떤 연유로 李建의 田을 강탈하였는가? 檄이 도착하면 監部의 吏役[11]은 精張, 精昔을 체포하고 田이 있는 곳을 실제로 조사하여 彈[12]에 회부하여 죄법에 따라 죄를 바로잡아 처벌하는데, 증거를 분명하게 첨부하고 판결을 바르게 하라."

殷何는 叩頭死罪死罪 하며, 檄을 받자 바로 仇重亭部로 가서, 精張과 精昔을 심문하고 李建의 아버지 李升에 관해 물으니, 모두 말하기를, "李升은 羅縣人이며 精張과 精昔은 臨湘縣 사람이다. 전에 어느 해인지 분명하지 않은데, 李升이 禮를 갖춰 장가가 精張의 형인 精宗의 딸 精姃을 妻로 삼아, 딸 替, 替의 남동생 建, 建의 남동생 顔, 顔의 여동생 條를 낳았다. 精昔은 精張의 동생의 아들이다. 精宗이 병으로 죽어 시신이 堂에 있을 때, 뒤이어 다시 精姃이 죽었다. 精宗은 아들이 없고 재산 田 8石種을 남겼다. 替와 建은 모두 아직 어렸다. 精張과 李升, 精昔이 함께 精宗의 장례를 마친 후, 李升은 羅縣로 돌아가고, 精張과 精昔이 스스로 精宗의 田을 경작하여 수확해 가졌다."

우선 조사해 보니, 精張은 精宗의 동생이며, 李建은 精姃의 嫡子였다. 精張과 李建이 스스로 함께 口分田을 나누어, 언덕 위에 있는 二石種을 精張에게 주고, 아래에 있는 六石은 李建에게 모두 돌려주었다. 精張, 精昔은 올해 李建에게 준 田

---

11 臨湘縣吏이다. 『長沙走馬樓吳簡』에서 유명한 許迪割米案 가운데 督郵의 勅令을 받들어 許迪을 조사한 部典掾烝約, 主者史李珠 등은 縣吏이다(羅新, 「吳簡所見之督郵制度」 『吳簡研究』 第1輯, 崇文書局, 2004, p. 313).

12 彈은 單 혹은 憚이라고도 쓰며 촌락 공동체 조직을 의미한다. 漢代 彈은 관에 의해 조직되기도 하며, 민에 의해 자발적으로 조직되기도 하는데, 모두 민간의 사회조직으로 鄕里 사회의 自治, 自助 정신이 농후하다(張金光, 「論漢代的鄕村社會組織—彈」 『史學月刊』 2006-3, p. 30). 彈은 상세한 직분으로 나누어져 있으며, 이 가운데 '監', '平'은 訴訟과 감옥을 담당하였다. 『續漢書』 「百官志」 5 注, "里魁掌一里百家, 什主十家, 伍主五家, 以相檢察; 民有善惡, 以告監官."에 근거해 볼 때, 彈監은 곧 里 내의 監官이다(俞偉超, 鈴木敦譯, 『中國古代の社會と集團』, 雄山閣, 1994, pp. 90-118).

六石의 田稅를 마땅하게 나누었다. 精張, 李建, 精昔 等은 서로 합의하였으므로, 다시 조정하고 증거를 확보하고 진력하여 조사하지는 않았습니다. 이후에 또 사정이 생기면 계속하여 해명하고 다시 설명하겠습니다. 殷何는 진실로 황공하여 叩頭 死罪死罪 하며 감히 말합니다.

監臨湘李永과 例督盜賊殷何가 大男 李建과 精張이 田을 다투다 서로 화해한 것을 확실히 조사하였음을 보고하는 문서　　　　　　　　　所在地 官을 방문.

9월 26일 苦.

3. 정종가의 재산상속

1) 구분전의 분배

「이건여정장쟁전자상화종서」의 소송 안건에서 이건은 정장精張과 정석精昔이 자기 어머니의 유산 가운데 전田 8석을 강탈했다고 고소하면서, 어머니의 전田 13석의 3년 치 전세田稅 '117대석大石'을 언급하였다. 그리고 또 합의 결과 '하下 6석'을 이건에게 돌려주면서 정장과 정석이 이건의 몫에 대한 전세를 나누었음을 볼 때, 이 분쟁은 전세의 귀속문제에서 촉발되었음을 알 수 있다. 이 분쟁의 내용을 이해하기 위해서는 몇 가지 밝혀야 할 문제가 있다. 우선 전세는 국가에 납부하는 세금인가 혹은 지주에게 내는 전세인가? 그리고 정장과 정석이 강탈하였다고 주장하는 전田 8석은 이건의 어머니 정정의 전田 13석에 포함되는가? 이건이 '하 6석'을 상속받은 근거는 무엇이며, 한편 정장과 정석의 경작권과 정장이 '상광이석종上廣二石種'을 상속받을 권리의 근거는 어디에 있는가? 그리고 이러한 합의 결과는 당시의 법적 상속권에 얼마나 부합하고 있는가도 의문이다. 그러나 애초에 이건은 가족 간의 상속분쟁을 관에 고발하였으며 임상현臨湘縣 관부의 개입과 조사가 이루어진 후에야 '자상화종自相和從'이 이루어졌다는 점에서 볼 때, 이러한 화해 합의는 다분히 상속에 관한 한漢 율령의 법적 구속력에 근거한 합의라고 이해할 수 있다.[13]

「이건여정장쟁전자상화종서」 문건의 상속에 관한 소송과 합의에 관련한 법률적 근거를 이해하기 위해 현재 우리가 참고할 수 있는 한대 상속에 관한 법령은 『이년율령二年律令』이지만, 전한 혜제惠帝 혹은 그 이전에 시행되었을 『이년율령』과 후한 영제 광화 6년(183년)의 「이건여정장쟁전자상화종서」의 문건 간에는 약 370년간의 시간 차가 있다.[14] 따라서 「이건여정장쟁전자상화종서」상의 상속분쟁에 『이년율령』의 상속법을 적용하여 판별하는 데는 일정한 한계가 있을 듯하다. 그러나 진한 400여 년간 사회는 격변하지 않았을 뿐만 아니라 고대 국가의 법률체계에서 율령은 국가의 기본법전으로 상대적으로 온정적이라는 점에서,[15] 『이년율령』의 율령으로서의 온정성穩定性을 기대할 수 있다. 따라서 정종가精宗家의 상속에 관해 『이년율령』상의 상속에 관한 규정을 적용함으로써 이건과

---

13 黎石生은 오늘날의 '私了'와는 구별된다고 하였다(「長沙東牌樓東漢簡牘《李建與精張諍田自相和從書》初探」, p. 349).
14 『漢書』 卷23 「刑法志」에 의하면, 武帝 때 법률 개정으로 "律令이 359章, 大辟이 409條 1,882事, 死罪決事比가 13,472事가 되었으며, 문서가 궤각에 차서 법전을 두루 볼 수가 없다."라고 하여 법령이 증가하였음을 알 수 있다. 成帝시대에 律令은 더욱 늘어나서 "大辟之刑은 1,000여 條, 律令은 번잡하게 많아 1백여만 言"으로 팽창하였다고 한다. 後漢은 前漢 律令을 이었다고 하나, 이미 呂后 年間의 율령에서 크게 증가하였음을 알 수 있다. 『晋書』 卷30 「刑法志」에, "漢興 이래 302년간 憲令이 점차 증가하여 법률 條目이 무한했으며, 또한 律에 三家가 있었는데 서로 다름을 논박하였다."라고 하여 漢代 법령이 繁多했으며 법령의 해석과 적용이 무한하였음을 알 수 있다.
15 鄭顯文, 『唐代律令制硏究』, 北京大學出版社, 2004, p. 1.

정장, 정석 간의 상속과 분재分財 분쟁의 법적 근거에 관한 이해에 접근해 보고자 한다. 한편 후한 남방지역에서 일어나는 가족 간 재산분쟁에 전한 초의 율령을 적용, 검토하는 과정에서 한대 율령의 연속성이나 변화, 혹은 지역적 한계 등에 관한 이해를 얻을 수 있을 것을 기대한다.

전田 13석의 3년 치 전세 문제에서 촉발된 이건의 쟁송은, 조사 결과에 의하면 할아버지 정종의 유산 '전팔석종田八石種'의 상속분쟁이었다. 그런데 이건은 분쟁의 대상이 된 전田 8석의 소유권을 주장하면서 그 근거로 어머니 정정의 전田 13석의 전세를 거론하였다. 이는 곧 전田 8석이 어머니의 재산 전田 13석의 전세문제와 관련 있음을 의미한다. 즉 전田 8석은 정종의 유산으로 어머니의 전田 13석에 포함된 것임을 알 수 있다. 한편 정장 역시 일부 전田 2석을 나누어 가졌으나 함께 경작한 정석은 전田을 나누어 받지 못하였는데 무슨 근거에 의한 것인가? 분재와 관련한 『이년율령』「호율戶律」에 의하면,

"民의 조부모, 부모, 아들, 손자, 형제, 형제의 아들이 서로 노비, 말, 소, 양, 기타 재물을 나누어 주려고 하면 모두 허락하며 그때마다 簿籍을 바로잡는다."[16]

라고 하여 자식, 손자, 형제, 조카들에 대해 자유로운 분재를 허용하였다. 그러나 주목할 것은 분재의 대상으로 노비, 마우馬牛를 거론한 반면 토지에 대한 언급은 없다. 그렇다면 민民이 임의로 분재하는 것을 허용하였으나 여기에 토지, 전택은 제외되었다고 볼 수 있다. 반면 분전分田에 관한

---

16 『二年律令』「戶律」337簡, "民大父母·父母·子·孫·同產·同產子, 欲相分予奴婢·馬牛羊·它財物者, 皆許之, 輒爲定籍."(『張家山漢墓竹簡』, 文物出版社, 2006)

「호율」의 규정에서는,

> "後者가 부모, 아들, 형제, 主母, 假母에게 나누어 주려고 하거나, 主母가 서자, 假子에게 田을 나누어 주어 戶를 구성하려 할 경우 모두 허락한다."[17]

라고 하여 후자後者, 즉 호戶의 계승자가 부모, 자子, 형제들에게 분전分田하려는 경우, 새로이 호戶를 구성하는 것을 전제로 허용하였다. 즉 재물에 대해서는 자유로운 분재가 허용되었으나, 전지田地에 관해서는 분가하여 독립된 호를 이룰 경우 분전을 허용하였으며, 분전의 주체는 호를 계승한 후자이다. 따라서 전지의 상속과 분할은 호戶계승, 혹은 새로운 호의 구성과 관련하여 이루어짐을 알 수 있다. 『이년율령』「치후율置後律」은 『당률唐律』에 비해 호戶계승 순서를 구체적으로 명시하고 있을 뿐만 아니라, 계승순서에 딸과 처뿐만 아니라 노비까지 포함하고 있음이 주목된다.[18] 이는 국가가 수전체제授田體制를 유지하기 위해 호戶계승의 안정을 꾀하여 절호絶戶의 발생을 억제하기 위한 조치였다. 그러나 이미 수전제도가 붕괴하고 대토지 소유가 성행한 후한시대 상속에서 「치후율」의 계승규율이 계속 적용되었는지 의문이며, 이러한 문제를 정종가의 상속을 통해 검토해 볼 수 있다.[19]

이건은 어머니 정정의 상속권을 근거로 전田 8석의 소유권을 주장하였

---

17 「戶律」340簡, "諸(?)後欲分父母・子・同産・主母・叚(假)母, 及主母欲分孽子・叚(假)子田以爲戶者, 皆許之."

18 『二年律令』「置後律」379簡, 380簡, "死毋子男代戶, 令父若母, 毋父母令寡, 毋寡令女, 毋女令孫, 毋孫令耳孫, 毋耳孫令大父母, 毋大父母令同産子代戶. 同産子代戶, 必同居數."

19 「置後律」384簡, "女子爲父母後而出嫁者, 令夫以妻田宅盈其田宅. 宅不比, 弗得. 其棄妻, 及夫死, 妻得復取以爲戶. 棄妻, 畀之其財."

으며, 이에 의해 전부는 아니지만 이 가운데 전田 6석을 돌려받을 수 있었던 것으로 보아, 어머니 정정에게 부친 정종의 후자 계승권이 인정되었음을 알 수 있으나, 정종 재산에 관한 외손外孫 이건 자신의 상속권은 정장이나 정석에 비해 우선적이지 않았음을 알 수 있다. 즉 「치후율」상의 호戶계승 순차는 '아들→부모→처→딸→손자→증손→조부모→동거하는 형제의 아들'의 순으로, 손자는 형제에 비해 우선하지만 손자에 외손은 포함되지 않았기 때문이었으며, 정종의 상속에 「치후율」의 호戶계승 순차가 적용되었음을 알 수 있다.

그렇다면 정장과 정석은 왜 정종의 전田을 경작하였으며, 합의 결과 정장만이 형 정종의 일부 유산 '상광이석종上廣2石種'의 전田을 나눠 갖게 되었는가? 정종 유산에 대한 분쟁과 이들 간에 구분전을 나눈 화해 결과는 정종가의 가족관계에서 비롯되었음은 분명하다. 최근의 발굴자료『이야진간里耶秦簡』호적간독戶籍簡牘 가운데 판독이 가능한 22개 간독에는, 성년成年 미혼 자녀, 성년 미혼 동생은 물론이고 동생 부부 혹은 자식까지 딸린 동생 부부[20]와 동거하는 대가족의 다양한 구성 사례가 있다. 물론 어느 시대나 일반민 가정에서 핵심가정은 가장 기본적인 형태이지만,『이야진간』호적간독은 대부분의 핵심가정 외에 다양한 가족구성이 적지 않게 존재하였음을 반영하며, 진秦이 율령을 통해 가족의 전형으로 부부와 자녀로 이루어진 핵심가정을 강제하였다는 인식에 관해 재고를 제기한다.[21]

더욱이 후한 국가는 지배이념으로 유가적 가족질서를 강조하였으며, '효孝'를 강조하는 가족질서 이념을 국가 지배질서의 근간으로 삼았다는

---

20 『里耶秦簡』, K43, K2/23(湖南省文物考古研究所, 『里耶發掘報告』, 岳麓書社, 200).
21 李成珪, 「里耶秦簡 南陽戶人 戶籍과 秦의 遷徙政策」, 『中國學報』 57, 2008, pp. 127-129.

관점에서 볼 때,[22] 대가족 가운데 동거가족의 재산권에 관한 보호는 사회적으로 결코 방기할 수 없는 문제였으리라 짐작할 수 있다. 후한의 설포薛包는 부모가 돌아가신 지 6년 후 동생의 자식에게 재산을 중분中分하면서 자신은 열악한 노비, 전답田畓, 가옥, 기물을 취하였다고 하는데,[23] 이때 설포는 부모가 죽은 지 6년 후 조카의 분재이거分財異居의 요구에 하는 수 없이 재산을 나누었다. 이는 곧 설포의 조카는 설포에게 상속된 재산 가운데 자신의 응분의 정당한 몫, 즉 부친의 몫이 있었으며 이를 주장한 것이었음을 의미한다. 즉 후자後者(호의 계승자)가 상속받은 유산에 대해 형제도 응분의 권리가 있음을 알 수 있다.

그렇다면 동거형제의 호주재산에 대한 권리는 어떻게 보장되었는가? 「치후율」에는 형제분재에 관한 규정이 있는데,

"□□□□長子가 次子에게 재산을 나누어 줄 때, 함께 일해서 증식한 것을 中分하여 준다."[24]

라고 하여 앞의 몇 글자를 해독할 수 없으며, 차자次子에게 재산을 나누어 줄 때는 함께 일하고 증식한 것을 중분中分하도록 하나, 이는 형제간의 재산분할 시 중분을 규정한 것이라기보다는 '其共爲也及息', 즉 함께 일하거나 증식한 재산의 중분을 규정한 조항이다. 그리고 『이년율령』의 후자계

22 李成珪, 「漢代『孝經』의 普及과 그 理念」, 『韓國思想史學』 제10집, 瑞文文化社, 1998, p. 191.
23 『後漢書』 卷39 「劉趙淳于江劉周趙列傳」, "汝南薛包爲父母行喪六年, 后弟子求分財異居, 包不能止, 乃中分其財."
24 「置後律」 385簡, "□□□□長(?)次子, 畀之其財, 與中分其共爲也及息. 婢御其主而有子, 主死, 免其婢爲庶人."

승과 관련한 규정 가운데는 동거가족의 재산권에 관한 보호를 짐작할 수 있는 조항이 있다. 「치후율」에 과부가 후자後者가 되어 호주가 될 경우에,

"과부가 호를 계승하였는데, …… 남편의 형제나 형제의 아들이 동거하여 함께 名籍에 올라 있을 경우에는 전택을 팔거나 췌서를 들이지 않게 하라. 다른 사람에게 시집가거나 죽을 경우 계승순서에 따라 戶를 잇도록 한다."[25]

라고 하여, 동거하는 남편의 형제나 자식이 있다면 전택田宅을 마음대로 매매하거나 췌서를 들이지 못하게 하여, 동거하는 남편 형제와 그의 자식 역시 호주에게 속한 가산家産에 대한 권리를 법적으로 보호받고 있음을 알 수 있다. 이러한 동거형제와 그 자식의 재산권에 대한 보호를 규정한 『이년율령』의 조항은, '소가족제가정小家族制家庭'의 석출析出을 목표로 하였다는 상앙변법의 분이령分異令의 이해와는 어긋나는 듯하다. 그러나 일찍이 이성규 교수는 상앙변법의 "民有二男以上 不分異者 倍其賦" 조항에 관해 '부賦'를 조세가 아닌 '수전授田'으로 해석하여 노동력에 상응한 수전의 '배분급倍分給'을 상정하여, 진秦의 입법정신은 오히려 동거를 보호하고 있었다고 해석하였다.[26] 구분전口分田을 나누어 받지 못한 정석은 제외하더라도 적어도 정장은 정종과 동거했거나 정종 살아생전부터 정종의 전田을 함께 경작했으며, 정종과 정정 사후에도 계속해서 정종과 정정의 전田을 경작하였을 가능성이 있다. 정장과 정석의 경우 역시 정종과 동거

---

25 「置後律」386-387簡, "寡爲戶後, …… (386) …… 夫同產及子有與同居數者, 令毋貿賣田宅及入贅. 其出爲人妻若死, 令以此代戶(387)."

26 李成珪, 『中國古代帝國成立史硏究─秦國齊民支配體制의 形成─』, 一朝閣, 1984, pp. 79-89.

한 정종의 형제들이 동거자의 가산에 대한 권리를 주장한 것으로 이해할 수 있다. 「치후율」387간의 재산상 동거자의 보호, 그리고 「치후율」에서 동산자同產子가 호를 계승할 때는 반드시 호주와 동거하여 명적名籍에 오른 자에 한했음을 미루어 볼 때, 정장과 함께 정종의 전田을 경작했던 정석이 분전 받지 못하였던 이유는 정석이 정종 혹은 이건과 동거하지 않았기 때문일 가능성이 있다.

그리고 합의 결과 정장과 이건은 각각 정종의 동생과 정정의 아들의 자격으로, '상광이석종上廣二石種', '하육석下六石'을 구분전으로 각각 나누어 가졌다고 한다.[27] 그런데 오늘날 남방 소수민족인 토가족土家族의 재상상속에서, 부모는 경작지와 가옥, 생산공구 등 모든 재산을 생전에 자식에게 상속하면서, 양로전養老田을 자신의 노후를 위해 남겨 두고는 자식들에게 '구분전口份田'을 균등하게 분재하는데,[28] 이러한 남방 소수민족의 재산상속 관습은 「이건여정장쟁전자상화종서」의 구분전에 관한 이해에 실마리를 준다. 「이건여정장쟁전자상화종서」의 구분전은 이건과 정장 간에 분배하였던 만큼, 당대唐代 균전제均田制하에 국가가 정장丁壯에게 분급하고 환수하였던 것과 같은 국가에 의해 분배되는 구분전으로 이해하기 어렵다. 오히려 오늘날 남방 소수민족에서 가족 간에 재산을 분배하는 의미의 구분전에 가까우나, 남방 소수민족의 상속 관습상의 구분전이나 당대 균전제하의 구분전이나 모두 균등분배의 의미를 가지고 있음이 주목된

---

27 曹旅寧은 精宗家의 유산분할을 통해 형제도 적당히 遺產을 분급받을 수 있었으며, 이는 엄격한 법적 계승법은 알 수는 없지만 分家하여 재산을 나누는 한 방법을 이은 것이라고 하였다(曹旅寧, 「『二年律令』與秦漢繼承法」, 『陝西師範大學學報(哲學社會科學版)』, 第37卷 第1期, 2008, p. 67).
28 嚴汝嫻 主編, 江守五夫 監譯, 『中國少數民族婚姻家族』 上卷, 第一書房, 1996, p. 229.

다. 즉 구분전이 가족들에게 균등 분배하는 의미를 갖고 있다면, 정장과 이건 간의 '상광이석종上廣二石種', '하육석下六石'은 균등분배에 배치되는 듯하나 이건의 몫에 포함된 이건 형제 체替, 안顏, 조條의 몫을 고려한다면 이 역시 균분으로 간주할 수 있다.

그리고 「이건여정장쟁전자상화종서」의 쟁송諍訟의 화해 결과에는 구분전 외에, 구분전에 따른 전세의 분할이 있었다. 처음 이건이 소송하면서 제기한 문제가 바로 어머니 사망 이후 전田 13석에 대한 전세 '화禾 117대석大石'문제였음을 상기할 필요가 있다. 그리고 합의 결과 정장과 정석이 올해 이건에게 돌려준 전田 6석의 몫에 대해 분세分稅 하였다는 사실이다. 즉, 여기에서 전세가 국가에 대한 전조田租를 의미했다면, 전田을 나눠 가진 이건과 정장, 즉 전田의 소유주들이 전세를 부담하였을 것이나, 전田을 나누어 갖지 못한 정석이 정장과 함께 올해 이건에게 돌려준 '전육석田六石'에 대한 전세를 나누었다는 사실은, 이 안건의 전세가 국가에 내는 전조가 아닌, 경작자가 토지 소유자에게 낸 전세佃稅임을 의미한다. 이들 정종가에서 보여 준 흥미로운 사실은 가족 간에 구분전으로 토지소유를 분명히 나눈 후에 토지의 대차貸借관계에 의해 전세를 지불하였다는 사실이다. 이는 분명 앞서 언급한 「호율」에서, 분가해서 호를 구성할 경우에 전田을 나눌 수 있다는 율령이나, 후한의 대가족제도상의 유교적 가족윤리와도 괴리가 있다. 이러한 정종가의 동거가족 간의 재산분배의 관습이 제시하는 문제는, 『이년율령』이 지향하는 제민지배 체제가 후한 사회에서 이완된 모습인지, 혹은 장사지역 토착민 사회의 독특한 가족경제 관습으로 인한 제민지배 체제 관철의 지역적 한계로 이해할 것인지에 관해서는 좀 더 많은 사례와 연구가 필요하다. 그러나 이건의 고발에 대해 관에서 조사한 후에는 판결을 탄彈에 맡긴 소송의 행정처리 과정은 제민지배 관철의 지역적 한계를 보여 주는 실상으로 이해할 수 있다.

2) 정정의 전지 소유

이건의 소송과정에서 밝혀진 가족경제 가운데, 어머니 정정은 외할아버지의 유산 전田 8석 외에 생전에 전田 5석을 소유하고 있었다는 사실이 주목된다. 그리고 정정 사후의 정정 재산은 아들 이건에게 상속되었으며, 남편 이승은 부인의 재산에 관해 아무런 권한이 없었다. 이러한 정정의 재산소유 사례는 한대 결혼한 여성의 재산권 문제를 제기한다. 한대 부모에게서 호를 계승하여 전지를 물려받은 여자가 결혼할 경우의 재산의 귀속에 관해, 『이년율령』 「치후율」에 다음과 같이 규정한다.

> 딸이 부모의 戶를 계승하였는데 出嫁한 경우, 남편은 처의 田宅으로 자신의 田宅을 채우며, 집이 가깝지 않으면 가질 수 없다. 이혼하는 경우나 남편이 사망한 경우에 처는 다시 재산을 얻어 戶를 이룰 수 있다. 이혼한 처에게 재산을 돌려준다.[29]

즉, 결혼한 여자가 소유한 전지와 집은 남편에게 귀속시켜야 하였다. 이러한 「치후율」 규정은 작爵의 등급에 따라 호주를 대상으로 수전하는 제민지배의 수전체제와 밀접한 관련이 있음은 물론이다. 『거연한간갑편居延漢簡甲編』 37·34간의 재산 명적상에도,

---

29 「置後律」 384簡, "女子爲父母后而出嫁者, 令夫以妻田宅盈其田宅. 宅不比, 弗得. 其棄妻, 及夫死, 妻得復取以爲戶. 棄妻, 畀之其財."

侯長 角樂得廣昌里公乘禮忠年卅

小奴二人直三萬　　用馬五匹直二萬　　宅一區萬

大婢一人二萬　　　牛車二兩直四千　　四五頃五萬

軺車二乘直萬　　　服牛二六千　　　　凡貲直十五萬

라고 하여 노예를 비롯한 모든 재산은 호주 아래 등록되어 있었으며, 『장사주마루오간長沙走馬樓吳簡』상의 호하노비戶下奴婢,[30] 『이야진간』 호적간상의 노비[31]의 존재는 호적상 노비는 가속과 함께 호주 아래 등록되어 있었음을 말해 준다. 이는 국가가 호를 단위로 수전하고 재산을 파악하고 부역을 부과하였기 때문이다. 그렇다면 가산이 모두 호주 아래 등록되어 있었음은 부인에게 독립적인 재산권이 없었음을 의미하는 것인가. 『수호지진간』 「법률답문法律答問」에는 결혼한 여자에게도 독립적인 재산권이 있었음을 엿볼 수 있는 규정이 있다.

"남편에게 죄가 있는데 부인이 먼저 고발하면 몰수하지 않는다." 처가 시집올 때 데리고 온 신첩과 가져온 衣器는 몰수해야 하는가, 해서는 안 되는가? 몰수해서는 안 된다.[32]

---

30 1674簡, "司戶下婢□長五尺 司戶下奴圂長五尺", 2035簡, "赤妻大女□年六十 赤戶下奴銀長五尺"(長沙市文物考古硏究所, 中國文物硏究所, 北京大學歷史學系 走馬樓簡牘整理祖 編著, 『長沙走馬樓三國吳簡』 1, 文物出版社, 2007).
31 『里耶秦簡』 K4.
　第一蘭: 南陽戶人荊不更糸言糸喜
　　　　　子不更衍
　第二蘭: 妻大女子媞
　　　　　隸大女子華(下略)
　(湖南省文物考古硏究所 編著, 『里耶發掘報告』, 岳麓書社, 2006, p. 205)
32 『睡虎地秦墓竹簡』 「法律答問」, "'夫有罪, 妻先告, 不收.' 妻媵(腠)臣妾·衣器當收不當? 不當收."

즉, 남편이 죄를 지어 처가 먼저 고발하였을 경우, 처가 시집올 때 데리고 온 노비는 처의 재물과 함께 몰수되지 않는다는 규정이다. 즉 부인의 지참금이 비록 호주의 재산으로 등록되어 있을지라도 처의 노비와 재산의 소유권이 인정되었음을 알 수 있다. 그러나 여성의 재산권이 드러나는 것은 이혼, 재가, 남편이 처벌을 받거나 사망하는 등 남편과 별거했을 경우이며, 남편이 살았을 때, 부부가 함께 생활을 영위하였을 때에는 법적으로 공동재산, 혹은 남편에게 귀속되어 여성의 재산권이 드러나지 않는다. 따라서 아직까지 부부가 동거할 때 가산 가운데 부인의 재산권이 명확하게 드러난 사례가 없다. 그러나 정정의 경우, 생전에 전田 5석을 소유하고 있었을 뿐만 아니라 남편 이승은 정정이 죽은 후에도 부인의 재산에 대해 아무런 권한이 없었다는 사실은 이들의 혼인관계에 대해 훼서의 논란을 불러일으켰다.[33]

혼인한 여성이 재산을 보호하고 독자적으로 재산권을 행사한 예로는, 의징서포儀徵胥浦 101호 전한묘前漢墓에서 출토원 「선령권서先令券書」의 주릉朱凌이 자신의 재산권을 유지하고 스스로 행사하기 위해 훼서를 들인 사례가 있다. 전술한 대로, 훼서를 들이는 것은 비교적 부유한 가정에서 자신들의 재산을 딸에게 안정적으로 상속시키기 위한, 혹은 여성이 자신의 재산권을 행사, 유지하기 위한 하나의 방법이었다. 아들이 없고 딸 정정만 있었던 정종가로서는 가계를 계승하고 남성 노동력을 확보할 필요가 있었다는 의미로 볼 때, 이승 역시 한대 훼서의 범주로 이해할 수 있는 듯하며, 아내가 죽은 후 정장, 정석과 함께 장인 정종의 장례를 치른 후 본가 나羅로 돌아간 이승의 행태는 마치 후대 원대元代에 연한이 차거나 처

---

33 黎石生, 「長沙東牌樓東漢簡牘《李建與精張諍田自相和從書》初探」, p. 347.

가 사망한 경우 본가로 돌아가는 귀종췌서歸宗贅婿를[34] 연상시킨다. 그러
나 정정과 이승의 혼인관계는 이러한 췌서만으로 규정할 수 없을 듯하다.
「선령권서」의 췌서 주손朱孫은 부인 주릉朱淩의 성을 따랐으며, 또 제2, 3
의 남편의 자식들도 모두 남편의 성을 따르지 않았던[35] 예와는 달리, 정정
의 아들 이건은 부친 이승의 성을 따르고 있어 이승을 췌서라고 단정할
수는 없어 이승의 췌서신분에 관해서는 좀 더 면밀한 검토가 필요하다.

진한시대 췌서는 사회적으로 가난한 집에서 자식이 장성하면 췌서로
갔을 뿐만 아니라,[36] 진율秦律에 의하면 가문假門, 역려逆旅, 후부後夫와 마
찬가지로 호를 이룰 수 없으며, 토지와 주택을 분급받을 수 없었으며, 자
손은 3대 후에도 관직에 나아가는 사람은 췌서의 자손임을 밝혀야 하였
다.[37] 그럼에도 불구하고 송대宋代까지 호남지역에서는 췌서혼贅婿婚이 일
반적으로 행해졌으며,[38] 민국民國시기뿐만 아니라 오늘날에도 호남, 호북
일부 지역에서는 여전히 입췌혼入贅婚이 성행하고 있으며, 장족壯族, 장족藏
族, 사천四川 양산凉山 이족彝族, 호남, 광서 요족瑤族, 운남 납서족納西族 등
남방 소수민족의 혼인방식 가운데 하나이기도 하다. 이 가운데 호남, 광
서 요족의 경우 췌서는 여가女家의 재산과 대를 계승할 수 있으나, 자신의

---

34 仁井田陞, 『支那身份法史』, 東方文化學院, 1942, p. 737.

35 李解民, 「揚州儀徵胥浦簡書新考」, 『長沙三國吳簡暨百年來簡帛發現與研究國際學術研討會論
文集』, 中華書局, 2005, pp. 454-455.

36 『漢書』 卷48 「賈誼傳」, "秦人家富子壯則出分, 家貧子壯則出贅." 注引應劭曰 "出作贅壻也." 師
古曰 "謂之贅壻者, 言其不當出在妻家, 亦猶人身體之有肬贅, 非應所有也. 一說, 贅, 質也, 家貧
無有聘財, 以身爲質也."

37 『睡虎地秦墓竹簡』 「魏戶律」, "自今以來, 叚(假)門逆呂(旅), 贅壻後父, 勿令爲戶, 勿鼠(予)田宇.
三某(世)之後, 欲士(仕)士(仕)之, 乃(仍)署其籍曰: 故某慮贅某叟之乃(仍)孫."

38 (宋) 范致明 『岳陽風土記』, "湖湘之民生男往往多作贅, 生女反招壻舍居, 然男子爲其婦家承門
戶, 不憚勞苦, 無復怨悔俗之. 移人有如此者."(『叢書集成初編』, 中華書局, 1985)

성을 바꾸고 완전히 부모의 가家에서 탈퇴하며 자녀들은 모성母姓을 따라야 한다.[39] 이들 췌서혼의 방식과 췌서의 지위는 매우 다양하나, 여가女家의 성원이 된다는 속성을 공통으로 한다. 진한시대의 췌서 역시 주릉가朱凌家의 경우에서 볼 때 성을 바꾸어 여가女家의 성원이 된다는 속성에서는 오늘날과 마찬가지였던 것 같다. 이런 의미에서 이승이 자신의 성을 그대로 유지할 뿐만 아니라 자식들도 이승의 성을 이었다는 점에서는 여가女家의 완전한 성원이 된다는 기본적인 속성에 위배된다. 게다가 '▨取'를 '빙취娉取'로 해석할 경우 이승과 정정의 혼인은 당시 습속에 의한 정상적인 혼인절차를 거쳤다고 이해할 수 있다. 따라서 정상적인 혼을 거쳤으나 아내의 재산에 관한 권리가 없었던 이승의 가족관계와 신분에 관해서는 또 다른 관점에서 고찰할 필요가 있다. 「이건여정장쟁전자상화종서」에서 정종가의 정씨精氏는 간독 원문상 '▨: 米隹'로 되어 있는데, 왕소王素는 '▨: 米隹'를 '정精'의 속별자俗別字로 석독 하였으나 미추성米隹姓은 장사 토착인의 성씨일 가능성이 크다. 또 후한대 장사지역은 여전히 만이蠻夷로 분류되는 종족이 거주하였다는 점에서 지역적 풍속의 관점에서 이승과 정정의 혼인관계를 검토해 볼 필요가 있다.

장사 마왕퇴馬王堆에서 출토된 사수蛇水유역 주변의 지형도 가운데 '사군蛇君'이라든지 '흘도齕道'와 같은 비한족부락非漢族部落으로 보이는 부락명이 있지만,[40] 춘추전국시대 장사지역 초국楚國 묘장에서 발굴되는 방동도예기倣銅陶禮器라든지 월식越式 도정陶鼎, 월족문화越族文化의 전형적인 사

---

39 顧久幸, 『長江流域的婚俗』, 湖北教育出版社, 2005, pp. 241-253.

40 湖南省博物館, 湖南省文物考古研究所, 『長沙馬王堆二·三號墓』, 文物出版社, 2004, p. 101, 圖30. 「駐軍圖」; 張偉然, 『湖南歷史文化地理研究』, 復旦大學出版社, 1995, p. 11.

형사蛇形이 장식된 도기의 사용자 혹 제작자들은 초국의 세력하에서도 월족 문화의 전통을 보지保持하고 있었던 것을 반영한다.[41] 이러한 토착적 전통은 일반적으로 전한을 거치면서 한漢문화와 동화되었던 것으로 이해하지만, 그럼에도 불구하고 전한 장사국長沙國은 그 반이 만이였다고 하며,[42] 후한 후기 장사만長沙蠻은 갑자기 빈번히 반란을 일으켜 영릉零陵, 궤양桂陽에서 창오蒼梧, 남해南海, 교지交趾까지 들어가 상남湘南과 영남嶺南 지역을 석권할 정도로 극성하였다.[43] 2,000년 전 후한시대의 남방민족과 오늘날 소수민족의 연원을 1:1로 일치시키는 것은 무리이다. 고대 월족越族은 남방지역에 광범위하게 월족문화를 공유하였던[44] 반면, 또한 수많은 물길과 산으로 격절 되어 백월百越이라 불릴 만큼 다지多枝 하였으며, 오늘날 남방의 소수민족 또한 그 민족적 분지分枝를 나누기 어려우리만치 그들의 민족적 분계와 공통성이 모호하다. 그럼에도 불구하고 오늘날 호남의 소수민족인 토가족土家族, 묘족苗族, 요족瑤族, 흘족仡族을 진한시대 무릉만武陵蠻, 영릉만零陵蠻, 계양만桂陽蠻과 더불어 장사만長沙蠻 등 무릉오계武陵五溪의 후예로 추정하며[45] 수당대隋唐代 장사지역에서 '요瑤'와 관련한 '막요莫徭'의 명칭이 처음 나타난다.[46] 오늘날 요족瑤族을 비롯한 이들 남방 소

---

41 湖南省博物館·湖南省文物考古研究所·長沙市博物館·長沙市文物考古研究所,『長沙楚墓』, 文物出版社, 2000, p. 551.

42 『漢書』卷95「西南夷兩粤朝鮮傳」, "西北有長沙, 其半蠻夷, 也稱王."

43 『後漢書』卷7「桓帝紀」永壽 3年, "長沙蠻叛, 寇益陽."; (延熹三年 七月) "長沙蠻寇郡界."; (十一月) "荊州刺史度常討長沙蠻, 平之."; (延喜 五年四月) "長沙賊起, 寇桂陽, 蒼梧."; (五月) "長沙·零陵賊起, 攻桂陽·蒼梧·南海·交趾·遣御史中丞盛脩督州郡討之, 不克."

44 彭適凡,『中國南方古代印紋陶』, 文物出版社, 1987, p. 166; 呂榮芳,「三苗·越族與印紋陶的關係」, 百越民族史研究會編,『百越民族史論集』, 中國社會科學出版社, 1982, p. 71.

45 吳永章,『瑤族史』, 四川民族出版社, pp. 25-39, p. 95; 伍新福,「湖南居民和民族的歷史變遷」,『求索』2006-6, pp. 235-236.

46 『隋書』卷31「地理」下, "長沙郡又雜有夷蜓, 名曰莫徭."

수민족에 남아 있는 혼인풍습은 1,800여 년 전 장사 토착민족 혼인의 희미한 잔영을 추구하는 데 참고할 수 있지 않을까 한다.

오늘날 요족의 혼속婚俗의 혼인형태는 다양한데, 혼약婚約에 의해 남자편에서 아내를 맞을지, 여자 편이 남편을 맞아들일지 혼인의 형태를 정하는데, 이는 초서혼招婿婚과는 달랐다. '양변정兩邊頂'의 혼인방식의 경우 양측은 원래의 성을 유지하면서 자식이 생기면 남녀 상관없이 한 아이는 부성父姓을, 한 아이는 모성母姓을 따른다. '사랑전捨郞轉'의 경우, 남방男方이 여방女方의 가가家로 입췌入贅(이들 간에는 상문上門이라고 칭한다) 하여 정해진 기간 혹은 자식이 날 때까지 거주하고는 처자를 데리고 본가로 돌아오는 형태로,[47] '불락부가不落夫家'라고도 한다.[48] '불락부가'의 혼인은 '주혼走婚'이라고도 하며, 묘족, 운남 하니족哈尼族, 운남과 광서 일대의 장족壯族, 포의족布依族, 동족侗族, 운남 납서족納西族 등에서도 널리 성행하는 혼인형태이며, 여자가 결혼 후에 여전히 본가에서 살며 아이를 낳은 후에야 시가媤家로 들어가 남편과 함께 사는 혼인방식이다. 포의족의 경우는 독특하게 신부가 '불락부가' 하는 기간이 주로 남녀 간의 연령이나 감정에 의해 결정되며, 짧게는 1, 2년, 길게는 7, 8년, 심지어 10년 이상이 되기도 한다. 운남 영녕永寧 납서족은 비교적 완전한 형태의 '주혼走婚' 형식을 보존하여 경우에 따라서는 중·노년 후 비교적 길게 함께 거주하는데, 좀 더 발전한 결혼형태로 '동거아주혼同居阿注婚'의 경우 동거를 시작할 때 통상적으로는 남자가 여가女家로 가서 거주하며 여자가 남가男家로 들어가기도 한다. 남녀가 동거한 이후에 함께 노동하고 자녀를 교육하지만 독립된 가정경제는

---

47 嚴汝嫻 主編, 江守五夫 監譯, 『中國少數民族の婚姻と家庭』 上, 第一書房, 1996, pp. 165-166.
48 汪玢玲, 『中國婚姻史』, 上海人民出版社, 2001, pp. 529-530.

없으며 배우자 쌍방은 각자의 모계가정 경제에 속해 있으며 각자 자기 가족과의 관계를 유지하는 점이 주목된다.[49] 이와 같은 오늘날 남방지역 혼인풍속에 비추어 볼 때, 정정이 결혼 후에도 본가 임상현臨湘縣에 전지를 소유하고 있으며 또 부친의 상속자가 될 수 있었을 뿐만 아니라 남편에 대해 배타적인 재산 소유권을 가지고 있었다는 사실은, 이러한 장사지역의 혼인과 가족경제의 관습과 관련이 있을 가능성을 생각해 볼 수 있다. 즉 결혼한 딸 정정의 친가재산에 대한 우선권과 자신이 친정에서 받은 재산에 관해 사후에도 남편에 대해 배타적으로 자식들에게 상속되었다는 사실은 각자 모계 가족경제에 속하였던 '주혼'이나 '불락부가'의 토착적 혼인풍습의 잔영으로 설명될 수 있는 듯하다. 그러나 정종의 유산에 관해 '精宗無男, 有餘財'라고 말하며 정석이 정가의 전田을 경작하는 것으로 볼 때, 정종가의 재산상속은 부계계승 원칙상에 있다는 사실 역시 분명하다.

『가화리민전가별嘉禾吏民田家莂』에는 미추성米隹姓이 모두 4인 등장하는데,[50] 미추성米隹姓은 증烝, 삭蒴, 총蔥, 향向, 심씨心氏 등과 더불어 『풍속통의風俗通義』, 『원화성찬元和姓纂』, 『잠부론潛夫論』과 『통지通志』 등에서도 찾아볼 수 없는 성씨로 장사 토착인의 성씨임이 분명하다.[51] 또 『가화리민전가별』의 한성漢姓 가운데 호胡, 석石, 장張, 전田, 노魯, 향向, 문文, 매梅, 진秦, 진陳, 이李, 담潭, 정鄭, 뇌雷, 조趙, 반潘, 황黃, 환桓, 손孫, 구區, 범范, 번樊, 구仇 등 성 역시 만성蠻姓으로 추정한다.[52] 후한 금석문 「번장장선등제명繁

---

49 顧久幸, 『長江流域的婚俗』, pp. 218-231.

50 小赤丘男子米隹叱(4·68), 小赤丘男子米隹良(4·69), 小赤丘男子米隹傳(4·70), 緒中丘男子米隹衡(4·452).

51 高凱, 「從走馬樓吳簡看孫吳時期長沙郡吏民的聯姻」, 『史學月刊』 2002-9, p. 27.

52 滿田 剛, 「長沙走馬樓吏民田家莂に見える姓について」, 『嘉禾吏民田家莂研究―長沙吳簡研究報告』 第1集, 長沙吳簡研究會, 2001, p. 84.

長張禪等題名」 가운데에서도 이인夷人의 성 가운데 이李, 양楊, 모牟, 두杜 등 한성漢姓을 사용하고 있다.

夷淺□例椽趙陵字進德 夷侯李伯宣 夷侯楊伯宰 夷侯牟建明 夷侯杜臣偉 夷侯杜永巖 夷侯屈盟遼 夷侯資偉山 夷侯蓑竟舒 夷侯養達伯 邑長爰文山 邑長□宰□ 邑長□小君 (2行)

品□□□□ 邑君蘭世興 邑君宋□□ 夷民□□□ 夷民□度山 夷民李伯仁 夷民□□□ 夷民爰□世 夷民□長生 凡卅八戶造 (3行)

白虎夷王謝節 白虎夷王資威 丞蜀郡司馬達字伯通 左尉武都孫眞字子尼. (4行)[53]

라고 하여, 석각石刻 제명題名 가운데는 장리長吏 이하의 군현민郡縣民이 나열되어 있으나, 당시 군현에 편입되어 호적에 등록된 군현민 가운데는 '한족漢族'과 '이족夷族'의 구별이 있었음을 알 수 있다. 번현繁縣의 만이, 즉 이민夷民, 이후夷侯, 읍장邑長, 읍군邑君, 이왕夷王의 성은 이李, 양楊, 예隷, 두杜, 사謝, 굴屈, 원爰, 난蘭, 양養, 송宋, 모牟 등 모두 한성漢姓이며 단성單姓인데, 이러한 이인夷人들의 한성漢姓은 군현지배를 강화하기 위해 명적에 등록하면서 시행된 사성화賜姓化정책의 결과로 이해할 수 있다. 사성賜姓은 모두 단성單姓이었으며, 춘추시대 이래의 복성複姓은 대부분 단성이 되었으며, 전한 중기 이후에는 내군內郡의 적지 않은 무성無姓의 민民에 대한 편호제민의 유성화有姓化가 완성되었다.[54] 이러한 사실에 비추어 볼 때, 정

---

53 『隷續』卷16「繁長張禪等題名」.
54 李成珪,「尹灣漢簡에 反影된 地域性─漢帝國의 一元的 統治를 制約하는 地域傳統의 一端」,『中國古代史研究』13집, 200-5, pp. 69-72; 李成珪,「中國郡縣으로서의 樂浪」, pp. 313-316.

종 일가는 장사 토착민일 뿐만 아니라 이승 역시 이민夷民일 가능성이 크다. 군현에 의해 편호 되어 호적에 등록된 정종가는 호戶계승에 있어서 부자계승의 규율을 따랐음을 이해할 수 있다. 그럼에도 불구하고 정정의 남편에 대한 배타적 재산소유 등 이 지역의 토착적인 경제적 풍속을 유지하고 있었음을 볼 수 있다.

4. '석', '석종'의 단위면적

1) 파종량에 의한 전지 면적단위

「이건여정장쟁전자상화종서」의 안건에서는 전田 13석, 전田 8석, '8석종石種', '상광이석종上廣二石種', '하육석下六石' 등 전지단위로 '석' 혹은 '석종'을 사용하고 있다. 그런데 '석'은 일반적으로 곡물의 부피단위이지만, 아직까지 한대에 '석', '석종'이 전지의 면적단위 양사로 쓰인 예를 찾아볼 수 없어 구체적으로 얼마나 되는 면적단위인지 알 수 없으며, 이에 따라 정종가의 재산규모나 분쟁이 된 전지의 규모에 관해서 짐작할 수 없어 「이건여정장쟁전자상화종서」 문건의 전모를 분명히 파악하는 데 제약이 되었다. 그런데 송대 『청명집淸明集』의 소송 안건에서 석, 종種이 전지의 면적단위로 빈번하게 사용되는 예는 「이건여정장쟁전자상화종서」 안건의 '석', '석종'의 용례를 이해하는 실마리를 제공한다. 「계모장양로전유촉여친생녀繼母將養老田遺囑與親生女」 판문判文에 의하면,

蔣森은 家業으로 田穀二百九十碩을 소유하고 있었는데, 蔣森이 살아 있을 때

스스로 三十二碩을 팔았으며, 蔣森이 죽은 후 葉과 그의 남자 형제 葉十乙이 꾀
어 함께 모의하여, 장삼의 토지 재산을 셋으로 마음대로 나누었다. 汝霖은 穀
一百七十碩을 가졌으며, 葉氏의 親生女 歸娘은 지참금으로 穀三十一碩을 가졌
으며, 葉氏 자신은 노후를 위해 穀五十七碩을 가졌다. …… 歸娘三十一石穀田,
…… 葉氏五十七碩穀田 …….[55]

라고 하여, 여기에서 사용한 전지 계량단위 석은 '○○碩穀田', '田穀○
○碩', '穀○○碩' 등의 용법으로 보아 곡물 생산량에 따른 전지 면적
단위로 추정할 수 있다. 그러나 「숙무고질녀신사불명叔誣告姪女身死不明」 판
문에서는 '조곡육십육석租穀六十六石'이라고 하여 '석'을 납부하는 세금의
곡식량을 근거로 한 토지 면적단위로 사용하였다. 그런데 『청명집』에는
'석' 외에 '종'이나 '파把'의 토지단위가 보이는데,[56] 매원욱梅原郁은 '종'을
복건福建지역에서 사용된 파종량에 근거한 토지단위로 추정하면서 상세
한 것은 알 수 없다고 하였다.[57] '파把'에 관해 시가 슈우조滋賀秀三는 수전
水田의 면적단위로 한 줌 쥘 수 있는 볍씨의 양만큼 뿌릴 수 있는 면적이
나 혹은 모를 한 단 심을 수 있는 면적이라고 추정한다.[58]

「이건여정장쟁전자상화종서」 안건에서 이건이 소송한 '전田 8석'은 곧
정종의 유산 '전팔석종田八石種'인 것으로 드러났으며, 따라서 '석'은 곧
'석종'과 같은 의미로 사용되었음을 알 수 있다. 이건의 쟁전諍田 안건에서

55 中國社會科學院歷史研究所, 宋遼金元史研究室点校, 『名公書判清明集』 卷5 「繼母將養老田遺
    囑與親生女」, 中華書局, 1987.
56 『名公書判清明集』 卷8 「立昭穆相當人復欲私意遣還」, "虞芟存日娶陳氏, 得妻家標撥田
    一百二十種, 與之隨嫁."
57 梅原郁, 『名公書判清明集譯注』, 同朋社, 1986, p. 17.
58 滋賀秀三, 『中國家族法の原理』, 創文社, 1967, p. 202.

사용된 '석'은 생산량에 근거한 면적단위일 가능성도 있으나, '석종'과 같은 의미로 쓰였다면 '종'이 갖는 '파종하다'의 의미에 근거하고 또 매원욱의 추정에 의하면 파종량에 의한 면적단위일 가능성이 크다. 한편『거연신간居延新簡』에는 파종 종자를 기록한 종부種簿가 있어[59] 당시 곡물의 파종은 파종으로 끝나는 것이 아니라 파종량의 기록이 중요하였으며 이를 보관하여 둘 필요가 있었음을 알 수 있다.『수호지진묘죽간』에서 파종량에 관한 구체적 규정을 농사 과정을 관리하는「전율田律」이 아닌「창률倉律」에 두었다는 사실은, 이러한 규정이 농사의 지침으로서가 아닌 종자의 보관과 배급을 위한 규정임을 알 수 있다. 이러한 경우라면, 전지의 면적을 파종량에 의해 계량하는 것 역시 편리한 방법이었을 것이다.

정정이 소유한 전田 13석의 면적을 산출하는 데 생산량에 근거한 면적단위일 경우라면, 13석의 곡식을 생산할 수 있는 전토 면적은, 가령 무畝당 생산량 3석을 적용한다면 4.3무 정도 되는 비교적 작은 전지이지만,『가화리민전가별』상에는 빌린 전지가 10무가 채 못 되는 경우도 많다. 그러나 파종량에 의한 전지 면적단위라고 할 경우, 13석의 종자를 뿌릴 수 있는 전지면적을 계산해 볼 수도 있을 것이다. 그러나 무畝당 파종량은 작물에 따라 크게 차이가 났으며,「창률」에 의하면 곡물의 파종량은 "種: 稻, 麻畝用二斗大半斗, 禾·麥畝一斗, 黍, 荅畝大半斗, 叔(菽)畝半斗"라고[60] 하며,『제민요술齊民要術』에 의하면 수도水稻 4승升, 서黍 4승, 양粱 3.5승, 대두

---

59 臨渠官種簿　　口黃種小石廿五石　　　•凡種小石廿廿三石
　　　　　　　口口沙種小石三石
　　　　　　　秋口口小石十五石(E.P.T 56:29)
　　　(甘肅省文物考古硏究所, 甘肅省博物館, 文化部古文獻硏究室, 中國社會科學院歷史硏究所編,『居延新簡』, 文物出版社, 1990)
60『睡虎地秦墓竹簡』「秦律十八種」倉律, p. 43.

大豆 8승~1두斗 2승, 마麻 2~3승, 광맥穬麥 2.5승, 소맥小麥 1.5승[61]이라고
한다. 따라서 이 안건에서 사용한 석, 석종의 구체적인 단위면적을 파악하
기 위해서는 우선 어떤 작물의 파종량을 근거로 하였는가가 먼저 규명되
어야 한다.

이 안건에서 전田 13석에 심은 작물을 추정할 수 있는 실마리를 보면,
전田 13석의 3년 치 전세가 '禾當爲百十七大石'이라고 한다. 그런데 화禾
가 지칭하는 범위는 넓어서 양식작물의 총칭인 곡穀 외에 혹은 속粟, 도
稻의 의미로 사용되어, 북방 황하 유역에서는 주요 곡물인 속粟을 지칭했
으나 남방 장강長江 유역에서는 주요 곡물인 도稻를 지칭하였다고 하며,[62]
남방 농민의 구어에서는 오늘날에도 여전히 도稻의 지칭은 곡穀 혹은 화
禾라고 한다.[63] 호남지역의 도稻 재배 역사는 매우 오래며, 한대 이 지역의
주요 재배곡물 역시 도稻였다고 한다면, '禾當爲百十七大石'의 소위 '화禾'
는 도稻일 가능성이 커 보인다.

그러나 오간吳簡 『가화리민전가별』에서는 전세佃稅로 미米 외에 포布를
내어 한전旱田 작물인 마麻가 함께 재배되었음을 알 수 있으며,[64] 농작물
가운데는 맥麥, 두斗와 더불어 화禾의 빈도가 높을 뿐만 아니라,[65] 가화嘉
禾 4년, 5년 한전의 경우 '한패불수旱敗不收'가 많아 가뭄이 당시 주요 재

---

61 『齊民要術』 卷2 「黍穄 第4」, 「大豆 第6」, 「種麻 第9」, 「大小麥 第10」, 「水稻 第11」.

62 游修齡, 「中國稻作的起源·分化與傳播」, 『稻作史論集』, 中國農業科技出版社, 1993, p. 56.

63 游修齡, 「"禾"·"穀"·"稻"·"粟"探源」, 『稻作史論集』, 中國農業科技出版社, 1993, pp. 232-238.

64 『里耶秦簡』에서도 강남지역의 麻 재배의 모습이 보인다. "漚枲乃甲寅夜水多, 漚流包船, [船] 穀(繫)絶, 亡. ⑨981"(湖南省文物考古研究所, 『里耶發掘報告』, 岳麓書社, 2006, p. 190)

65 李進은 禾를 稻로 추정하고 있으나, 『走馬樓吳簡』의 주요 작물 禾·豆·麥 가운데 禾를 稻로 이해할 경우, 주요 밭작물인 粟이 재배되지 않았다는 것을 이해하기 어렵다(「走馬樓吳簡中 的作物」, 『吳簡研究』 第1輯, 2004, pp. 334-342).

해였음을 고려할 때, 속粟 혹은 맥麥 등 한작旱作작물일 가능성은 여전히 존재한다. 따라서 우선 전田 13석에 도稻나 속粟을 파종하였을 경우의 전田 13석의 전지면적을 각각 검토해 보기로 한다.

「창률」에 의한 파종량은, 도稻는 무당 2두 대반두大半斗, 화禾와 맥麥은 각각 1두이다. 이에 비해『제민요술』인용『범승지서氾勝之書』에 의하면, 도稻를 심는 데 땅이 기름질 경우 1무畝에 4승을 뿌리며, 일반적으로 서黍는 3승, 맥麥과 대두는 2승을 뿌린다고 한다.[66] 도稻를 예로 들면, 「창률」과『범승지서』의 각각 2두 대반두와 4승은 파종량의 차이가 너무 크지만,[67] 『제민요술』은 무당 4승을 심는다고 하여[68] 『범승지서』의 파종량과 같다. 오늘날 도稻의 직파 재배가 일반 농가에서는 5~6kg/10a이며, 물이 부족할 경우에는 10kg/10a가 최대 수확 결과를 가져온다는 시험재배 결과와[69] 비교할 때, 『범승지서』와 『제민요술』의 파종량 무당 4승은 너무 적다.[70] 이에 관해 아마노 모토노스케天野元之助는 『태평어람太平御覽』인용『범승지서』의 도稻의 무당 파종량 4두를 채용하기도 하지만,[71] 이 역시 당시 수확량을 최대 무당 5석이라고 해도 다음 해에 뿌릴 종자를 제외하

---

66 『齊民要術』水稻 第11, "稻地美, 用種畝四升."; 黍穄 第四, "黍者 …… 一畝三升."
67 『太平御覽』인용『氾勝之書』에 의하면, 稻의 畝當 파종량은 4斗라고 한다("種稻地美者用種畝四斗." 『太平御覽』卷839, 百穀). 이 경우『倉律』의 파종량보다 조금 증가하게 되나, 그 밖에 黍, 大豆는 각각 3升, 5升이다("種黍畝三升(卷842 百穀6 黍)"; "種畝五升豆(卷841 百穀5 豆)").
68 이외에 黍 4升, 粱 3.5升, 大豆 8升~1斗2升, 麻 2~3升, 積麥 2.5升, 小麥 1.5升이다(『齊民要術』卷 第2: 「黍穄」第4, 「大豆」第6, 「種麻」第9, 「大小麥」第10, 「水稻」第11).
69 최원영 외 4인 「벼 휴립 건답직파 절수 재배에 알맞은 파종량」, 『한국농림기상학회지』 2000-2/4, 2000 참조.
70 오늘날의 도량형으로 환산하면, 『氾勝之書』와 『齊民要術』의 畝當 稻 파종량 4升은 약 1kg/10a이다.
71 天野元之助, 『中國農業史研究』, 御茶の水書房, 1962, p. 182.

고 12배가 못 되는 수확을 거두는 결과가 되어 파종량에 비해 생산이 너무 낮은 경작이다.

후한 말 장사지역의 파종량을 산정할 때, 시대적으로는 진의 「창률」보다는 전한의 『범승지서』가 가깝다. 하지만 전한대 기후는 오늘날 연평균 기온보다 1~2℃ 높아 당시 관중지역은 도稻가 보편적으로 재배될 정도로 온난다습溫暖多濕했으나,[72] 후한시대에 이르러 기후는 한랭한 추세가 되어 삼국三國시대에는 회하淮河가 결빙되어 현재보다 2~4℃ 한랭하였다.[73] 또 『범승지서』는 구종법區種法에 의해 척박한 땅에서는 무당 10석, 비옥한 땅에서 19석까지 화禾, 서黍의 소출을 내기도 한다는[74] 전한시대 화북지역에서 시험한 세경細耕농법에 의한 파종량으로, 일반적인 파종량과는 거리가 있는 듯하다. 더욱이 한대 농업이 이미 '정경세작精耕細作'이라고도 하나 대다수 농민의 경작은 여전히 조방粗放이었을 뿐만 아니라,[75] 남방지역은 자연환경상 화경수누火耕水耨가 오래도록 지속되었다면, 후한대 장사지역 농업상의 파종량은 전한시기 중원지역의 세경농법인 『범승지서』보다는 오히려 진대 운몽雲夢지역에서 실시되었던 「창률」의 파종량의 연장에서 큰 차이가 없었으리라 추정할 수 있다. 「창률」이 제시한 도稻, 화禾(粟)의 파종량 2두 대반두, 1두가 진대 운몽지역에서 시행된 파종량임을 감안할 때, 이를 정정精妊의 전田 13석에 적용한다면 종자 13석을 파종하는 전지면적은 속粟의 파종량을 기준으로 할 경우는 130무, 도稻의 파

---

72 王子今,『秦漢時期生態環境研究』, 北京大學出版社, 2007, pp. 22-25.

73 쓰可楨,「中國近五千年來氣候變遷的初步研究」,『쓰可楨文集』, 科學出版社, 1979, pp. 480-481, p. 495; 陳業新,「兩漢時期氣候狀況的歷史學再考察」,『歷史研究』2002-4, pp. 84-86.

74 『齊民要術』第1卷 種穀 第3,"氾勝之曰驗美田至十九石, 中田十三石, 薄田一十石."

75 楊際平,「秦漢農業: 精耕細作抑或粗放耕作」,『歷史研究』2001-4, p. 27.

종량을 기준으로 할 경우는 49무 정도로 추산할 수 있다.

2) '화당위백십칠대석'의 생산

전田 13석의 전지의 면적을 추정할 수 있는 또 다른 실마리는 3년 치 전세 '화당위백십칠대석禾當爲百十七大石'에 의한 전田 13석의 생산량이다. 전세율田稅律 1/2을 적용한다면 3년 치 생산량은 234석, 1년 생산량은 78석이 된다. 후한의 무당 생산량에 관해 중장통仲長統에 의하면 무당 3석이라고도 하는데,[76] 중장통은 산양인山陽人으로 이는 주로 황하 중하류 지역의 한전농업의 생산량을 반영하는 것이며, 한대 한전의 평균 무당 생산량은 3~4석으로 추산한다.[77] 삼국시대 남방 도작의 무당 생산량을 추정하는 근거로 인용되는 종리목鐘離牧의 경우, 회계군會稽郡 영흥永興에서 도稻를 20여 무 심었는데 도정한 미米 60곡斛을 얻었다고 한다. 미米를 속粟으로 환산하는 데 「창률」의 도화稻禾의 도정률 1:2의 비율을[78] 적용하면 회계지역 종리목의 무당 생산량은 5석여로 6석이 못 되며, 이는 밭작물에 비해 도작의 생산량이 높다 하더라도 당시로서는 매우 높은 생산의 예에 속하며, 종리목에 의한 무당 생산량 5~6석은 황전荒田을 개간하여 지력이 비옥한 토지에 처음 종식種植 한 해의 수확으로 일반적인 생산량을 훨씬 웃돌았을 것이다.[79] 그러나 이와 같은 문헌상의 무당 생산량의 수치는 간혹 선진적인 것을 일반화하거나 국부를 전체에 대체함으로써 평균치를

---

76 『昌言』損益篇, "今通肥饒之率, 計稼穡之入, 令畝收三斛, 斛取一斗, 未爲甚多."

77 林甘泉主編, 『中國經濟通史, 秦漢經濟卷(上)』, 中國社會科學出版社, 2007, p. 159.

78 「倉律」, "(稻禾一石) 爲粟廿斗, 春爲米十斗."

79 『三國志』卷60 吳書 15 鐘離牧傳, "躬自墾田, 種稻二十餘畝. 臨熟, 縣民有認識之, 牧曰 本以田荒, 故墾之耳."

웃도는 혹은 못 미치는 허상일 수 있다.[80]

이에 비해 『가화리민전가별』의 가화嘉禾 4년, 5년 전세 관련 기록은, 『장사동패루동한간독』과 50여 년 간격의 장사지역의 농업을 반영하는 구체적인 자료가 될 수 있을 듯하다. 『가화리민전가별』 가운데는 숙전熟田과 한전旱田의 분류가 있으며, 이들 간의 수확량의 차이가 매우 크다. 숙전은 무당 미 1석 2두와 포 2척, 70전의 전세를 납부한 데 비해, 한전은 곡물의 전세佃稅 납부가 면제되고 단지 무당 포 6촌 6분, 37전을 냈을 뿐이다.[81] 숙전의 전세인 무당 미 1석 2두에다 포 2척, 70전의 전세를 미가米價로 환산한 1.44두를 더한다면[82] 숙전의 전세는 무당 미 1.344석이 되며, 여기에 전세율 1/2을 적용한다면 생산량은 미가로 2.688석, 약 미 2.7석이며, 도곡稻穀으로 환산하면 무당 생산량은 약 5.4석으로 비교적 높은 생산량이다.[83] 당시 강남의 화경수누火耕水耨 농법이 낙후한 원시농법이 아니라 남방의 자연환경에 적합한 관개기술이 일정 단계에 발전한 경작법이라고 하더라도,[84] 『가화리민전가별』 숙전의 무당 생산량 5.4석은 당송시대 평

---

80 李伯重, 「"選精"·"集粹"與"宋代江南農業革命―對傳統經濟史硏究方法的檢討"」, 『中國社會科學 2000-1』, pp. 184-192.

81 『嘉禾吏民田家莂』 4·204, "石下丘男子劉方, 田卅町, 凡卅四畝, 皆二年常限. 其十二畝旱敗不收, 畝收布六寸六分. 定收十二畝, 畝收稅米一斛二斗, 爲米十四斛四斗. 畝收布二尺. …… 其旱田畝收錢卅七, 其熟田畝收錢七十. 凡爲錢二千二百八十四錢 ……"(長沙市文物考古硏究所·中國文物硏究所·北京大學歷史學系 走馬樓簡牘整理組編, 『長沙走馬樓三國吳簡·嘉禾吏民田家莂』, 文物出版社, 1999)

82 布 2尺과 70錢을 米로 환산하면, 각각 1斗(1尺= 0.5斗米), 0.4375斗(1錢=0.00625斗米)로 합하여 1.4375斗가 된다.

83 『嘉禾吏民田家莂』의 稅額 畝當 米 1.2石을 근거로 당시 畝當産量을 6石으로 산정하기도 한다(王福昌, 「秦漢江南稻作農業的幾個問題」, 『古今農業』 1999-1, p. 16).

84 火耕水耨에 관해서는, 낙후한 원시농법이라기보다는 稻作農業의 灌漑技術 발전이 일정 단계에 도달한 산물로, 刀耕火種의 원시형태를 벗어나 以水灌田의 방법으로 稻田의 잡초를 제거하는 鋤耕 내지 犁耕 단계에 이른 경작법이라고 평가한다(陳國燦, 「"火耕水耨"新探―

균 생산량을 훨씬 초과하며,[85] 민국시대 호남 평균 생산량 현미玄米 16.58
석/ha의[86] 70%에 이른다. 민국시대 도작생산이 우량품종의 결여와 시비
施肥의 빈곤으로 낮은 생산량에 머물렀다는 점을 고려한다면[87] 『가화리민
전가별』 중 숙전의 생산량은 납득할 수도 있으나, 민국시대 호남의 생산
량 16.58석/ha가 당시 전국 최고의 생산량이라는 점을 고려하면[88] 숙전
의 무당 생산량 5.4석은 여전히 높은 생산량이다.[89] 따라서 『가화리민전가
별』 중 숙전의 생산량은 오국吳國의 둔전屯田 설치에 의한 생산량의 증가
를 반영한 것으로, 후한 장사지역 농업 생산량은 이에 못 미쳤을 것이다.

「이건여정장쟁전자상화종서」의 정종가精宗家의 연 78석을 생산하는 전
田 13석의 농사는 도稻를 재배하는 경우라면 오국의 둔전 생산량보다는
적었을 것이며, 산간지역의 속작粟作이나 맥작麥作이었다고 한다면 송대 호

兼談六朝以前江南地區的水稻耕作技術」, 『中國農史』 18-1, 1999, pp. 89-92).

85 李伯重에 의하면, 宋代의 평균 畝當 産量은 1石 左右였다고 한다. 宋代의 畝當 1석은 漢代
도량형으로 환산하면 畝當 1.9석이 된다(李伯重, 「"選精"·"集粹"與宋代江南農業革命—對
傳統經濟史硏究方法的檢討」, pp. 182-183).

86 『嘉禾吏民田家莂』의 무당 생산량 米 2.7석은 117liter/10a이며, 民國時期 湖南지역 평균 생
산량 현미 16.58석/ha는 165.8liter/10a이다.

87 天野元之助, 『中國農業史硏究』, p. 412.

88 곡창지대인 江蘇, 浙江, 四川의 생산량은 각각 13.04石/ha, 13.21石/ha, 14.59石/ha이다(天
野元之助, 『中國農業史硏究』, p. 411, 中國における一ヘクタールあたり玄米收量表).

89 楊振紅은 三國時期 江南의 水田은 北方 旱田보다 高産이었다고 추정한다(「論兩漢時期的
"火耕水耨"」, 『中國史硏究』 1990-1, pp. 46-47). 그러나 『嘉禾吏民田家莂』에서 사용한 米
의 石 단위가 小石이라고 할 경우, 大石으로는 3.3石이 채 못 된다. 『居延漢簡』에는, 小石이
大石으로 환산된 예가 있으나(『居延漢簡釋文合校』 148.15, 148.41) 大石이 小石으로 환산
된 예는 없다. 이는 일상에서 사용하는 계량이 大石이었으므로, 비일상적인 계량을 일상적
인 계량단위로 환산한 결과로 이해할 수 있다. 그렇다면 香港中文大學藏簡牘 가운데 『奴婢
廩食粟出入簿』에서 大石을 小石으로 환산한 예들은 간독을 사용한 지역에서는 小石이 일
상적인 계량단위였다고 상정할 수 있지 않을까? 혹 그렇다면 「李建與精張諍田自相和從書」
의 '禾當爲百十七大石'에서 大石은 이 지역에서 大石이 일상적인 용량단위가 아니었기 때
문에 大石임을 명기할 필요가 있었던 반면, 『嘉禾吏民田家莂』의 米의 계량단위 '石'은 小石
을 의미하였던 것은 아닌지 추측해 볼 수도 있으나, 아직 이에 관한 확실한 증거는 없다.

남 산간지역에서 행해진 도경화종刀耕火種에 미루어 화북의 선진농법보다는 적은 생산량을 내었을 것으로 짐작된다. 따라서 78석을 생산하는 전田 13석에 도稻를 재배하였을 경우라면, 오국의 둔전 생산량 무당 약 5.4석을 적용한다면 14.4무에 해당하지만, 수리시설이 부족한, 그리고 모두 숙전이 아니었을 후한 정종가의 무당 생산량은 이에 훨씬 못 미쳤을 것이며, 이 경우 도稻 78석을 생산하는 전田 13석의 면적은 적어도 14.4무보다는 훨씬 더 넓어야 하나, 수리시설 여부에 따라 생산에 큰 차이를 나타내는 도작재배에 관해서는 정종가의 무당 생산량과 이에 의한 전지면적을 추정하기는 좀 곤란하다. 그러나 속粟을 재배하여 1년에 78석을 생산하는 데 필요한 전지 면적은, 한대 선진 농업 지역의 무당 생산량 3석을 적용한다면 전田 13석의 면적은 26무 정도가 되며, 이보다 적은 생산량을 내었을 정종가의 경우는 26무를 상회하는 넓은 면적으로 추정할 수 있다. 한편 『가화리민전가별』의 전지 대부분을 차지하는 '이년상한二年上限' 전田을[90] 2년 1간墾 전지에 대한 관부의 규정이라고 이해한다면,[91] 정종가의 도稻 재배 역시 2년 1간의 휴경농법이 행해졌을 것이며, 속粟 역시 도稻재배와 마찬가지로 휴경윤작休耕輪作을 필요로 하는 작물로, 26무의 배가 되

---

90 吳簡의 '二年上限'에 관해서는 이미 많은 논의가 있으나, 高敏은 畝當 稅額이 2년간 변동하지 않는 것이라 한 반면, 張福亞는 嘉禾 5년이 확실히 佃稅의 변동이 큰 한 해였으므로 二年上限田은 租佃者가 토지를 佃種하는 年限의 의미이며 곧 定額租를 납부하는 年限의 의미라고 한다(高敏, 「『吏民田家莂』中所見"餘力田"・"常限"田等名稱的涵義試析—讀長沙走馬簡牘札記之三」, 『鄭州大學學報』 33-5, 2000, p. 105; 張福亞, 「也談『嘉禾吏民田家莂』中"二年常限"田的涵義」, 『首都師範大學學報』 142, 2001, p. 11).

91 '二年上限田'에 관해, 張榮强은 '年'을 原意인 穀熟으로 해석하여, 당시 長沙지역에서 보편적으로 실행되었던 輪休耕作制를 근거로 官府에서 제정한 2년 1墾을 標準으로 하는 收租에 의한 규정이라고 하였다. 吳簡 가운데 '稅連年米' 명칭의 존재는 당시 水稻를 連種하기 어려움을 반영한다(張榮强, 「吳簡『嘉禾吏民田家莂』"二年常限"解」, 『歷史研究』 2003-6, pp. 29-30).

는 52무 이상의 전지가 필요하였을 것이다. 이는 도稻 파종량에 근거한 전
田 13석의 전지 면적 49무와 근사하다. 그러나 무당 3석의 생산량을 내는
곡물은 반드시 속粟일 필요는 없으며 도稻일 가능성은 여전히 존재한다.

그런데『가화리민전가별』에 의하면, 당시 장사지역은 숙전에 비해 한전
의 비율이 훨씬 높았다.[92]『가화리민전가별』의 한전과 숙전은 수전水田 여
부에 근거한 분류가 아니며,[93] 한전은 '旱不收', '悉旱', '旱敗不收'라고 칭
하여 제대로 경작이 이루어지지 않아 소출이 없는 전지로 이해할 수 있
다.[94] 그렇다 하더라도 숙전과 같은 기후조건하에서 수확을· 얻을 수 없
었던 원인이 '한旱'이었다면, 이는 수리시설이 갖추어지지 않은 전田을 의
미하며, 관개용수의 확보가 이루어지지 않은 경우 속粟이나 맥麥, 마麻와
같은 밭작물에 비해 도작에 결정적인 영향을 미쳤을 것이다. 이로 볼 때,
『가화리민전가별』 가운데 숙전과 한전의 생산량의 차가 현격했으며 한전
의 비율이 높았다는 사실에 미루어 본다면, 수리시설 여부에 의해 생산
량이 크게 영향을 받는 도작이 행해졌으나, 당시 많은 토지에 아직 관개
시설이 갖추어지지 못하였음을 추측할 수 있다.

『가화리민전가별』 중 한전의 면적이 숙전에 비해 훨씬 많았으나, 가화 4

---

92 『嘉禾吏民田家莂』, "夫丘男子謝鼠, 佃田卌二町, 凡五十畝, 皆二年上限. 其卅畝旱.(4·87)"; "利
丘男子黃動, 佃田卅町, 凡八十七畝, 皆二年上限. 其七十畝旱.(4·227)"; "劉里男子劉桓, 佃田廿
五町, 凡卅畝, 皆二年上限. 其卅九畝旱.(4·483)" 等.

93 張榮强,「吳簡『嘉禾吏民田家莂』"二年常限"解」,『歷史研究』2003-6, p. 29.

94 吳榮曾은 熟田은 精耕細作의 田, 旱敗田은 곧 粗放耕作의 田을 가리킨다고 하였다(「孫吳佃
田初探」, 長沙市文物考古研究所 編,『長沙三國吳簡暨百年來簡帛發現與研究國際學術研討會
論文集』, 中華書局, 2005, p. 67).; 王素에 의하면, "旱田은 旱害가 비교적 적은 田, 旱敗는
旱害가 비교적 重한 田을 가리킨다."라고 했으나, 이에 대해 胡平生은 '旱敗不受', '旱不收',
'旱田'은 모두 같다고 하였다(「『嘉禾四年吏民田家莂』統計錯誤例解析」, 李學勤·謝桂華主
編,『簡帛研究』, 廣西師範大學出版社, 2001, p. 513).

년에서 5년간에 한전이 감소하고 숙전이 증가한 것은[95] 개간과 관개시설의 확보를 통해 숙전이 확대한 결과라고 이해할 수 있다. 민국시대 호남의 도작 생산량이 전국 최고였음을 미루어 볼 때 호남지역은 도작재배의 우수한 자연조건을 갖추고 있었던 듯하며, 오국은 장사지역에 둔전을 설치하면서 밭작물에 비해 무당 생산량이 많은 도작재배 면적을 확대시켰던 듯하다. 화경수누 농법이 남방의 낙후한 원시농법이 아니었을 뿐만 아니라[96] 강남의 자연조건하에 육조六朝시기까지 이어진 강남의 전통적인 도작 재배기술이라고 한다면, 즉 오국은 장사지역의 둔전경영에서 파종, 제초 혹은 이식법의 채용과 같은 선진 농업기술에 의한 재배관리의 집약화보다는 벼농사에 적합한 이 지역의 자연지리 조건에 기초하여 관개시설 건설에 의해 벼재배 면적을 확대하였음을 추론해 볼 수 있다.

　　그러나『가화리민전가별』에 의하면 당시 장사지역에는 한전이 오히려 많은 부분을 차지했는데, 오국의 둔전 설치 이전에도 이 지역 대부분의 한전에 '한패불수旱敗不收'를 감당하면서까지 도작을 하였을 것인가는 의문이다. 오히려 오국의 둔전 설치 이전에는 이러한 '한패불수'의 한전에는 가뭄에 강한 밭작물을 경작하였다고 보는 것이 자연스럽다. 송대에도 호남의 원수沅水와 상수湘水 사이 산간 농가에서는 여전히 도경화종刀耕火種의 원시적인 농업에 의해 속粟만을 재배하였다고 하며,[97] 오늘날 호남, 호

95 『嘉禾吏民田家莂』상 租佃者 가운데 嘉禾 4년, 5년에 모두 租佃한 同一人은 31인이며 이들은 대부분 嘉禾 4년에 비해, 嘉禾 5년 旱田의 면적이 줄어들었다(蔣福亞, 「也談『嘉禾吏民田家莂』中"二年上限"田的涵義」, 附表2: 嘉禾四·五年同一人名下佃種土地及畝租額變化對照表).

96 西島定生, 「火耕水耨について―江淮水稻農業の展開過程」, 『中國經濟史研究』, 東京大學出版會, 1966, pp. 212-232; 陳國燦, 「"火耕水耨"新探―兼談六朝以前江南地區的水稻耕作技術」, 『中國農史』1999年 第18卷 第1期, p. 92.

97 范鎭『東齋記事』「刀耕火種」, "沅湘間多山, 農家惟植粟, 且多在岡阜, 每欲布種時, 則先伐其林木, 縱火焚之, 俟其成灰, 卽播種於其間. 如是則所收必倍. 蓋史所言刀耕火種也."

북 산간지역에는 맥이 많이 재배된다고 한다.『가화리민전가별』에 한전의 비율이 높았음을 고려할 때, 수리시설의 건설이 없었다면 도작재배의 확대가 어려웠을 것임을 짐작할 수 있다. 따라서『가화리민전가별』보다 50여 년 전의「이건여정장쟁전자상화종서」의 정종가의 전지가 도작의 숙전에 해당하는지도 의문이다. 다만 정종의 전田 8석 역시 '상광이석종上廣二石種'과 '하육석下六石'으로 나누어졌던 것으로 보아 평원이 아닌 구릉지대에 위치하였음을 짐작케 한다.『장사동패루동한간독』석독에서 '厂'은 '광廣'의 간체簡體라고 하는데,『설문해자說文解字』에 의하면, "廣: 因倉爲屋也"라고 하여 언덕 위 혹은 낭떠러지 위에 집을 짓는다는 뜻으로, 여기에서는 위쪽 언덕에 있는 밭으로 해석할 수 있다. 따라서 구릉지역에 존재했던 정종가의 전지는 수리시설이 확보되지 않았을 경우 한전작물을 재배하였을 가능성이 높으며, 이 경우 '禾當爲百十七大石'의 '화禾'는 '속粟'을 의미하는 것으로 이해할 수 있다.

앞서 정정精娗의 전田 13석이 파종량에 의한 전지면적일 경우, 도稻 파종을 기준으로 할 경우는 49무 정도로 추산할 수 있음을 산정하였다. 그런데 이는 무당 생산량 3석으로 연간 약 74석을 생산할 수 있는 면적이다. 이는 전田 13석의 3년간 전세에 의한 생산량 78석에 매우 근접하는 수치이다. 뿐만 아니라 이 지역의 주요 재배작물이 도稻라면 이러한 추론은 더욱 설득력을 갖게 된다. 그런데 한대 장사長沙 마왕퇴馬王堆 한묘漢墓 부장품 가운데 도稻(籼, 粳, 粘, 糯 등 품종), 서黍(稷), 속粟 등 대량의 식량을 담은 마대麻袋와 함께 발견된 도稻, 서黍(稷), 속粟, 소맥小麥, 대맥大麥, 대두大豆, 적두赤豆 등의 종자는 오곡을 상징하기도 하지만 이 지역에서 경작하는 농산물들이라고 볼 수 있다. 양식자루의 도稻, 서黍(稷), 속粟 등의 곡물 가운데 도稻가 양적으로나 종류로나 가장 많아 이 지역의 주요 곡물이 었음을 알 수 있지만, 도稻, 황자黃粢(粟), 백자白粢(稷), 맥麥으로 지은 밥그 롯과 함께 출토된 '견책遣策'에도 도稻로 지은 밥그릇의 수량이 역시 가장 많았다.[98] 따라서 후한 장사지역에서는 주요 재배곡물이 도稻였으며, 이 지역에서는 도稻의 파종량을 기준으로 면적을 계량하였다고 추론할 수 있다. 그러나 정정精娗의 전田 13석에 재배된 작물이 반드시 도稻일 필요 는 없으며 재배작물의 종류와 관계없이 전지의 면적단위로 적용되었음을 추정할 수 있다.

『주문공문집朱文公文集』에 의하면, 민군閩郡은 산전山田이 많아 본래 무 각畝角의 단위가 없으며 종자를 계량하여 두나 승을 사용하였다고 한 다.[99] 이러한 사실로 볼 때, 산지의 전지는 대부분 면적이 작고 토지구획 이 직선이 아니라 불규칙한 곡선이므로 '보步'와 같은 직선단위로는 측 량이 가능하지 않았던 듯하다. 그러나 반드시 산지가 아니더라도 저지대 의 경우 물길에 의해 갈려 화북의 평원지역과 같은 구획이 가능하지 않았 던 남방에서는, 직선의 구획인 무 단위보다는 곡물의 생산량이나 파종량 에 의한 전지면적 계량방식을 사용하였던 듯하다. 이러한 '석'에 의한 면 적단위는, 진의 도량형 통일 이후 관방 문헌에서는 사라진, 지역적 전통의 토지면적 단위의 새로운 사례이며, 후한시대 장사지역 토착민들 가운데는 전통적인 면적단위가 계속 사용되었음을 전한다.

---

98 湖南省博物館, 中國科學院古考研究所, 『長沙馬王堆一號漢墓 上集』, 文物出版社, 1973, pp. 141~142.
99 『晦庵先生朱文公文集』 卷21 「境界申諸司狀」, "盖閩郡多山田素無畝角. 可計鄉例率計種子或 斗或升. 每一斗種大率系產錢十餘文."

5. 결어

「이건여정장쟁전자상화종서」 안건에서 전지상속 분쟁을 일으킨 정종가의 정성精姓은 『가화리민전가별』에도 등장하는데, 원간原簡에서는 '米隹'라고 표기되어 있어 후한 장사지역 토착 성씨로서 장사지역 토착민 사회에 관한 귀중한 자료를 제공한다. 그런데 이들 장사지역 토착민이 가족 간의 재산상속과 전세 분쟁을 관에 고발하여 해결하려 하였음이 주목된다. 그리고 이들 정종가에서 보여 준 흥미로운 사실은, 가족 간에 구분전으로 토지소유를 분명히 나눈 후에 토지의 대차관계에 의해 전세를 지불하였다는 사실이다. 이는 분명 앞서 언급한 「호율」에서 분가해서 호를 구성할 경우에 전田을 나눌 수 있다는 율령이나, 후한의 대가족제도상의 유교적 가족윤리와도 괴리가 있다. 이러한 정종가의 동거가족 간의 재산분배의 관습이 제시하는 문제는, 『이년율령』이 지향하는 제민지배 체제가 후한 사회에서 이완된 모습인지, 혹은 장사지역 토착민 사회의 독특한 가족경제 관습으로 제민지배 체제 관철의 지역적 한계로 이해할 것인지에 관해서는 좀 더 많은 사례와 연구가 필요하다. 그러나 이건李建의 고발에 대해 관에서 조사한 후 판결을 탄彈에 맡긴 소송의 행정처리 과정은 제민지배 관철의 지역적 한계를 보여 주는 실상으로 이해할 수 있다.

한편 정정精娗은 본가 임상현에 전지를 소유하고 있었으며 부친 사후에 상속자가 되었으나, 남편 이승李卅은 정정 사후에도 부인의 재산에 관해 아무런 권리가 없었다는 점에서, 혼인한 여성의 남편에 대한 독립적이고 배타적인 재산권에 대한 새로운 사례를 제공하며 췌서혼의 논란이 있다. 그러나 정종이 팔석종의 유산을 남겼으나 아들이 없었다고 언급했으며,

조카 정석精晳이 정가의 경전을 함께 경작하였던 것으로 볼 때, 정종가의 재산상속은 원칙적으로 부계상속이었음이 분명하다. 또 이승의 자식들은 아버지의 성씨를 이었는데, 이는 한대 군현지배하에서 성씨를 부여받고 명적에 등록하여 호적제에 편입된 장사 토착민들은 남성 가장 호주에 의한 계승제를 따랐음을 볼 수 있다. 그럼에도 불구하고 정정의 재산소유는 『이년율령』 「치후율」에서 규정하는 혼인한 여성의 전택재산이 남편에 귀속된다는 율령과는 거리가 있다. 따라서 이승의 신분이 췌서일 가능성이 논해지기도 하지만, 이승의 자식들이 이승의 성을 계승하였다는 면에서 볼 때, 여가女家의 일원이 되는 췌서의 속성에 위배된다. 오히려 이승과 정정의 혼인관계를 당시 남방토착민의 풍속의 관점에서 검토한다면, 오늘날 요족, 묘족, 장족壯族 등 남방 소수민족들 사이에 성행하는 혼인풍속 가운데, 혼인 후 신부가 친정에서 거주하며 부부가 공동경제를 갖지 않고 각자 모계의 경제에 속하는 '불락부가不落夫家'혼을 참고할 수 있다. 즉 혼인 후 친가 임상현에 전지를 소유하고 있을 뿐만 아니라, 남편 이승이 자신의 재산에 대해 아무런 권한을 갖지 못한 정정의 사례는, 모계적 사회의 영향이 있었던 장사지역 토착민들의 전통적인 가족경제 형태 가운데 하나로 이해할 수 있다.

정종가의 재산분쟁 가운데 사용된 전토 면적단위 '석', '석종'은 지금까지 진한시대 면적단위로 사용되었음이 알려진 최초의 사례이다. 그러나 남송대 판례집 『청명집』에 의하면, 남송시대 복건 등 남방의 산간지역에서는 '석', '종' 등 곡물의 생산량, 파종량에 의한 토지 면적단위가 사용되었음이 이미 파악되고 있다. 「이건여정장쟁전자상화종서」에서 사용한 '석', '석종'의 전지 면적 계량단위는 파종량을 근거로 한 계량단위로, 이

지역의 주요 재배곡물인 도稻의 파종량을 근거로 하였다. 따라서 전田 1석은 도稻의 무당 파종량 2두 대반두에 의해 계산하면 3.75무로 추정할 수 있다.

「이건여정장쟁전자상화종서」에서는 후한시대 군현지배 체제에 편입된 장사지역 토착민이 군현의 호적에 등록되어 제민지배 체제의 규제를 받았으나, 정정은 남편에 대해 독립적이고 배타적인 재산권을 갖고 있었으며, 이들은 제민지배 체제를 유지 관철시키는 수전체제의 근간이 되는 '무'의 전지 도량형을 대신하여 토착적인 '석' 단위의 전지 계량단위를 사용하고 있으며, 군현은 정종가의 상속분쟁의 판결을 촌락 자치단위 탄鄲에 회부하고 있는데, 이러한 장사지역 사회의 실상은 후한 제민지배 체제 관철의 지역적 한계를 보여 준다.

저술목록

1. 역주 및 번역서

조엽 지음, 이명화 역주, 『오월춘추: 역주와 함께 읽는 오월상쟁의 역사』, 일조각, 2009

워런 코헨 지음, 이명화·정일준 옮김, 『세계의 중심 동아시아의 역사』, 일조각, 2009

2. 연구서

공저, 『중국의 '지역문명 만들기'와 역사·고고학자료 이용 사례분석』, 동북아역사재단, 2008

3. 연구논문

「王充의 '災異說' 批判」, 『梨大史苑』 제22·23합집, 이화여대 사학회, 1988

「書評: 『전국사(楊寬 著, 上海人民出版社, 605p, 1980)』」, 『梨花史學研究』 19, 이화사학연구소, 1990

「吳立國과 靑銅文化」, 『梨花史學研究』 제22집, 1995

「春秋戰國時代 吳文化의 起源과 形成」, 이화여대 대학원 박사학위논문, 1997

「良渚文化와 神權政治의 成長」, 『梨花史學研究』 제23·24합집, 이화사학연구소, 1997

「春秋時代 吳國의 靑銅器文化: 中原文化와의 관계를 중심으로」, 『震檀學報』 84, 1997

「秦漢의 南方支配와 地域發展─南方의 郡縣化 과정을 중심으로─」, 『梨大史苑』 32, 이화여대 사학회, 1999

「春秋時代 吳國의 覇權에 관한 分析」, 『東洋史學研究』 73, 2001

「趙曄과 『吳越春秋』: 漢代 知識人의 歷史認識」, 『中國古中世史研究』 12, 중국고중세사학회, 2004

「漢代 '戶'계승과 女性의 지위: 『張家山漢簡』을 중심으로」, 『東洋史學研究』 92, 동양사학회, 2005

「한대 여성의 삶과 법적 지위」, 이화여자대학교 중국여성사 연구실 편, 『중국 여성, 신화에서 혁명까지』, 서해문집, 2005

「張家山漢簡《二年律令》「史律」[1](474簡-487簡)」, 『木簡과 文字』 제3호, 한국목간학회, 2009

「『李建與精張諍田自相和從書』를 통해 본 後漢 長沙地域社會의 一面」, 『木簡과 文字』 제4호, 한국목간학회, 2009

「秦漢 女性 刑罰의 減刑과 勞役」, 『中國古中世史研究』 25, 중국고중세사학회, 2011

참고문헌

1. 자료

『史記』,『漢書』,『後漢書』,『三國志』,『新唐書』

『春秋左傳』,『春秋公羊傳』,『周易』,『毛詩』

『儀禮』,『禮記』,『論語』,『孝經』,『大戴禮記』

『國語』,『韓非子』,『墨子』,『管子』

『春秋繁露』,『列女傳』,『鹽鐵論』,『白虎通』,『女誡』

『潛夫論』,『論衡』,『淮南子』

『孔子家語』,『說文解字』,『四民月令』

『焦氏易林』,『全上古三代秦漢三國六朝文·全后漢文』

『資治通鑑』,『唐律疏議』,『隸釋』,『太平御覽』,『史通』

『樂府詩集』,『金匱要略』

『明律』,『意林』,『穆天子傳』

『日書甲種』,『日書乙種』,『胎産書』

『睡虎地秦墓竹簡』(睡虎地秦墓竹簡整理小組 編, 文物出版社, 1978)

『張家山漢墓竹簡二四七號墓(釋文修訂本)』(張家山二四七號漢墓竹簡整理小組 編, 文物出版社, 2006)

『尹灣漢墓簡牘』(連雲港市博物館·劉東海縣博物館·劉中國社會科學院簡帛硏究中心·劉中國文物硏究所 編, 中華書局, 1997)

『里耶發掘報告』(湖南省文物考古硏究所 編, 岳麓書社, 2007)

『嶽麓書院藏秦簡(參)』(朱漢民·陳松長 主編, 上海辭書出版社, 2012)

2. 연구서

孔祥星·劉一曼 著, 安京淑 譯,『中國古代銅鏡』, 주류성, 2003

郭茂倩 지음, 강필임 옮김,『樂府詩集』, 지식을 만드는 지식, 2011

멀린 스톤 지음, 정영목 옮김,『하느님이 여자였던 시절』, 뿌리와 이파리, 2005

송정화,『중국여신연구』, 민음사, 2007

에리히 노이만 지음, 박선화 옮김,『위대한 어머니 여신』, 살림, 2009

李成珪,『中國古代帝國成立史硏究-秦國齊民支配體制의 形成』, 一潮閣, 1984

이숙인,『동아시아 고대의 여성사상』, 여이연, 2005

임동석 역주,『潛夫論』, 건국대학교출판부, 2004

장영란,『위대한 어머니 여신』, 살림, 2003

전호태,『古代 中國의 西王母像』, 울산대학교출판부, 2005

P. B. 이브리 지음, 배숙희 옮김,『송대 중국여성의 결혼과 생활』, 한국학술정보, 2009

한국민족문화대백과사전 편찬부 편,『한국민족문화대백과사전』, 한국학중앙연구원, 2010

瞿同祖,『漢代社會結構』, 上海世界出版集團, 1972

吳小强,『秦簡日書集釋』, 嶽麓書社, 2000

姚平,『唐代婦女的生命歷程』, 上海古籍出版社, 2004

于振波,『走馬樓吳簡續探』, 文津出版社, 2007

李零,『郭店楚簡讀記』, 北京大學出版社, 2002

李澤厚,『美的歷程』, 文物出版社, 1994

趙鳳喈,『中國婦女之法律上之地位』, 食貨出版社, 1973

曹旅寧,『秦律新探』, 中國社會科學出版社, 2002

陳直,『史記新証』, 天津人民出版社, 1979

彭衛,『漢代婚姻形態』, 三秦出版社, 1988

彭衛·楊振紅,『中國風俗史』 秦漢卷, 上海文藝出版社, 2002

彭華,『儒家女性觀研究』, 中國社會科學出版社, 2010

西嶋定生,『中國古代帝國の形成と構造』, 東京大學出版會, 1961

宇都宮清吉,『中國古代中世史研究』, 創文社, 1977

伊藤德男,『史記十表に見る司馬遷の歷史觀』, 平河出版社, 1944

池田 溫,『中國古代籍帳研究 概觀·錄文』, 東京大學出版會, 1979

板野長八,『中國古代における人間觀の展開』, 岩波書店, 1972

下見隆雄,『劉向「列女傳」の研究』, 東海大學出版會, 1989

好垃隆司,『秦漢帝國史研究』, 未來社, 1978

Bret Hinsch, *Woman in Early Imperial China*, Rowman & Littlefield, 2002

J. G. Frazer, *The Golden Bough: A Study in Magic and Religion*, London: Macmillan & C. Ltd., 1955

3. 연구논문

金稔子,「古代中國女性倫理觀—後漢書 列女傳을 중심으로—」,『梨大史苑』 6, 1966

문현실,「천하를 지배한 여인들, 후한의 여섯 황후」,『중국 여성, 신화에서 혁명까지』, 서해문집, 2005

陸貞任,「宋代 戶絶財產法 研究」,『宋遼金元史研究』 5, 2001

李成珪,「秦의 地方行政組織과 그 性格—縣의 組織과 그 機能을 中心으로—」,『東洋史學研究』 31, 1989

───,「漢代『孝經』의 普及과 그 理念」,『韓國思想史學』 제10집, 1998

──, 「漢武帝의 西域遠征·封禪·黃河治水와 禹·西王母神話」, 『東洋史學硏究』 72, 2000

──, 「計數化된 人間-古代中國의 歲役의 基礎와 基準」, 『中國古中世史硏究』 24, 2010

顧頡剛, 「由"烝", "報" 等婚姻方式看社會制度的變遷」, 『文史』 14, 1982

過文英, 「論漢墓繪畫中的伏羲女媧神話」, 浙江大學博士學位論文, 2007

董家遵, 「從漢到宋寡婦再嫁習俗考」, 李又寧·張玉法 編, 『中國婦女史論文集』 제2집, 1988

──, 「歷代節烈婦女的統計」, 『守節, 再嫁, 纏足及其他-中國古代婦女生活面面觀』, 陝西人民出版社, 1990

吳榮曾, 「對春秋戰國時期家長制奴隸制殘餘的考察」, 『北京大學學報』 1987-2

王鑫義, 「女政治家: 東漢和帝皇后鄧綏」, 『安徽史學』 1995-2

李解民, 「揚州儀徵胥浦簡書新考」, 『長沙三國吳簡暨百年來簡帛發現與硏究 國際學術硏討會論文集』, 中華書局, 2005

陳平·王勤金, 「儀徵胥浦101號西漢《先令卷書》初考」, 『文物』 1987-1

蔡荷芳, 「論班昭「女誡」的創作背景」, 『華北煤炭師範學院學報』 30-4, 2009

崔銳, 「秦漢時期的女性觀」, 西北大學博士學位論文, 2003

彭浩, 「「奏讞書」中秦代和東周時期的案例」, 『文物』 1995-3

何淸谷, 「略論戰國時期的雇傭勞動」, 『陝西師大學報』 1981-4

Jack L. Dull, Marriage and Divorce in Han China: A Glimpse at "Pre-Confucian" Society, In *Chinese Family Law and Social Change in Historical and Comparative Perspective,* edited by David C. Buxbaum, Seattle: University of Washington Press, 1978

※ 이 책에 수록한 도판은 저자가 생전에 저술 과정에서 본문에 삽입하여 정리하거나 학회지에 게재할 때 사용한 그림 및 사진으로 현재로서는 그 출처를 분명하게 확인할 수 없었음을 밝힙니다.

이명화 유고집 1

진한시대 여성사 연구

1판 1쇄 펴낸날 2017년 12월 15일

지은이 | 이명화
펴낸이 | 김시연

펴낸곳 | (주)일조각
등록 | 1953년 9월 3일 제300-1953-1호(구 : 제1-298호)
주소 | 03176 서울시 종로구 경희궁길 39
전화 | 02-734-3545 / 02-733-8811(편집부)
　　　　02-733-5430 / 02-733-5431(영업부)
팩스 | 02-735-9994(편집부) / 02-738-5857(영업부)
이메일 | ilchokak@hanmail.net
홈페이지 | www.ilchokak.co.kr

ISBN 978-89-337-0739-5   93910
값 30,000원